Evi Agostini I Agnes Bube I Stefan Meier I Sebastian Ruin (Hrsg.)
Profession(alisierung) und Erfahrungsanspruch in der Lehrer:innenbildung

Erfahrungsorientierte Bildungsforschung

Herausgegeben von
Evi Agostini I Agnes Bube I Iris Laner I Andreas Oberprantacher I Hans Karl Peterlini I Severin Sales Rödel I Ricarda T. D. Reimer I Michael Schratz

Erfahrungen bilden die Grundlage lebensweltlicher Orientierung und wissenschaftlicher Erkenntnisse. Auf gesellschaftlicher Ebene können Erfahrungen der Prüfung von Anwendungen wissenschaftlicher Erkenntnis sowie von politischen Geltungsansprüchen dienen, sie unterstützen und legitimieren Handlungsorientierung. Auch im Bereich der Bildung, der Erziehung und des Lernens spielen Erfahrungen eine zentrale Rolle. Dabei werden täglich vielfältige Initiativen gesetzt und Aufgaben bearbeitet, denen unterschiedliche Deutungen und Bedeutungen zugemessen werden. Wenig ist darüber bekannt, wie Erfahrungen vollzogen werden und welche Dimensionen dabei eine Rolle spielen. Die Reihe „Erfahrungsorientierte Bildungsforschung" bietet verschiedene Zugänge zu Bildung, Erziehung und Lernen, indem sie die Bedeutung von Erfahrung in diesen Bereichen exploriert und thematisiert. Sie nimmt Erfahrung relational, insbesondere als soziales, leibliches und zeitliches Phänomen in den Blick, das den Erfahrenden in der Konfrontation, der Auseinandersetzung bzw. der Interaktion mit Welt, Anderen und dem eigenen Selbst, Räume für Bildung und Lernen eröffnet. Erfahrung wird insofern als Antwort auf Widerständigkeit, als Umorientierung, als Wachsen bzw. als Erwerb von Routinen, Wissen und Erkenntnissen zum Thema. Die Bände der Reihe widmen sich entsprechend unterschiedlichen Aspekten von Erfahrung im pädagogischen Handeln sowie in personalen, organisationalen und gesellschaftlichen Lern- und Bildungsprozessen. Die Reihe versteht sich als Ort, an dem theoretische, empirisch qualitative sowie quantitative Zugänge aus der Bildungs- und Erziehungswissenschaft sowie weiteren Disziplinen miteinander in Dialog treten können. Zuspruch finden verschiedene Buchkonzepte wie Qualifizierungsarbeiten, Sammelbände und Monografien.

Evi Agostini | Agnes Bube | Stefan Meier |
Sebastian Ruin (Hrsg.)

Profession(alisierung) und Erfahrungsanspruch in der Lehrer:innenbildung

Das Werk einschließlich aller seiner Teile ist urheberrechtlich geschützt. Der Text dieser Publikation wird unter der Lizenz **Creative Commons Namensnennung – Nichtkommerziell – Weitergabe unter gleichen Bedingungen 4.0 International (CC BY-NC-SA 4.0)** veröffentlicht. Den vollständigen Lizenztext finden Sie unter: https://creativecommons.org/licenses/by-nc-sa/4.0/deed.de. Verwertung, die den Rahmen der **CC BY-NC-SA 4.0 Lizenz** überschreitet, ist ohne Zustimmung des Verlags unzulässig. Die in diesem Werk enthaltenen Bilder und sonstiges Drittmaterial unterliegen ebenfalls der genannten Creative Commons Lizenz, sofern sich aus der Quellenangabe / Abbildungslegende nichts anderes ergibt. Sofern das betreffende Material nicht unter der genannten Creative Commons Lizenz steht und die betreffende Handlung nicht nach gesetzlichen Vorschriften erlaubt ist, ist für die oben aufgeführten Weiterverwendungen des Materials die Einwilligung des jeweiligen Rechteinhabers einzuholen.

Dieses Buch ist erhältlich als:
ISBN 978-3-7799-7654-7 Print
ISBN 978-3-7799-7655-4 E-Book (PDF)

1. Auflage 2023

© 2023 Beltz Juventa
in der Verlagsgruppe Beltz · Weinheim Basel
Werderstraße 10, 69469 Weinheim
Alle Rechte vorbehalten

Herstellung: Myriam Frericks
Satz: xerif
Druck und Bindung: Beltz Grafische Betriebe, Bad Langensalza
Beltz Grafische Betriebe ist ein klimaneutrales Unternehmen (ID 15985–2104-100)
Printed in Germany

Weitere Informationen zu unseren Autor:innen und Titeln finden Sie unter: www.beltz.de

Inhalt

Erfahren, erfahrener, professionell …? Diskurse und
Forschungsdesiderata rund um Erfahrungsorientierung im Bereich
der Professionalisierung von Lehrpersonen
Evi Agostini, Agnes Bube, Stefan Meier, Sebastian Ruin   7

Erfahrung, Erfahrungsorientierung und der kompetenztheoretische
Professionsansatz
Marcus Syring   18

„Was ist denn das für ein Gestapel hier!" Geschlecht, Habitus und
Sportunterricht
Christa Markom, Veronika Wöhrer   36

Undisziplinierte Disziplinierung: Zum
professionalisierungstheoretischen Problem der Experten-Laien-
Differenz pädagogischen Handelns
Andreas Wernet   49

Matten, Matten, Matten! Fallarbeit aus praxistheoretischer
Perspektive
Sarah Drechsel, Hedda Bennewitz   73

Professionalisierung als Prozess biographischer Erfahrungsbildung –
die Perspektive des (berufs-)biographischen Professionsansatzes
Janina Bernshausen, Melanie Fabel-Lamla, Franziska Piva-Scholz   86

Phänomenologische Ansätze zu Professionalität und
Professionalisierung im Lehrberuf: Anders sehen, wahrnehmen und
urteilen lernen
Severin Sales Rödel   103

Gemeinsamkeiten – Differenzen – weiterführende Perspektiven. Ein
mehrperspektivischer Blick auf Erfahrung im Kontext von
Professionalisierung
Evi Agostini, Agnes Bube, Stefan Meier, Sebastian Ruin   122

Transkript des Videos „Abbauen, Organisieren, Hochsprung"   151

Die Autor:innen   161

Erfahren, erfahrener, professionell …?
Diskurse und Forschungsdesiderata rund um Erfahrungsorientierung im Bereich der Professionalisierung von Lehrpersonen

Evi Agostini, Agnes Bube, Stefan Meier, Sebastian Ruin

Professionalisierungsdiskurse im Kontext der Lehrer:innenbildung

Professionalisierung (angehender) Lehrer:innen gilt international als Aufgabe von zentraler gesellschaftlicher Bedeutung (vgl. z. B. Cochran-Smith/Villegas 2015). Angesichts der Komplexität des beruflichen Arbeitsfelds (vgl. Cochran-Smith/Ell/Ludlow/Grudnoff/Aitken 2014) stellt diese Aufgabe jedoch zugleich eine große Herausforderung dar. Schließlich ist das Arbeitsfeld von Lehrer:innen unter anderem durch Ungewissheit (Helsper 2016) infolge doppelter Kontingenz (Baumert/Kunter 2006) charakterisiert und entzieht sich demnach einem Theorie-Praxis-Transfer im Sinne eines simplen Anwendungsverhältnisses. In Anerkennung dieser Komplexität werden im deutschsprachigen Raum – der in diesem Buch primär im Fokus steht – im Zuge der „PädagogInnenbildung NEU" in Österreich, der „Qualitätsoffensive Lehrerbildung" in Deutschland sowie der zunehmenden Akademisierung aller Bereiche der Lehrer:innenbildung in der deutschsprachigen Schweiz intensive Reformanstrengungen unternommen, die Professionalisierung von (künftigen) Lehrpersonen weiter voranzutreiben. Dabei erfahren gesellschaftliche und pädagogische Gegenwartsthemen, als Ausdruck und Produkt gesellschaftlicher Transformationen, vielfach besondere Aufmerksamkeit: So verlangt z. B. die zunehmende Anerkennung der Bedeutung eines professionellen Umgangs mit Diversität, einer flächendeckenden Digitalisierung und einer umfassenden nachhaltigen Entwicklung nach einer breitgefächerten, fundierten Aus-, Fort- und Weiterbildung der Lehrkräfte. In dem daraus auch für die Professionalisierung von Lehrkräften erwachsenden Transformationsdruck wird nicht zuletzt ein spezifischer Anspruch auf Erfahrung virulent. So kann eine zentrale Anforderung an pädagogische Professionalisierung gerade in dieser transformationsbedingten Gemengelage verortet werden, z. B. im „Praxisproblem": Es gibt wenig Erfahrungswissen aus inklusiven, nachhaltig agierenden und digital versiert auftretenden Schulen, auf das zurückgegriffen werden kann. Viele (angehende) Lehrpersonen haben nie die Erfahrung gemacht, ob bzw.

inwiefern inklusiver Unterricht, auch unter Einbezug moderner Technologien und aus nachhaltiger Sicht, „funktioniert". Hieraus lässt sich – zumindest aus manch professionstheoretischer Perspektive – ein Professionalisierungs- und Forschungsbedarf ableiten.

Auch über einzelne theoretische Perspektiven hinweg scheint Erfahrung eine wichtige Kategorie im Kontext pädagogischer Professionalisierung zu sein. Was aber jeweils genau darunter verstanden bzw. wie Erfahrung spezifisch ausgelegt wird und welche Bedeutungen ihr vor dem Hintergrund individueller, gesellschaftlicher oder institutioneller Zusammenhänge zugesprochen werden, ist bislang noch wenig ausgeführt. Entsprechend ist es das zentrale Anliegen dieses Bands, die Erfahrungsorientierung und damit einhergehende Ansprüche, Erwartungen und Implikationen in den unterschiedlichen Professionalisierungsdiskursen zu explizieren. Gemeinsame Referenz dafür bildet ein exemplarisches Videobeispiel aus dem Sportunterricht, welches die Autor:innen des Bands entsprechend mit Fokus darauf untersuchen, wie Erfahrung aus Perspektive des jeweils vertretenen Professionalisierungsansatzes zum Tragen kommt. Dabei treten auch unterschiedliche Verständnisse von Profession, Professionalität und Professionalisierung hervor.

Neben der gegenwärtig stark in den Vordergrund gerückten Diskussion um Kompetenzorientierung in der Lehrer:innenbildung und der damit einhergehenden Förderung in den Bereichen Kompetenzmodellierung, Kompetenzoperationalisierung und Kompetenzerfassung (vgl. z. B. Kunter et al. 2013) lassen sich im Bereich der Professionalisierung von Lehrpersonen verschiedene diskursive Traditionen nachzeichnen, die Fragen der professionellen Aus-, Weiter- und Fortbildung zu beantworten versuchen. Diese wissenschaftlichen Diskussionen zur Profession, Professionalität und Professionalisierungsbedürftigkeit von Lehrpersonen sind vielfältig und beleuchten dabei ganz unterschiedliche, gleichsam unerlässliche Aspekte. So zielt etwa der Persönlichkeitsansatz auf die Ausbildung relativ stabiler Persönlichkeitseigenschaften für die Lehrer:innenlaufbahn ab (vgl. z. B. Bromme / Haag 2008), während sich die Hauptfragestellung des Prozess-Produkt-Paradigmas an die Effekte bestimmter Verhaltensweisen von Lehrpersonen im Hinblick auf die Lernergebnisse ihrer Schüler:innen richtet (vgl. z. B. Shulman 1986). Das Expertise-Paradigma wurzelt in der kognitionspsychologischen Expertisetheorie (vgl. z. B. Bromme 1992) und im sich daraus (weiter-)entwickelten kompetenzorientierten Ansatz liegt der Fokus auf dem professionellen Wissen, der Motivation und den Überzeugungen von Lehrer:innen (vgl. z. B. Syring 2017) – untersucht beispielsweise mittels testdiagnostischer Verfahren (vgl. z. B. Lauermann / König 2016). Der Wirksamkeits-Ansatz in der Professionalisierungsdebatte, welcher in Form von Wirkungsuntersuchungen die Folgen der Kompetenzen pädagogisch Handelnder bis hin zu den Effekten auf die Kinder und Jugendlichen analysiert (vgl. z. B. Merk / Batzel-Kremer / Bohl / Kleinknecht / Leuders 2021), stützt sich indes ebenso auf den benachbarten theoretischen Ansatz des (kompetenzorientierten) Expertise-Erwerbs. Der insbesondere im deutschsprachigen Raum sehr populär gewordene strukturtheoretische Ansatz untersucht schulischen Unterricht an sich, das professionelle Handeln von Lehrkräften, pädagogische Arbeitsbündnisse, Antinomien und unterschiedliche Phasen der Lehrer:innenbildung (vgl. z. B. Helsper 2016; Oevermann 1996) – z. B. mittels kasuistischen Fallverstehens (Wernet 2006). Zunehmend halten auch praxistheoretische Perspektiven Einzug in die Lehrer:innenbildung, welche auf die Analyse und Beschreibung der pädagogischen wie sozialen (Wissens-)Praxis abzielen und somit einen besonderen Zugang zur (hoch-)schulischen Realität institutionalisierten Lehrens und Lernens bieten, ohne dabei jedoch einen gänzlich eigenständigen Ansatz zur Bestimmung und (Er-)Klärung von Professionalität zu liefern (vgl. z. B. Bennewitz 2020). Desgleichen gilt für den macht- bzw. gendertheoretischen Ansatz, wobei in einer gendersensiblen und machttheoretischen Perspektive insbesondere der Bedeutung von als genuin naturwüchsig ausgewiesenen und damit verschleierten Ungleichheitsverhältnissen auf die Spur gekommen werden soll (vgl. z. B. Rabe-Kleberg 2007) bzw. die Auswirkungen von Geschlecht in Verbindung mit sozialer und ethnischer Herkunft in der Schule beschrieben werden können (vgl. z. B. Wöhrer 2023). Zunehmend an Bedeutung gewinnt aktuell auch der (berufs-)biographische Ansatz, der sich durch seine wachsende Eigenständigkeit u. a. von der strukturtheoretischen und kompetenzorientierten Professionstheorie verstärkt abgrenzt sowie die „gesamte" Person einschließlich ihrer (berufs-)biographischen Entwicklung in den Blick nimmt (vgl. z. B. Fabel-Lamla 2018; Wittek/Jacob 2020). Und nicht zuletzt sind es phänomenologisch orientierte Professionalisierungsansätze, welche sich aufgrund ihrer besonderen Wahrnehmung der Diskontinuität, Ambiguität und Unstetigkeit (hoch-)schulischer Erfahrungsprozesse zunehmender Beliebtheit erfreuen (vgl. z. B. Engel et al. 2020; Agostini 2020; Agostini/Bube 2021; Rödel et al. 2022; Agostini et al. 2023).

Erfahrung(sorientierung) und spezifische (Forschungs-)Lücken

Gemeinhin anerkannt haben Erfahrungen eine zentrale Rolle für das menschliche Dasein, bestimmen die menschliche Wahrnehmung der Welt und bilden die Basis für unterschiedliche Überzeugungen, Werte und Handlungen. Inwieweit dabei Alltags-/Lebenserfahrung und wissenschaftliche Erfahrung zusammenwirken, diskutieren Michael Hampe und Maria-Sibylla Lotter (2000) in ihrer Publikation mit dem vielsagenden Titel: „Die Erfahrungen, die wir machen, sprechen gegen die Erfahrungen, die wir haben" (Hampe/Lotter 2000). Mit zunehmender Distanzierung vom klassischen Paradigma der Wissenschaftserfahrung in der Wissenschaftsgeschichte in Form klarer, eindeutiger und wiederholbarer Beobachtungen (Hampe/Lotter 2000, S. 12) sei das damit einhergehende „Ideal einer rein objektiven Erfahrung" (ebd., S. 9) hinfällig geworden. Entsprechend zeigen die beiden Autor:innen je unterschiedliche Erfahrungsbegriffe und Erfahrungsformen in den einzelnen wissenschaftlichen Disziplinen auf. Dabei stellen sie die unhintergehbare Kontextualität, wechselseitige Bedingung und Wahrnehmungsabhängigkeit von Erfahrungen fest:

> Erfahrungen von Neuem erhalten den Sinn, durch den sie überhaupt erst zu Erfahrungen werden, immer erst im Lichte einer Deutung, die einen neuen Verweisungszusammenhang schafft und die Aufmerksamkeit bei der Wahrnehmung auf bestimmte Faktoren lenkt. (ebd., S. 13)

Hampes Fazit der Betrachtungen ist ein Pluralismus der Erfahrungsbegriffe und -formen in den Wissenschaften, welcher weder beliebig noch zu vereinheitlichen sei. Erfahrung wird entsprechend als „disziplinenrelativ" (Hampe 2000, S. 33) ausgewiesen. Obgleich unterschiedliche Wissenschaftsbereiche der Natur- und Geisteswissenschaft in dem Sammelband Berücksichtigung finden, bleibt die erziehungswissenschaftliche Perspektive hier ausgespart.

Aber auch in erziehungswissenschaftlichen und pädagogischen Diskursen lassen sich unterschiedliche Begriffe von und Perspektiven auf Erfahrung finden, die jeweils unterschiedliche Kontexte, Qualitäten, Grenzen und Potenziale in den Fokus rücken. Explizit den unterschiedlichen Konzepten und Methoden der Erfahrung im erziehungswissenschaftlichen Feld widmen sich aktuell Iris Laner und Hans Karl Peterlini (2023) und loten dabei mögliche bildsame Implikationen aus:

> Für die Fragen von Lernen, Erziehung und Bildung schwankt die Einschätzung von Erfahrung zwischen Königs- und Irrweg, zwischen Ressource und Provokation. So einleuchtend es ist, dass Erfahrungen bilden, so schwer ist dieser Prozess wissenschaftlich fassbar und im pädagogischen Handeln operationalisierbar. Wie sehr auch jedes zwischenmenschliche und umso mehr pädagogische Geschehen von Erfahrungen durchwirkt ist, so wenig lassen sich diese steuern, systematisieren, kategorisieren, in eine Ordnung bringen. (Laner/Peterlini 2023, S. 8)

Die Autor:innen verweisen auf das bereits seit der Antike strittige Verhältnis von Erfahrung und Erkenntnis, wobei die Spannweite der Stellung von Erfahrung – an dieser Stelle etwas verkürzt gefasst – von Anzweiflung (Platon) über Unterordnung (Kant) bis hin zu Würdigung (Aristoteles) oder einer Exklusivstellung (Husserl) reicht (vgl. ebd., S. 7). Zugriffe schwanken zwischen prozess- oder ergebnisorientierten Erfahrungsbegriffen, unterscheiden sich je nach kumulativ oder ereignishaft gewonnenen Erfahrungen, die auf bereits gemachten Erfahrungen aufbauen, diese erweitern oder durchkreuzen (vgl. ebd., S. 9). Verständnisse unterscheiden sich in der Verortung von Erfahrung als aktives, passives oder aktiv-passives und intersubjektiv bestimmtes Geschehen (vgl. ebd.,

S. 10). Unterschiedliche Diskurse thematisieren Erfahrung „affirmativ, kontrovers, ausweichend" (ebd., S. 10) und äußern sich entsprechend „emphatisch", „skeptisch" oder „vergleichsweise neutral" (ebd., S. 11).

Nimmt man daran anknüpfend die ausgewählten Diskurse der Profession, Professionalität und Professionalisierung von Lehrpersonen mit den damit verbundenen beruflichen Aufgabenfeldern in den Blick, so fällt auf, dass alle Ansätze – wie unterschiedlich sie auch sein mögen – von einem wie auch immer gearteten Konzept von Erfahrung ausgehen. Der Begriff der Erfahrung hat damit ebenso in der Lehrer:innenbildung und den Diskursen rund um deren Professionalisierung im deutschsprachigen Raum eine lange Tradition. Auslegung und Verständnis des Erfahrungsbegriffs gehen dabei aber auch hier (teilweise weit) auseinander. Erfahrung selbst wird in den unterschiedlichen Positionen nicht nur unterschiedlich definiert bzw. (implizit) für sich beansprucht, sondern ist auch mit vielen anderen Begrifflichkeiten wie jenem der Persönlichkeit, Expertise, des Theorie-Praxis-Bezugs, Wissens, (professionellen) Handelns, Lernens sowie der Frage nach der Bildung oder Ausbildung vielfältig verwoben. Wird das Erfahrungswissen oder implizite Wissen als erfahren(d)e Lehrperson nun aufgrund der eigenen Schulgeschichte erworben bzw. welche prägenden (Vor-)Erfahrungen genau kommen dafür zum Zug? Auch inwiefern diese Erfahrungsprozesse bzw. der Weg hin zur „Erfahrenheit" als Ziel der Praxisphasen und des (kompetenzorientierten) Könnens notwendigerweise als kontinuierlich oder diskontinuierlich verlaufen bzw. gedacht sind, im Sinne eines Lernens als oder aber durch bzw. aufgrund von Erfahrung, entzieht sich in der Debatte rund um Erfahrungsorientierung in der Lehrer:innenbildung einer eindeutigen Antwort. In Frage steht beispielsweise, inwiefern Erfahrung lediglich aus der Praxis gewonnen werden kann (im Sinne eines Anwendungs- und Handlungsbezugs) oder in welchem Maße Erfahrung auch Teil des (persönlichen) Professionalisierungsprozesses an einer Hochschule sein kann. Daran sind eine Reihe von weiteren Fragen geknüpft: Werden (angehende) Lehrpersonen in Professionalisierungsprozessen eher ausgebildet oder handelt es sich um anzubahnende Bildungsprozesse? Welche gesellschaftlichen und bildungspolitischen Ansprüche spielen hierbei eine Rolle? Mit welchen Lernbegriffen hat dies wiederum zu tun? Im Hinblick auf das Theorie-Praxis-Verhältnis ist hingegen zu beachten, dass es unterschiedliche Dimensionen und keine homogene Sicht auf die sogenannte Praxis gibt (vgl. z. B. Rothland 2020). Ferner ist das genaue Verhältnis von Wissenschafts- und Praxisbezug offen, wird in den jeweiligen professionstheoretischen Diskursen die Reduktion der Komplexität wissenschaftlichen Wissens zugunsten der Handlungsfähigkeit häufig eingeschränkt sowie bedürfen Konzepte zu Handlungszwängen, Grenzen der Anwendbarkeit und jene der Versteh- und Erklärbarkeit, des erfahrungsbasierten praktischen Wissens, des routinierten Expert:innenhandelns, der persönlichen Voraussetzungen und nicht zuletzt der (Unterrichts-)Erfahrungen noch einer genaueren bildungswissenschaftlichen und fachdidaktischen Ausdifferenzierung. Während der Rekurs auf und der Umgang mit Erfahrung in der Lehrer:innenbildung zudem nicht immer der geteilten Einsicht in ihre handlungspraktische Relevanz folgt, ist vielen diskursiven Traditionen jedoch auch die Position gemein, dass Erfahrung den Mittelpunkt praxisorientierter Kenntnisse und Fertigkeiten bildet und als Bedingung der Möglichkeit von Haltungen und Einstellungen angesehen werden kann (vgl. z. B. Cramer et al. 2020; Helsper 2021; Zorn 2020). In diesem Sinne ist Erfahrung und ihre Orientierung darauf ein nicht zuletzt für die Lehrer:innenbildung und ihre Professionalisierungsbemühungen unumgängliches Konzept, das im Hinblick auf seine Möglichkeiten und Grenzen jedoch weiterer bildungswissenschaftlicher Untersuchung bedarf. Dabei müssen die unterschiedlichen Ansätze innerhalb der Lehrer:innenbildung und die Diskussion rund um den Begriff der Profession(alität) sowie dem Verständnis des Prozesses der Professionalisierung, dem Theorie-Praxis-Verhältnis, dem Erfahrungsbegriff und der Reflexion des Erfahrungsbezugs bzw. des Erfahrungsanspruchs als spezifische und gleichwertige Beiträge zur Professionalisierung innerhalb des heterogenen Felds der (erfahrungsorientierten) Lehrer:innenbildung verstanden werden, sodass die Eigenlogiken der diesen zugrundeliegenden (Professions-)Theorien und empirischen Befunde im Hinblick auf eine genuine Erfahrungsorientierung offengelegt werden können.

Geklärt werden muss, welche verschiedenen Verständnisse von Profession, Professionalität und Professionalisierung in den unterschiedlichen diskursiven Traditionen vorherrschen und welcher spezifische Erfahrungsanspruch daran geknüpft ist. Daran anschließend kann diskutiert werden, inwiefern sich auf dieser erfahrungsorientierten Grundlage Referenzpunkte hinsichtlich eines professionellen Lehrer:innenhandelns bzw. einer professionellen Einstellung und Haltung entwickeln und beschreiben lassen. Im Mittelpunkt steht die Erforschung der Bedeutung, der Rolle sowie Evidenz von erfahrungsbezogenen und erfahrungsorientierten Professionalisierungsprozessen im Rahmen der (hochschulischen) Lehrer:innenbildung.

Überblick über die Beiträge

So wie sich auch die Herausgebenden dieses Bands mit je verschiedenen wissenschaftlichen Ansätzen im Feld der Professionstheorien wiederfinden, soll im Sinne einer konstruktiven und kritischen Betrachtung keine Priorisierung vorgenommen, sondern ein Einblick in möglichst verschiedene Perspektiven mit ihren jeweils spezifischen Verständnissen und Schwerpunktsetzungen geboten werden. Entsprechend ergänzen sich in vorliegender Publikation folgende Beiträge: *Marcus Syring* betrachtet Erfahrungsorientierung vom kompetenztheoretischen Standpunkt aus, *Christa Markom* und *Veronika Wöhrer* untersuchen mit Bezug zur machttheoretischen Perspektive Aspekte von Geschlecht und Habitus, *Andreas*

Wernet blickt auf Basis des handlungslogisch-strukturtheoretischen Ansatzes auf das Problem der Experten-Laien-Differenz, *Sarah Drechsel* und *Hedda Bennewitz* argumentieren aus praxistheoretischer Perspektive, *Janina Bernshausen, Melanie Fabel-Lamla* und *Franziska Piva-Scholz* beleuchten die Bedeutung von Erfahrung vor dem Hintergrund des (berufs-)biographischen Professionsansatzes und *Severin Sales Rödel* widmet sich phänomenologischen Ansätzen.

Wie einleitend skizziert, besteht das Besondere dieses Bandes darin, anhand ein und desselben Videobeispiels die unterschiedlichen professionstheoretischen Betrachtungsweisen von einschlägigen Expert:innen aus dem Gebiet der Lehrer:innenbildung und Vertreter:innen der spezifischen Ansätze aus dem deutschen Sprachraum explizit bezüglich erfahrungsbezogener Ansprüche und Erwartungen zu beleuchten. Ausgangspunkt bildet eine exemplarische Szene im Unterrichtsfach Sport, zu der sich die verschiedenen Autor:innen von ihrem Standpunkt aus in Beziehung setzen. Was wird in dem Beispiel aus der jeweiligen professionstheoretischen „Brille" (nicht) sichtbar? Was bedeutet aus der eigenen Perspektive Profession/Professionalität und wie wird Professionalisierung begriffen? In welchem Verhältnis werden Theorie und Praxis gesehen und (wie) wird dieses Verhältnis im Beispiel sichtbar? Wie sind Erfahrung und Reflexion in das professionstheoretische Verständnis einzuordnen und aufeinander zu beziehen? Was wird in dem Beispiel vom jeweiligen professionstheoretischen Diskurs aus hinsichtlich Erfahrung und Reflexion sichtbar oder auch ableitbar? Welche Erfahrungsformen/-dimensionen sind im Videobeispiel bzw. mit Bezug auf das oder in Abgrenzung vom Beispiel vor dem Hintergrund des spezifischen Professionalisierungsansatzes virulent/fruchtbar zu machen/zu problematisieren? Auch hier gilt im Speziellen, was Laner und Peterlini (2023) allgemein für stets durch Wahrnehmung(en) bedingte Erfahrungsprozesse herausstellen:

> Ein und dasselbe Geschehen kann durch die situative und kontextuelle Rahmung, durch Vermengung mit emotionalem Befinden und durch die Einordnung in bestehende oder sich erst formierende Wissens- und Verständniskategorien als jeweils ganz andere Erfahrung wahrgenommen und beschrieben werden. (Laner/Peterlini 2023, S. 7)

Unter der jeweiligen professionstheoretischen Perspektive wird entsprechend dargestellt bzw. herausgearbeitet, ob bzw. inwiefern Erfahrungsorientierung im Video bedeutsam wird. Das Beispiel dient also weder dazu, alle Facetten der Ansätze abzubilden, noch stehen fachdidaktische Bezüge im Vordergrund. Spezifischer Fokus liegt vor allem darauf, wie jeweils Erfahrung begriffen und spezifisch ausgelegt wird. Folglich werden Gemeinsamkeiten und Differenzen der unterschiedlichen professionstheoretischen Ansätze aus einer erfahrungsorientierten Perspektive zusammengeführt. Dabei zeigen die unterschiedlichen Beiträge des Bands eindrucksvoll, welche Fülle an Erfahrungsdimensionen anhand des Beispiels ihre Wirkung entfalten: Implizit oder explizit thematisiert werden beispielsweise das erfahrungsorientierte, erzieherische Handeln, seine Unplanbarkeit, die Raumerfahrung, das Theorie-Praxis-Verhältnis sowie jenes zwischen erfahrener vs. unerfahrener Lehrperson. Der professionstheoretische Blick ist zudem teilweise auf einen kumulativen Erfahrungsaufbau gerichtet, der im Widerspruch zu anderen Ansätzen und ihrer Annahme diskontinuierlicher Erfahrungsprozesse steht. Im Zentrum stehen ferner der Rückgriff auf eigene Schulerfahrungen, das Erfahrungswissen der Lernenden, die (Aus-)Bildungserfahrung, unterschiedliche Erwartungen sowohl der Lehrenden als auch der Lernenden, welche durch Erfahrungsprozesse (teilweise) durchkreuzt werden, die (irritierende) Erfahrung der Vermittlung sowie auch jene der (Un-)Vermittelbarkeit des Inhalts, die Frage der Perspektive bzw. Perspektivität (Von wem ist es nun eigentlich die Erfahrung?) sowie nicht zuletzt die Diskrepanz zwischen der Bedeutung der Situation einerseits und der mangelnden Bedeutung derartiger Situationen in fachdidaktischer Literatur/Vorbereitung andererseits sowie vieles Weitere mehr.

Um eine ausreichende „Lesbarkeit" der einzelnen Beiträge zu gewährleisten, an dieser Stelle noch einige spezifische Anmerkungen: Die Herausgeber:innen sind sich bewusst, dass durch die Kameraperspektive auf das Videobeispiel eine spezifische (interpretative) Rahmung vorweggenommen und eine „künstliche" Interpretationssituation geschaffen wird. In den verschiedenen Beiträgen lassen sich im Hinblick auf die Transkripte der Videoszene zudem Unterschiede (z. B. im Hinblick auf Begrifflichkeiten) festmachen: Diese werden in den Texten der Herausgeber:innen an geeigneter Stelle thematisiert und nicht zuletzt im Hinblick auf die Uneindeutigkeit bzw. „Unverlässlichkeit" der menschlichen Wahrnehmung und Erfahrung produktiv gewendet. Während bestimmte Perspektiven (z. B. die phänomenologische Perspektive) das Video als „Beispiel" thematisieren, wird es in anderen Beiträgen (z. B. im kompetenzorientierten Beitrag) hingegen als „Fall" gedeutet. Fachwissenschaftliche und -didaktische Fragen werden nicht immer explizit einbezogen, sondern kommen in den einzelnen Beiträgen teils als Querschnittsdimensionen zum Tragen. Ohne den Anspruch auf Vollständigkeit der Perspektiven noch der übergeordneten Wertung dieser, will diese Publikation eine vielstimmige Auseinandersetzung aufzeigen und weiterführend eröffnen. Die unterschiedlichen Perspektiven der Beitragenden wie das abschließende Resümee der Herausgeber:innen sollen entsprechend dazu dienen, Erfahrung im Professionalisierungsdiskurs gerade in ihren unterschiedlichen Dimensionen und ambigen Auslegungen in den Blick zu nehmen. Denn auch unsere Erfahrung mit diesem Buchprojekt widerspricht der Feststellung eines universalen Erfahrungsbegriffs im Themenfeld, sodass der offene und auch strittige Diskurs den Gegenstand letztlich am meisten zu erhellen vermag.

Danksagung

Ein großer Dank geht insbesondere an Thorsten Bringmann der Universität Gießen sowie an das gesamte Team der Gießener Sportdidaktik, die uns mit großer Geduld den (wiederholten) Zugang zum Videobeispiel ermöglicht sowie das exemplarische Bildmaterial bearbeitet und uns zur Verfügung gestellt haben. Susanne Zukrigl hat viel Zeit für Korrekturen aufgebracht. Auch ihr sowie Bernhard Lang und Katharina Brunner, welche uns bei der Manuskripterstellung unterstützt haben, gebührt unser Dank. Danken möchten wir nicht zuletzt auch unseren Autor:innen sowie allen Leser:innen, welche sich auf dieses besondere Projekt eingelassen haben bzw. einlassen.

Literaturverzeichnis

Agostini, Evi (2020): Aisthesis – Pathos – Ethos. Zur Heranbildung einer pädagogischen Achtsamkeit und Zuwendung im professionellen Lehrer/-innenhandeln. Erfahrungsorientierte Bildungsforschung Bd. 6. Innsbruck, Wien: StudienVerlag.

Agostini, Evi/Bube, Agnes (2021): „Und für mich ist es etwas anderes ..." – Vielfalt erfahren und vergegenwärtigen mittels Vignettenforschung ‚Nah am Werk'. In: Sonderpädagogische Förderung heute 66, H. 1, S. 34–45.

Agostini, Evi/Peterlini, Hans Karl/Donlic, Jasmin/Kumpusch, Verena/Lehner, Daniela/Sandner, Isabella (Hrsg.) (2023): Die Vignette als Übung der Wahrnehmung: Zur Professionalisierung pädagogischen Handelns/The vignette as an exercise in perception: On the professionalisation of educational practice. Opladen: Barbara Budrich. https://shop.budrich.de/wp-content/uploads/2022/04/9783847418245.pdf

Baumert, Jürgen/Kunter, Mareike (2006): Stichwort: Professionelle Kompetenz von Lehrkräften. In: Zeitschrift für Erziehungswissenschaft 9, H. 4, S. 469–520. DOI: 10.1007/s11618-006-0165-2

Bennewitz, Hedda (2020): Praxistheoretische Perspektiven auf die Lehrerinnen- und Lehrerbildung. In: Cramer, Colin/König, Johannes/Rothland, Martin/Blömeke, Sigrid (Hrsg.): Handbuch: Lehrerinnen- und Lehrerbildung. Bad Heilbrunn: Julius Klinkhardt, S. 188–194.

Bromme, Rainer (1992): Der Lehrer als Experte. Zur Psychologie des professionellen Wissens. Bern. Huber.

Bromme, Rainer/Haag, Ludwig (2008): Forschung zur Lehrerpersönlichkeit. In: Helsper, Werner/Böhme, Jeanette (Hrsg.): Handbuch der Schulforschung. Wiesbaden: Springer VS, S. 803–820.

Cochran-Smith, Marilyn/Ell, Fiona/Ludlow, Larry/Grudnoff, Lexie/Aitken, Graeme (2014): The Challenge and Promise of Complexity Theory for Teacher Education Research. In: Teachers College Record, Vol. 116, No. 5, pp. 1–38.

Cochran-Smith, Marilyn/Villegas, Ana Maria (2015): Framing Teacher Preparation Research: An Overview of the Field, Part 1. In: Journal of Teacher Education, Vol. 66, No. 1, pp. 7–20.

Cramer, Colin/König, Johannes/Rothland, Martin/Blömeke, Sigrid (Hrsg.) (2020): Handbuch Lehrerinnen- und Lehrerbildung. Bad Heilbrunn: Klinkhardt, UTB.

Engel, Birgit/Loemke, Tobias/Böhme, Katja/Agostini, Evi/Bube, Agnes (Hrsg.) (2020): Im Wahrnehmen Beziehungs- und Erkenntnisräume öffnen. Ästhetische Wahrnehmung in Kunst, Bildung und Forschung. München: Kopaed.

Fabel-Lamla, Melanie (2018): Der (berufs-)biographische Professionsansatz zum Lehrerberuf. In: Böhme, Jeanette/Cramer, Colin/Bressler, Christoph (Hrsg.): Erziehungswissenschaft und Lehrerbildung im Widerstreit!? Bad Heilbrunn: Klinkhardt, S. 82–100.

Hampe, Michael/Lotter, Maria-Sibylla (2000): Einleitung: Enttäuschende Erfahrungen. In: Hampe, Michael/Lotter, Maria-Sibylla (Hrsg.): Die Erfahrungen, die wir machen, sprechen gegen die Erfahrungen, die wir haben. Über Formen der Erfahrung in den Wissenschaften. Erfahrung und Denken Bd. 86. Berlin: Duncker und Humblot, S. 7–25.

Hampe, Michael (2000): Pluralismus der Erfahrung und Einheit der Vernunft. In: Hampe, Michael/Lotter, Maria-Sibylla (Hrsg.): Die Erfahrungen, die wir machen, sprechen gegen die Erfahrungen, die wir haben. Über Formen der Erfahrung in den Wissenschaften. Erfahrung und Denken Bd. 86. Berlin: Duncker und Humblot, S. 27–39.

Helsper, Werner (2016): Lehrerprofessionalität – der strukturtheoretische Ansatz. In Rothland, Martin (Hrsg.): Beruf Lehrer/Lehrerin. Ein Studienbuch. Münster: Waxmann, S. 103–125.

Helsper, Werner (2021): Professionalität und Professionalisierung in pädagogischen Handlungsfeldern: Eine Einführung. Bad Heilbrunn: Klinkhardt, UTB.

Kunter, Mareike/Klusmann, Uta/Baumert, Jürgen/Richter, Dirk/Voss, Thamar/Hachfeld, Axinja (2013): Professional Competence of Teachers: Effects on Instructional Quality and Student Development. In: Journal of Educational Psychology, Vol. 105, No. 3, pp. 805–820.

Laner, Iris/Peterlini, Hans Karl (2023): Erfahrung und Bildung: Über erziehungswissenschaftliche Kontroversen und den Versuch eines Dialogs. In: Laner, Iris/Peterlini, Hans Karl (Hrsg.): Erfahrung bildet? Eine Kontroverse. Diskussionen eines erziehungswissenschaftlichen Konzeptes unter den Aspekten Leib – Zeit – Raum. Reihe Erfahrungsorientierte Bildungsforschung. Weinheim, Basel: Beltz Juventa, S. 7–18.

Lauermann, Fani/König, Johannes (2016): Teachers' professional competence and wellbeing: Understanding the links between general pedagogical knowledge, self-efficacy and burnout. In: Learning and Instruction, Vol. 45, No. 1, pp. 9–19. DOI: 10.1016/j.learninstruc.2016.06.006

Merk, Samuel/Batzel-Kremer, Andrea/Bohl, Thorsten/Kleinknecht, Marc/Leuders, Timo (2021): Nutzung und Wirkung eines kognitiv aktivierenden Unterrichts bei nicht-gymnasialen Schülerinnen und Schülern. Unterrichtswissenschaft 49, S. 467–487. https://doi.org/10.1007/s42010-021-00101-2

Oevermann, Ulrich (1996): Theoretische Skizze einer revidierten Theorie professionalisierten Handelns. In. Combe, Arno/Helsper, Werner (Hrsg.), Pädagogische Professionalität. Frankfurt a. M.: Suhrkamp, S. 70–182.

Rabe-Kleberg, Ursula (2007): Kontrolle – Markt – Vertrauen. Grundlegende Kategorien einer Theorie professionellen Handelns? Das Beispiel der gesellschaftlichen Kleinkinderziehung im Umbruch der Neuen Bundesländer. In: Dörr, Margret/Müller, Burkhard (Hrsg.): Nähe und Distanz. Ein Spannungsfeld pädagogischer Professionalität (2. Aufl.). Weinheim, München: Juventa, S. 113–122.

Rödel, Severin Sales/Schauer, Gabriele/Christof, Eveline/Agostini, Evi/Brinkmann, Malte/Pham Xuan, Robert/Schratz, Michael/Schwarz, Johanna F. (2022): Ethos im Lehrberuf (ELBE). Manual zur Übung einer professionellen Haltung. Zum Einsatz im hochschuldidaktischen Kontext. https://doi.org/10.18452/24680

Rothland, Martin (2020): Theorie-Praxis-Verhältnis in der Lehrerinnen- und Lehrerbildung. In: Cramer, Colin/König, Johannes/Rothland, Martin/Blömeke, Sigrid (Hrsg.): Handbuch Lehrerinnen- und Lehrerbildung. Bad Heilbrunn: Julius Klinkhardt, S. 133–140.

Shulman, Lee S. (1986): Paradigms and research programs in the study of teaching. In: Wittrock, Merlin C. (Ed.), In: Handbook of research on teaching. New York, London: Macmillan, pp. 3–36.

Syring, Marcus (2017): Classroom Management. Theorien, Befunde, Fälle – Hilfen für die Praxis. Göttingen: Vandenhoeck & Ruprecht.

Wernet, Andreas (2006): Hermeneutik – Kasuistik – Fallverstehen. Stuttgart: Kohlhammer.

Wittek, Doris/Jacob, Cornelia (2020): Berufsbiografischer Ansatz in der Lehrerbildung. In: Cramer, Cramer/König, Johannes/Rothland, Martin/Blömeke, Sigrid (Hrsg.): Handbuch: Lehrerinnen- und Lehrerbildung. Bad Heilbrunn: Klinkhardt, UTB, S. 196–203.

Wöhrer, Veronika (2023): „Mich sehen eigentlich fast viele wie einen Jungen." Geschlechtsuntypische Berufswünsche von Jugendlichen. In: Flecker, Jörg/Schels, Brigitte/Wöhrer, Veronika (Hrsg.): Junge Menschen gehen ihren Weg. Längsschnittanalysen über Jugendliche nach der Neuen Mittelschule. Göttingen: V&R unipress, Vienna University Press, S. 173–194.

Zorn, Sarah Katharina (2020): Professionalisierungsprozesse im Praxissemester begleiten. Eine qualitativ-rekonstruktive Studie zum Bilanz- und Perspektivgespräch. Wiesbaden: Springer VS.

Erfahrung, Erfahrungsorientierung und der kompetenztheoretische Professionsansatz

Marcus Syring

1 Einleitung

> Eine Lehrkraft unterrichtet seit zwölf Jahren an einer Grundschule. Ihre Schüler:innen sind häufig motiviert und der Unterricht verläuft reibungslos. Ihr Classroom Management, so könnte man zusammenfassen, erscheint äußerst kompetent, was nicht verwundert, denn die Lehrkraft hat ja schließlich bereits über zehn Jahre Berufserfahrung und beschreibt sich selbst als sicher im Umgang mit ihren Schüler:innen.

Die kurze Fallbeschreibung eröffnet gleich mehrere Fragen: Sind erfahrene Lehrkräfte auch immer die kompetenteren Lehrkräfte? Lernt man automatisch aus seinen Erfahrungen und erwirbt so Expertise? Wird man durch das häufige Wiederholen von etwas auch einfach besser darin? Die Fragen zeigen, dass die Kategorie der „Erfahrungen" für den Diskurs um pädagogische Professionalität interessant erscheint, denn einerseits wird Erfahrung als bedeutsam für professionelles pädagogisches Handeln propagiert (so auch im kompetenztheoretischen Ansatz) und andererseits liegen kaum theoretisch-konzeptionelle Arbeiten oder empirische Studien (als Ausnahme siehe bspw. Depping/Ehmke/Besser 2021; Franke 2022) zum Zusammenhang von Erfahrung und Professionalität vor.

Eine Gemeinsamkeit unterschiedlicher deutschsprachiger Professionsansätze, wie z. B. der strukturtheoretische, der kompetenztheoretische oder der berufsbiographische Ansatz, liegt darin, dass sie „Ungewissheit" als konstitutiv für das pädagogische Handeln ansehen (Cramer et al. 2019). Wie der souveräne Umgang mit dieser Ungewissheit (Tenorth 2006) gelingen kann, beantworten die Professionsansätze unterschiedlich. Dennoch taucht die Kategorie der Erfahrung, die zum Umgang mit Ungewissheit beiträgt, in den unterschiedlichen Ansätzen auf. Unklar bleibt dabei jedoch, was genau unter Erfahrung, hier speziell im kompetenztheoretischen Ansatz, zu verstehen ist, und welche Bedeutung dieser konkret, z. B. auch im Zusammenhang zum „Wissen", zukommt.

Im folgenden Beitrag werden zunächst der kompetenztheoretische Professionsansatz sowie seine Entwicklung aus dem Expert:innen-Ansatz beschrieben und erläutert (Kap. 2). Bereits dabei werden erste Aspekte von „Erfahrung" innerhalb der beiden Ansätze beleuchtet. Anschließend werden das Verständnis und unterschiedliche Dimensionen von Erfahrung sowie damit verbundene

Ansprüche und Erwartungen explizit herausgearbeitet (Kap. 3), um sie folgend anhand des gemeinsamen Videofalles „Abbauen, Organisieren – Hochsprung" zu veranschaulichen bzw. zu analysieren (Kap. 4). Da die Kategorie der „Kompetenz" inhaltsleer ist, soll am Beispiel der Kompetenz zum Classroom Management die Rolle von Erfahrungen theoretisch (Kap. 2) und am Videofall praktisch (Kap. 4) analysiert werden. In einem kurzen Fazit werden Implikationen für weitere Forschungen und die Lehrer:innenbildung präsentiert (Kap. 5).

2 Der kompetenztheoretische Professionsansatz

Bevor sowohl theoretisch als auch anhand des Beispielvideos explorativ-exemplarisch auf mögliche erfahrungsorientierte Perspektiven im kompetenztheoretischen Ansatz eingegangen wird, soll dieser in seiner Genese aus dem Expert:innenansatz heraus und anhand zentraler begrifflicher und theoretischer Grundlagen vorgestellt werden. Die Kompetenzforschung baut auf dem Expert:innen- bzw. Expertiseansatz auf und auch für die Überlegungen mit Blick auf die Erfahrungsorientierung scheint es sinnvoll zu sein, diesen Ansatz zunächst näher in den Blick zu nehmen. Dabei wird im Folgenden unterschieden zwischen der Profession der Lehrkraft, die den Status gegenüber anderen Berufen beschreibt, deren Professionalität, die den sachgerechten Vollzug des Lehrer:innenberufs meint und der Professionalisierung, unter der die Entwicklung professioneller Handlungskompetenz zu verstehen ist (Huppert/Abs 2013).

2.1 Vom Expertise- zum kompetenztheoretischen Ansatz

Der Expert:innen- bzw. Expertiseansatz und der kompetenztheoretische Ansatz hängen eng miteinander zusammen, da sich beide im Kern auf das professionelle Wissen (bzw. die Kompetenzen) von Lehrkräften beziehen (König 2016; Neuweg 2020).

Das Expert:innen- bzw. Expertiseparadigma entwickelte sich Mitte der 1980er-Jahre in der kognitionspsychologischen Forschung (Krauss 2011; Krauss 2020) und wurde ab den 1990er-Jahren auch auf den Lehrer:innenberuf (u. a. Berliner 2001; Berliner 2004; Bromme 1992; Bromme 2008) angewendet. In diesem Paradigma wird als Expert:in eine Person bezeichnet, die „herausragende Leistungen in typischen Aufgabenfeldern einer Domäne" (König 2016, S. 128) über eine längere Zeit erbringt (Gruber 2001). Die dafür erforderliche Expertise wiederum beruht auf Wissen (Bromme 2001), welches in unterschiedlichen domänenspezifischen Bereichen vorliegen muss. Als Fundament des Wissens (bei Lehrkräften) werden häufig die Wissensdomänen nach Shulman (1986) genannt: fachliches Wissen, pädagogisches Wissen, fachdidaktisches Wissen. In der Lehrer:innenbildungsforschung erlangte das Expert:innen-Paradigma eine hohe Resonanz, da die Lehrperson als Ganzes gesehen (König 2016), dies jedoch nicht auf Persönlichkeitsmerkmale zurückgeführt wurde. Das Wissen und Können von Lehrpersonen als nicht stabile, sondern erwerbbare Fähig- und Fertigkeit steht im Zentrum dieses Ansatzes. Ergebnisse zahlreicher Studien der Expertiseforschung (Berliner 2001; Berliner 2004) belegen, dass Lehrkräfte mit einer hohen Expertise sich durch herausragende Leistungen beim Unterrichten auszeichnen, ihr Professionswissen stark vernetzt ist (Livingston/Borko 1990), sie „automatisierte Routinen entwickeln, die nötig sind, um ihre Ziele im Unterricht zu verfolgen und zu erreichen" (König 2016, S. 129), sie flexibler und schneller beim Unterrichten vorgehen und im Vergleich zu Anfänger:innen (Noviz:innen) deutlich höhere Kompetenzen in der Wahrnehmung und Interpretation unterschiedlicher Aspekte von Unterricht zeigen (König 2016; Herzmann/König 2016). Anzumerken ist dabei jedoch, dass das, was in diesem Ansatz als hohe Expertise angesehen wird, bereits das Ergebnis einer professionsbezogenen Setzung ist. Schließlich kann das, was als „herausragende Leistungen in typischen Aufgabenfeldern einer Domäne" (König 2016, S. 128) gilt, sehr unterschiedlich ausgelegt werden.

Die genannten Befunde sind Ergebnisse der sogenannten Expert:innen-Novizen-Forschung, bei der beispielsweise erfahrene Lehrkräfte mit Personen verglichen werden, die (noch) nicht über das Wissen verfügen (Noviz:innen), welches für die Ausübung der Profession notwendig ist. Nach Berliner (2001, 2004) verläuft die Entwicklung von Lehrer:innenexpertise dabei als Modell von Entwicklungsstufen vom Novizen bzw. der Novizin zum Experten bzw. der Expertin über die Lehrer:innenausbildung an der Hochschule, das Referendariat, den Berufseinstieg und die Ausübung des Berufes. Lehramtsstudierende starten als Novize bzw. Novizin (*novice*), die noch keine „systematische[n] Erfahrungen im Handeln als Lehrperson" (Herzmann/König 2016, S. 84) haben. Durch die Aneignung von praktischem Wissen und Erfahrungswissen beim eigenen bzw. selbstständigen praktischen Handeln, welches reflektiert wird, entwickelt sich Expertise. Franke (2022) spricht hier von alltagsbasiertem Erfahrungswissen. Im Verlauf der Lehrer:innenbildung wird so „professionelles Wissen und systematische Handlungserfahrung erworben" (König 2016, S. 131), wodurch aus dem Lehramtsstudierenden (Novizen) am Ende des Studiums ein *advanced beginner* wird (Berliner 2004). Erst durch die Übernahme eigener Entscheidungsmacht im Unterricht mit dem Berufseinstieg entwickelt sich ein kompetent Handelnder (*competent performer*) bzw. später (ab etwa dem fünften Berufsjahr) ein Profilierter (*proficiency*) und ein Experte (*expertise*) (König 2016). Auch hier verdeutlichen die Ergebnisse der Expert:innen-Noviz:innen-Forschung „den hohen Stellenwert, den die strukturierte Erfahrungsbildung bei (erfolgreichen) Lehrern bzw. Lehrerinnen einnimmt, mit der routinierte Abläufe des Wahrnehmens und Entscheidens ermöglicht werden" (Herzmann/König 2016, S. 82; siehe auch Berliner 1986; Berliner 2001). Zusammenfassend kann festgehalten werden, „dass die (erfolgreiche) Tätigkeit von Lehrkräften auf Wissen und Können beruht, das in der Ausbildung in theoretischen und praktischen Phasen gewonnen und dann durch die Berufserfahrung weiterentwickelt wurde." (Bromme 2008, S. 159)

2.2 Der kompetenztheoretische Ansatz – Professionelle Kompetenzen

In den 2000er-Jahren wurde der Expertise-Ansatz zum kompetenztheoretischen Ansatz weiterentwickelt (Kunter/Baumert/Blum 2011; Tillmann 2011), in dessen Fokus jetzt nicht mehr nur das professionelle Wissen, sondern auch weitere Aspekte wie die Motivation von Lehrkräften oder deren Selbstregulation stehen (Krauss 2011; Krauss 2020).

Kompetenzbegriff

Als zentraler Begriff taucht in diesem Ansatz die Kompetenz auf. Die Verwendung des Begriffs lässt sich auf verschiedene Traditionen zurückführen (für einen Überblick vgl. z. B. Klieme/Hartig 2008). Als Schlüsseldefinition hat sich diejenige von Weinert (2001) durchgesetzt. Demnach sind Kompetenzen „die bei Individuen verfügbaren oder durch sie erlernbaren kognitiven Fähigkeiten und Fertigkeiten, um bestimmte Probleme zu lösen, sowie die damit verbundenen motivationalen, volitionalen und sozialen Bereitschaften und Fähigkeiten, um die Problemlösungen in variablen Situationen erfolgreich und verantwortungsvoll nutzen zu können." (Weinert 2001, S. 27f.) Der Begriff der Kompetenz verweist demnach auf das Können von Expert:innen (Arnold/Lindner-Müller 2012). Kompetenzen sind für professionelles Handeln von Lehrpersonen notwendig, aber nicht hinreichend, sie können also als „Performanzpotenziale" verstanden werden (Maag Merki 2009). Kompetenzen führen nicht automatisch zur erfolgreichen Bewältigung von Aufgaben (Zusammenhang von Kompetenz und Bewältigung ist somit nicht deterministisch, sondern wahrscheinlichkeitstheoretisch), sondern sie müssen in aktuellen Situationen umgesetzt werden, die „Stiftung einer direkten Beziehung zum Handeln in einer Domäne [...]" (Oelkers/Reusser 2008, S. 24) ist somit bereits im Kompetenzbegriff angelegt.

Neben der genannten Definition gibt es wesentliche Aspekte bzw. Eigenschaften von Kompetenzen (Herzmann/König 2016), die in unterschiedlichen erziehungswissenschaftlichen und vor allem psychologischen Debatten herausgearbeitet wurden (Klieme/Leutner 2006; Weinert 2001; Hartig/Klieme 2006):

1. *Kontextspezifität:* Kompetenzen beziehen sich nicht auf kontextfreie kognitive Fähigkeiten und Fertigkeiten, sondern sind an konkrete soziokulturelle, historische und lebensweltliche Domänen gebunden (Oelkers/Reusser 2008).

2. *Erlernbarkeit:* Der Aufbau von Kompetenzen ist das Ergebnis von Lernprozessen, in denen eine Auseinandersetzung mit der spezifischen Umwelt stattfindet.
3. *Anforderungsbezug:* Kompetenzen werden „durch Erfahrung in bedeutsamen Anforderungssituationen erworben" (Herzmann/König 2016, S. 109).
4. *Eingrenzung auf Leistungsdispositionen:* Im Kontext von Kompetenzen werden diese häufig nur auf ihre kognitive Komponente (Wissen, Fähigkeiten etc.) beschränkt, was einem weiten Kompetenzverständnis, wie es beispielsweise in der Definition von Weinert (2001) zum Ausdruck kommt, widerspricht.

Zusammenfassend kann in einer kompetenztheoretischen Perspektive unter Professionalität der Zustand einer Lehrkraft verstanden werden, der für die professionelle Ausübung des Berufes, im Sinne der „Qualität der Ausübung und Erfüllung der professionellen Berufsaufgaben durch die Berufsinhaber" (Horn 2016, S. 156) notwendig ist und sich über eine bestimmte Konstellation von dafür notwendigen Kompetenzen auszeichnet. Eine „professionelle Lehrperson [hat] möglichst viel Kompetenz in diesen Anforderungsbereichen akkumuliert" (Cramer 2020, S. 115). Professionelles pädagogisches Handeln kann in Folge des kompetenztheoretischen Ansatzes erlernt und gefördert werden und ist die Folge des Erwerbs berufsspezifischer Kompetenzen (Terhart 2011).

Modelle professioneller Kompetenz

Seit den 2000er-Jahren wurde eine Vielzahl unterschiedlicher Kompetenzmodelle entwickelt und in den Diskurs eingeführt (für einen Überblick siehe Frey/Jung 2011; Kemna 2012). Ein erstes zentrales Modell entstand im Zuge der Expertise zur Entwicklung nationaler Bildungsstandards in Deutschland (Klieme et al. 2003), mit deren Erstellung das DIPF (Deutsches Institut für Internationale Pädagogische Forschung) beauftragt war. Zwar entstand das Modell im Kontext von Schüler:innenkompetenzen, es kann jedoch auch auf Lehrkräfte angewendet werden (Frey/Jung 2011), da auch diese in ihrer Ausbildung und Entwicklung als Lernende betrachtet werden können und die Begrifflichkeiten somit übertragbar sind. In dem Modell werden „sieben Facetten [von] Kompetenz berücksichtigt, auf welchen sich die individuelle Ausprägung der jeweiligen Kompetenz bestimmen lässt" (Frey/Jung 2011, S. 5). In Abbildung 1 sind die sieben Facetten dargestellt, wobei ersichtlich wird, dass sich diese an der Definition von Weinert (2001) orientieren. Interessant erscheint, dass der Begriff der „Erfahrung" hier explizit auftaucht und im Kontext einer Kompetenz als eine Gelegenheit verstanden wird, in der eigene Erfahrungen gesammelt werden können.

Das wohl bekannteste Modell professioneller Kompetenz stammt von Baumert und Kunter (2006). Wissen und Können (deklarativ, prozedural, strategisch) stellen den Kern von Professionalität bzw. der professionellen Handlungskompe-

Abb. 1: Kompetenzfacetten nach Klieme et al. 2003

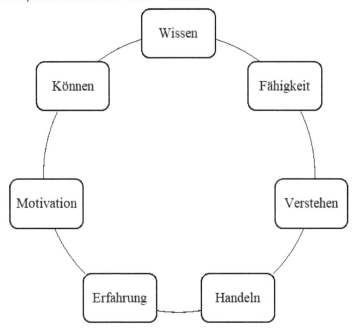

tenz dar (siehe Abb. 2). Mit Blick auf das professionelle Wissen orientieren sich Baumert und Kunter an den Wissensdomänen von Shulman (1986) und erweitern diese um Organisations- (Shulman 1987; Fried 2002) und Beratungswissen. Hinzu kommen jedoch auch affektiv-motivationale Charakteristika wie Überzeugungen, motivationale Orientierungen und Selbstregulation (Richardson 1996; Thompson 1992).

Ein drittes Modell ist das Kaskadenmodell von Krauss et al. (2020) bzw. von Blömeke, Gustafsson und Shavelson (2015) (siehe Abb. 3). Dieses geht von Kompetenzen, multifaktoriell wie bei Baumert und Kunter (2006), als Dispositionen verstanden aus, die sich performativ erst zeigen, wenn sie situationsspezifisch angewendet werden. Diese Anwendung erfolgt durch die Wahrnehmung und Interpretation einer Situation, in der dann die Entscheidung zur Anwendung der Kompetenz erfolgt. Während die Wahrnehmung der Situation dem Modell folgend aufgrund der vorhandenen Dispositionen erfolgt, spielen bei der Interpretation der Situation weitere Faktoren, wie beispielsweise das Wissen um die konkrete Lerngruppe, Vorgeschichten, schulspezifische Gegebenheiten etc., eine wichtige Rolle. Entscheidend ist hierbei ebenfalls die Erfahrung von Lehrkräften, die bei der Wahrnehmung und Interpretation hilft.

Alle drei vorgestellten Modelle geben noch keine Auskunft darüber, welche konkreten Kompetenzen für den Lehrer:innenberuf (die Profession) kennzeichnend sind und damit das professionelle Handeln erst ermöglichen (Professio-

Abb. 2: Modell professioneller Kompetenz nach Baumert/Kunter 2006 (Kunter/Klusmann/ Baumert 2009, S. 155).

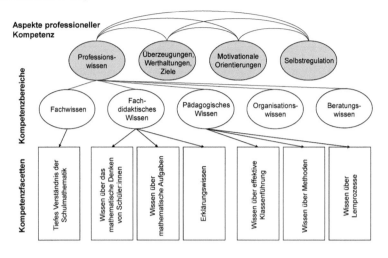

Abb. 3: Modell nach Blömeke et al. 2015 (König 2020, S. 166)

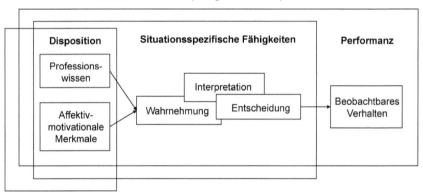

nalität). Auch hierfür gibt es mittlerweile unzählige Modelle professioneller Kompetenzen, am bekanntesten erscheinen die vier (normativ gewonnenen) Kompetenzbereiche aus den Standards für die Lehrer:innenbildung der deutschen Kultusministerkonferenz (2004, 2014) (Unterrichten, Erziehen, Beurteilen und Innovieren) oder die zwölf Standardgruppen nach Oser (2001) (z. B. schüler:innenunterstützendes Handeln und Diagnose, Bewältigung von Disziplinproblemen und Schüler:innenrisiken etc.).

Kompetenzen „erlernen" (Professionalisierung)

Unter Professionalisierung wird, wie bereits ausgeführt, die (individuelle) Entwicklung von Professionalität verstanden (Cramer 2020; Cramer/Rothland 2020). Dem kompetenztheoretischen Ansatz folgend werden Kompetenzen erlernt, in dem die dafür nötigen Wissensgrundlagen gelegt werden. Dies geschieht sowohl in theoretischer als auch praktischer (Erfahrungen machen) Auseinandersetzung. Schwieriger stellt es sich mit den affektiv-motivationalen Aspekten professioneller Kompetenzen dar, denn beispielsweise sind Überzeugungen oder Einstellungen (siehe Modell von Baumert/Kunter 2006; Abb. 2) nicht einfach erlernbar, wenn überhaupt, dann nur veränderbar (Merk 2020; Syring et al. 2020).

2.3 Beispielskompetenz „Classroom Management"

Classroom Management bzw. Klassenführung wird häufig als eine zentrale Kompetenz für das Handeln von Lehrkräften bezeichnet (Kunter/Voss 2011) und gilt gleichzeitig als Basisdimension guten Unterrichts (Klieme 2019; Pietsch 2010). Unter Classroom Management können verschiedene Maßnahmen verstanden werden, die allesamt darauf abzielen, die aktive, echte Lernzeit der Schüler:innen (time on task), also die tatsächliche Zeit, die sie für das Erreichen der Lernziele aufwenden, und damit die Wahrscheinlichkeit auf Lernerfolg zu erhöhen. Diese Maßnahmen lassen sich drei Dimensionen zuordnen: „(1) [Dem] Handeln der Lehrperson, das auf die Errichtung und Aufrechterhaltung der Ordnungs- und Interaktionsstrukturen abzielt (Verhaltenssteuerung), (2) [dem] Handeln der Lehrperson, welches das aktive Lernen und die aktive Partizipation der Schüler:innen anregt (Unterrichtsgestaltung) [sowie (3) dem] Aufbau von Beziehungsstrukturen zwischen Lehrkraft und Lernenden, welche durch Fürsorge und Vertrauen geprägt sind (Beziehungsförderung)" (Syring et al. 2013, S. 77; siehe auch Syring 2017). Classroom Management umfasst sowohl präventive Merkmale und Verhaltensweisen (Kounin 1976/2006) der Lehrkraft als auch solche, wie sie in ökologischen Ansätzen zu finden sind (z. B. Evertson/Weinstein 2006; Mayr 2008), in denen auch die Schüler:innen sowie die Unterrichts- und Beziehungsgestaltung in den Mittelpunkt der Betrachtung von Classroom Management rücken (Syring 2017). In Abbildung 4 sind unterschiedliche Maßnahmen, Merkmale und Verhaltensweisen aus unterschiedlichen Studien den drei oben genannten Dimensionen von Classroom Management exemplarisch zugeordnet.

Auf einige dieser Merkmale wird im Rahmen der Videoanalyse mit Blick auf Erfahrungsorientierung und Classroom Management-Kompetenz noch eingegangen werden.

Abb. 4: Dimensionen von Classroom Management (Syring 2023, S. 461)

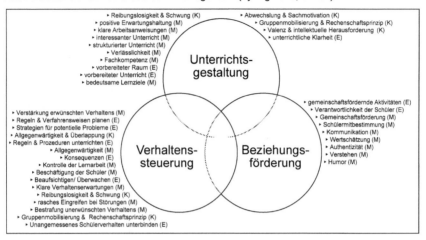

3 Erfahrungsorientierung im kompetenztheoretischen Professionsansatz

Der kompetenztheoretische Professionsansatz beschreibt „Wissensdomänen sowie Fähigkeiten und Fertigkeiten, Orientierungen und Haltungen, die den Erfolg von Lehrpersonen im beruflichen Handeln zuvorderst mit Blick auf das Lernen der Schülerinnen und Schüler wahrscheinlicher machen" (Cramer 2020, S. 116). Dieses Akkumulieren von Kompetenzen und Wissen geschieht auch über Erfahrungen. Unter Erfahrungen werden dabei dem Duden folgend „bei praktischer Arbeit oder durch Wiederholen einer Sache gewonnene Kenntnis[se]" bzw. „durch Anschauung, Wahrnehmung, Empfindung gewonnenes Wissen als Grundlage der Erkenntnis" verstanden. Zwar hat der Erfahrungsbegriff in der Pädagogik begriffs- und disziplingeschichtlich eine lange Tradition (Dieckmann 1994), jedoch gibt es kaum ausführliche theoretische oder empirische Auseinandersetzungen zum Zusammenhang von Erfahrungen und Kompetenzen.

Aus den im vorangegangenen Kapitel dargestellten theoretischen und konzeptionellen Aspekten ergeben sich unterschiedliche Anknüpfungen zwischen der Kategorie der Erfahrung und dem kompetenztheoretischen Ansatz.

1. Kompetenzen gelten laut Definition als erlernbar. Dieses Erlernen findet als reflektierte Auseinandersetzung mit der Umwelt und damit auch als Erfahrungslernen statt.
2. Gleichzeitig spielen Erfahrungen als genuiner Bestandteil von Kompetenzen (siehe z. B. Modell von Klieme et al. 2003) eine wichtige Rolle. Das Erfahrungswissen wird neben wissenschaftlich erworbenem Wissen im kompetenztheo-

retischen Ansatz explizit benannt und spielt für das erfolgreiche professionelle Handeln eine entscheidende Rolle.
3. Verschiedene Ausbildungserfahrungen, z. B. in Praktika beim Unterrichten, aber auch an der Hochschule selbst, tragen zum Lernen und damit schließlich zum Kompetenzerwerb bei. In Anlehnung an Dewey (1916) oder – wenn auch aus einer anderen Perspektive – an Meyer-Drawe (2010) könnte man hier vom Lernen als bildende Erfahrung sprechen, wenngleich beide Autor:innen einen deutlich weiteren Erfahrungsbegriff zugrunde legen, als man ihn im kompetenztheoretischen Ansatz findet.
4. Die Expertiseforschung benennt Erfahrungen als expliziten Bestandteil des Wissenserwerbs vom Novizen bzw. der Novizin über den *advanced beginner* hin zum Experten bzw. der Expertin im Lehrer:innenberuf. Es geht dabei immer um den (reflektierten) Zusammenhang von hochschulischer oder seminaristischer Ausbildung und praktischer Erfahrung.
5. Gleichzeitig spielen auch persönliche Vorerfahrungen oder Erfahrungen aus dem nichtschulischen Bereich eine Rolle. Wenn beispielsweise Inklusionserfahrungen aus der eigenen Biographie sich auf die Einstellungen zur Inklusion oder die Selbstwirksamkeit auswirken (siehe Modell von Baumert/Kunter 2006), hat dies wiederum einen Einfluss auf die professionelle Kompetenz im Umgang mit Inklusion.
6. Hinzu kommt, dass sich das Handeln von erfahrenen Lehrkräften dem kompetenztheoretischen Ansatz folgend auch als routiniertes/automatisiertes Expert:innenhandeln beschreiben lässt und auch hier die gemachten Berufserfahrungen eine große Rolle spielen.
7. Für die Performanz von Kompetenzen (siehe z. B. das Kaskaden-Modell nach Krauss et al. 2020) sind ebenso Erfahrungen notwendig.

Trotz nur geringer Explizierungen der Rolle von Erfahrungen bzw. der Erfahrungsorientierung im kompetenztheoretischen Professionsansatz ergeben sich zahlreiche Verbindungen. Anhand des Videofalls „Abbauen, Organisieren – Hochsprung" aus dem Sportunterricht sollen die genannten Punkte veranschaulicht und analysiert werden.

4 Videobeispiel „Abbauen, Organisieren – Hochsprung"

Der Videofall zeigt das Ende einer Sportstunde (knapp drei Minuten) in einer der unteren Klassen einer weiterführenden Schule.[1] Der junge Lehrer (vermutlich ein Praktikant oder Referendar) leitet den Abbau einer Hochsprunganlage an. Im Fol-

---
1 An dieser und auch folgenden Stellen im Fall bzw. der Analyse muss aufgrund fehlender Detailkenntnis auch spekuliert werden. Solche Stellen werden sprachlich kenntlich gemacht.

genden sind die Transkripte von zwei Sequenzen des Falles, angereichert um einige nonverbale Aspekte, dargestellt.[2]

Sequenz 1 (Minute 0:00 bis 1:10)

Die Schüler:innen sind noch verteilt in der Sporthalle um die große Hochsprungmatte.

L: OK, kommt mal zusammen. Kommt mal hier zusammen. [Lehrer geht um die Matte, zeigt mit dem Arm, dass man zu ihm kommen soll; s. a. Abb. 7] Weil wir haben nicht ewig Zeit. Kommt mal her. [Pssst, führt Hand zum Mund.] Kommt mal alle her. SO. Wir bauen jetzt in umgekehrter Reihenfolge wieder ab. [Lehrer streckt dazu die Arme angewinkelt nach oben.] Wie eben. Das heißt zuerst die Schnüre, dann die Matten, dann die Kästen und dann die Stangen, dann die große Matte. [...] [Dabei zeigt die Lehrkraft auf die unterschiedlichen Gegenstände. Die Schüler:innen stehen um die Matte, beginnen z. T. aber auch schon die Hochsprungstange abzubauen.] Die Latte gibst du mir.

S (alle durcheinander): (unv.)

L: Vorsicht (unv.). Holt den Mattenwagen. Zuerst die Matten und die Stangen. (genervt, laut) ZUERST DIE MATTEN. MATTEN. Die Kästen können wir danach. Zuerst die Matten. [Der Lehrer bewegt sich immer wieder unruhig an der Seite der Hochsprungmatte.] Vorsicht, Vorsicht, Vorsicht. Zuerst mal die Matten wegbringen. Erst die Matten. Holt mal den Mattenwagen. [...] Matten.

S: Wo kommen die hin die Kästen?

L: Die kommen da rein.

S: Nein, die kommen da rüber.

L: Die tu ich gleich rüber.

S: Ok.

L: Stellt die hier rein, ich tu die dann rüber.

Sequenz 2 (Minute 1:53 bis 2:57)

Der Lehrer steht vor dem Mattenwagen, auf dem sich bereits einige Matten, unordentlich gestapelt, befinden. Ca. sechs Schüler:innen stehen um den Mattenwagen, andere

---

[2] Aufgrund der eigenen Schwerpunktsetzung wird hier ein eigenes Transkript verwendet. Die beiden gewählten Sequenzen finden sich im Gesamttranskript der Herausgeber:innen auf Seite 152 ff. und Seite 158 ff.

Schüler:innen wollen bereits die Hochsprungmatte wegschieben (siehe auch Abb. 6 im Gesamttranskript).

L: Los. Was iss'n das hier? [Lehrer zeigt auf den Wagen.] Macht das mal ordentlich. Den kann man so nicht reinfahren. [...]. LOS HELFT MAL HIERHER. Macht mal den Mattenwagen ordentlich. [Dabei blickt der Lehrer zu den Schüler:innen auf der Hochsprungmatte, die jedoch auf dieser bleiben.] Vorher wird hier nicht weggeschoben. LOS. LOS. (genervt) Hallo. Guckt mal. [Der Lehrer geht auf einige Schüler:innen auf der Hochsprungmatte zu.] Ihr vier hier runter. Helft mal jetzt hier. Los. Los. Helfen. Geht mal helfen. Guckt mal den Mattenwagen an, den kann man so nicht wegschieben. Hallo. (schreit) SCHLUSS HIER.

S: (kreischt) MATTENWAGEN.

L: Aber flott. [...]. SO. Mattenwagen weg.

S: (unv.).

L: Warten. Mattenwagen wieder reinfahren. (schreit) WARTEN. [Der Lehrer geht noch mal kurz auf die Schüler:innen zu, die bereits die Hochsprungmatte wegräumen wollen.] Wartet mal. Genau. Wir machen das jetzt hier. Kommt mal zwei her, kommt nochmal drei her. Hilfst du mir mal. (schreit mit Blick auf die Schüler:innen an der Hochsprungmatte) STOPP.

S: [Die Lehrkraft und zwei Schüler:innen wollen das Tor an der Wand öffnen, hinter dem die Matte verstaut werden soll; s. a. Abb. 13] Wie machen wir das hier?

L: Dreh mal und (unv.) und drücken.

In beiden Sequenzen wird deutlich, dass die Lehrkraft Schwierigkeiten hat, die Schüler:innen zum sachgemäßen Abbau der Sportgeräte zu bewegen bzw. diesen zu kontrollieren. Dies erfordert von ihr ständiges Eingreifen und Nachsteuern. Aus Sicht des Classroom Managements stellen solche Phasen des Unterrichts, wie das Stundenende, schwierige Gelenkstellen dar, denn solche Übergänge eignen sich besonders für Störungen. Mit Blick auf die Erfahrungen des Lehrers kann man vermuten, dass dieser weiß, dass klare Aufgabenstellungen und Mobilisierung der gesamten Klasse hier notwendig sind (siehe Beginn der ersten Sequenz). Beides scheint auch zunächst zu gelingen. Ebenso scheint er zu wissen, dass Allgegenwärtigkeit und eine hohe Präsenz wichtig für eine präventive Klassenführung sind, dies zeigt sich auch an der dauerhaften Bewegung der Lehrkraft in der Sporthalle zwischen Hochsprungmatte, Mattenwagen, Seite der Turnhalle etc. Die Proxemik des Lehrers spricht folglich für eine hohe Präsenz. Weiterhin zeigt sich im Verlauf der ersten und zweiten Sequenz jedoch die fehlende Erfahrung im Sinne von Expertise im Umgang mit schwierigen Situationen im Unterricht: So wird zwar eine klare Verhaltenserwartung vom Lehrer kommuniziert, jedoch erfolgt ein Eingreifen bei Störungen sehr eindimensional (nur verbal über das ständige Wiederholen der Wörter „Matten" und „Mattenwagen") und die Störungen werden kaum unterbunden. Dadurch geht auch die Reibungslosigkeit verloren. Da die Lehrkraft auch immer wieder nur die Schüler:innen am Mattenwagen adressiert, ist der Rest der Klasse zum Teil im „Leerlauf" und weiß nicht, was noch zu tun ist. Mit Fokus auf die Erlernbarkeit von Classroom Management-Kompetenz über Erfahrungen ließe sich also festhalten, dass hier scheinbar noch zu wenige eigene praktische Erfahrungen vorliegen und dies zu einer geringeren Kompetenz führt.

In den kurzen Sequenzen bieten sich mehrere Anlässe, die der Lehrer selbst nutzen kann, um sein eigenes Handeln zu reflektieren und damit auch zu einer „bildenden Erfahrung" zu machen, aus der er selbst lernt. Vermutlich macht er bereits in den wenigen Minuten die Erfahrung, dass sein Vorgehen, immer wieder zu ermahnen, nicht weiterhilft und er hier künftig anders vorgehen muss. Im Sinne des kompetenztheoretischen Ansatzes trägt diese produktive Verarbeitung praktischer Erfahrungen zum Kompetenz- bzw. Expertiseaufbau bei.

Es zeigt sich weiter, dass die Lehrkraft noch wenig über systematisches Wissen und Erfahrungen im praktischen Handeln verfügt, sie also noch auf der Stufe zwischen Novize und *advanced beginner* steht. Zusammenfassend wird deutlich, dass vermutlich Erfahrungswissen bei der Lehrkraft fehlt, welches für das professionelle Handeln eine entscheidende Rolle spielen würde.

Vermutlich erlebt sich der Lehrer in seiner Selbstwirksamkeit als recht eingeschränkt: Seine wiederholten Ansagen und Zurechtweisungen rufen nur begrenzt die erwünschte Reaktion bei den Schüler:innen hervor. Diese Erfahrung der eingeschränkten Selbstwirksamkeit wird sich wiederum auf seine Kompetenz zum Classroom Management auswirken.

Für das Stundenende scheint weder bei den Schüler:innen noch bei dem Lehrer eine automatisierte Routine vorzuliegen. Auch für das Fehlverhalten der Schüler:innen scheint es keinen routinierten Umgang seitens der Lehrkraft zu geben. Diese fehlenden Routinen und Automatismen aufgrund fehlender Erfahrungen sprechen im kompetenztheoretischen Ansatz für eine wenig erfahrene Lehrkraft. Wendet man das Kaskaden-Modell auf die Sequenzen an, könnte man sehen, dass die Lehrkraft immer wieder wahrnimmt, dass die Ansagen seinerseits wenig zielführend sind, die Interpretation und Entscheidung, bei verbalen Ansagen zu bleiben, sich aber erschöpfen. Es finden keine alternativen Interpretationen oder Entscheidungen statt, wie sie aufgrund von Erfahrung bei kompetenteren Lehrkräften gegebenenfalls zu finden wären. Denkbar wäre ja eine Unterbrechung des Aufräumens, um nochmal die Aufgabenstellung zu klären und Ruhe in den letzten Teil der Stunde zu bringen.

5 Fazit

Erfahrungen spielen im kompetenztheoretischen Professionsansatz eine Rolle, denn sie sind nach seinem Verständnis expliziter Bestandteil von Professionalität. Ebenfalls dient die Erfahrungsorientierung, z. B. über Reflexionen von praktischen Erfahrungen, Fallarbeit etc., als Ausbildungselement im Sinne der Professionalisierung. Die kurze Analyse des Videofalls zeigt, welche Potenziale in der Frage des Nutzens von Erfahrungen im kompetenztheoretischen Ansatz liegen. Ebenso zeigt sich jedoch sowohl in den theoretisch-konzeptionellen als auch den videoanalytischen Betrachtungen, dass Erfahrungen nicht per se wirksam im Sinne der Professionalisierung oder im Sinne von Professionalität sind. Erst die reflektierte Auseinandersetzung mit Erfahrung, der ständige Abgleich dieses Erfahrungswissens mit wissenschaftlichem Wissen, führt zur Kompetenzentwicklung bzw. zum Aufbau von Expertise.

Aus den Überlegungen dieses Beitrages ergeben sich einige Implikationen auch für die zukünftige Forschung: Auf theoretischer Seite sollte stärker konzeptionell geschärft werden, was in den unterschiedlichen Kompetenzmodellen genau unter „Erfahrung" zu verstehen ist und in welchem Zusammenhang beispielsweise Erfahrungswissen und andere Wissensformen stehen. Aus empirischer Sicht wäre zu klären, wie Erfahrungen operationalisiert und damit messbar gemacht werden können.

Auch für die Lehrer:innenbildung ergeben sich einige Implikationen: So könnten die Erfahrungen von Studierenden, die sie vor und während des Studiums machen, im Sinne der Expertise- und Kompetenzentwicklung stärker als bisher genutzt und reflektiert werden. Vor allem auch für den affektiv-motivationalen Bereich von Kompetenzen erscheint ein solch reflexiver Ansatz vielversprechend zu sein. Zudem bleibt die Frage offen, die auch dieser Beitrag ausgespart hat, ob Erfahrungen auch negative Auswirkungen auf die Kompetenzentwicklung haben können, wenn sie beispielsweise den weiteren Kompetenzaufbau aufgrund negativer Ereignisse, Einstellungen oder Selbstwirksamkeitserfahrungen verhindern.

Interessant bleibt die Frage, ob der Begriff der „Erfahrung", ähnlich wie der Begriff der „Ungewissheit", eine verbindende Kategorie zwischen den unterschiedlichen Professionsansätzen darstellt und diese somit in einen produktiven Dialog bringen kann.

Literaturverzeichnis

Arnold, Karl-Heinz/Lindner-Müller, Carola (2012): Kompetenz. In: Horn, Klaus-Peter/Kemnitz, Heidemarie/Marotzki, Winfried/Sandfuchs, Uwe (Hrsg.): Klinkhardt Lexikon Erziehungswissenschaft: KLE. Band 2. Bad Heilbrunn: Klinkhardt, S. 229–231.

Baumert, Jürgen/Kunter, Mareike (2006): Stichwort: Professionelle Kompetenz von Lehrkräften. In: Zeitschrift Für Erziehungswissenschaft 9, H. 4, S. 469–520. DOI 10.1007/s11618-006-0165-2

Berliner, David C. (1986): In pursuit of the expert pedagogue. In: Educational Researcher 15, pp. 5–13.
Berliner, David C. (2001): Learning about and learning from expert teachers. In: International Journal of Educational Research 35, H. 5, pp. 463–482. DOI 10.1016/S0883-0355(02)00004-6
Berliner, David C. (2004): Describing the Behavior and Documenting the Accomplishments of Expert Teachers. In: Bulletin of Science, Technology & Society 24, pp. 200–212. DOI 10.1177/0270467604265535
Blömeke, Sigrid/Gustafsson, Jan-Eric/Shavelson, Richard J. (2015): Beyond dichotomies: Competence viewed as a continuum. In: Zeitschrift für Psychologie 223, 3–13.
Bromme, Rainer (1992): Der Lehrer als Experte: Zur Psychologie des professionellen Wissens. Bern: Huber.
Bromme, Rainer (2001): Teacher Expertise. In: International Encyclopedia of the Social & Behavioral Sciences. Amsterdam: Smelser and Baltes, pp. 15459–15465.
Bromme, Rainer (2008): Lehrerexpertise. In: Schneider, W./Hasselhorn, M. (Hrsg.): Handbuch der Pädagogischen Psychologie. Göttingen: Hogrefe, S. 159–167.
Cramer, Colin (2020): Professionstheorien. Überblick, Entwicklung und Kritik. In: Harant, Martin/Küchler, Uwe/Thomas, Philipp (Hrsg.): Theorien! Horizonte für die Lehrerbildung. Tübingen: Tübingen University Press, S. 112–128.
Cramer, Colin/Harant, Martin/Merk, Samuel/Drahmann, Martin/Emmerich, Marcus (2019): Meta-Reflexivität und Professionalität im Lehrerinnen- und Lehrerberuf. In: Zeitschrift für Pädagogik 65, H. 3, S. 401–423. DOI: 10.25656/01:23949
Cramer, Colin/Rothland, Martin (2020): Pädagogische Professionelle in der Schule. In: Hascher, Tina/Idel, Till-Sebastian/Helsper, Werner (Hrsg.): Handbuch Schulforschung. Wiesbaden: Springer Fachmedien Wiesbaden, S. 1–23.
Depping, Denise/Ehmke, Timo/Besser, Michael (2021): Aus „Erfahrung" wird man selbstwirksam, motiviert und klug: Wie hängen unterschiedliche Komponenten professioneller Kompetenz von Lehramtsstudierenden mit der Nutzung von Lerngelegenheiten zusammen? In: Zeitschrift für Erziehungswissenschaft 24, S. 185–211. DOI 10.1007/s11618-021-00994-w
Dewey, John (1916): Democracy and education: an introduction to the philosophy of education. New York: The Macmillan Company.
Dieckmann, Bernhard (1994): Der Erfahrungsbegriff in der Pädagogik. Weinheim: Deutscher Studienverlag.
Evertson, Carolyn M./Weinstein, Carol S. (Hrsg.) (2006): Handbook of classroom management. Research, practice, and contemporary Research. Mahwah: Lawrence Erlbaum.
Franke, Ulrike (2022): „Das mach ich immer so." Zur Rolle des alltagsbasierten Erfahrungswissens von Lehrerinnen und Lehrern bei unterrichtsmethodischen Entscheidungen. Hochschulschrift/Dissertation. München: Ludwig-Maximilians-Universität. DOI: 10.5282/edoc.30254
Frey, Andreas/Jung, Claudia (Hrsg.) (2011): Kompetenzmodelle, Standardmodelle und Professionsstandards in der Lehrerbildung: Stand und Perspektiven. Lehrerbildung auf dem Prüfstand, Sonderheft.
Fried, Lilian (2002): Pädagogisches Professionswissen und Schulentwicklung. Weinheim, München: Juventa.
Gruber, Hans (2001): Acquisition of expertise. In: Smelser, Neil J./Baltes, Paul B. (Eds.): International encyclopedia of the social and behavioral sciences. Amsterdam: Elsevier, pp. 5145–5150.
Hartig, Johannes/Klieme, Eckhard (2006): Kompetenz und Kompetenzdiagnostik. In: Schweizer, Karl (Hrsg.): Leistung und Leistungsdiagnostik. Heidelberg: Springer, S. 128–143.
Herzmann, Petra/König, Johannes (2016): Lehrerberuf und Lehrerbildung. Bad Heilbrunn: Klinkhardt, UTB.
Horn, Klaus-Peter (2016): Profession, Professionalisierung, Professionalität, Professionalismus. In: Zeitschrift für Pädagogik und Theologie 68, H. 2, S. 153–164. DOI 10.1515/zpt-2016-0017
Huppert, Annette/Abs, Hermann J. (2013): Profession, Professionalisierung, Professionalität im Lehrerberuf. In: Hufer, Klaus P./Richter, Dagmar (Hrsg.): Politische Bildung als Profession: Ver-

ständnisse und Forschungen: Perspektiven politischer Bildung. Bonn: Bundeszentrale für politische Bildung, S. 65–80.

Kemna, Pierre W. (2012): Messung pädagogischer Basiskompetenzen von Lehrerinnen und Lehrern. Entwicklung von Testinstrumenten. Münster u. a.: Waxmann.

Klieme, Eckhard (2019): Unterrichtsqualität. In: Harring, Marius/Rohlfs, Carsten/Gläser-Zikuda, Michaela (Hrsg.): Handbuch Schulpädagogik. Waxmann, UTB, S. 393–408.

Klieme, Eckhard/Hartig, Johannes (2008): Kompetenzkonzepte in den Sozialwissenschaften und im erziehungswissenschaftlichen Diskurs. In: Prenzel, Manfred/Gogolin, Ingrid/Krüger, Heinz H. (Hrsg.): Zeitschrift für Erziehungswissenschaft, Sonderheft Kompetenzdiagnostik. Wiesbaden: VS, S. 11–29.

Klieme, Eckhard/Leutner, Detlef (2006): Kompetenzmodelle zur Erfassung individueller Lernergebnisse und zur Bilanzierung von Bildungsprozessen. In: Zeitschrift für Pädagogik 52, S. 876–895.

Klieme, Eckhard/Avenarius, Hermann/Blum, Werner/Döbrich, Peter/Gruber, Hans/Prenzel, Manfred/Reiss, Kristina/Riquarts, Kurt/Rost, Jürgen/Tenorth, Heinz-Elmar/Vollmer, Helmut J. (Hrsg.) (2003): Zur Entwicklung nationaler Bildungsstandards. Eine Expertise. Bildungsforschung. Band 1. Bonn: Bundesministerium für Bildung und Forschung.

KMK (= Ständige Konferenz der Kultusminister der Länder der Bundesrepublik Deutschland) (2004): Standards für die Lehrerbildung: Bildungswissenschaften. Bonn.

KMK (= Ständige Konferenz der Kultusminister der Länder der Bundesrepublik Deutschland) (2014): Standards für die Lehrerbildung: Bildungswissenschaften. Bonn.

König, Johannes (2016): Lehrerexpertise und Lehrerkompetenz. In: Rothland, Martin (Hrsg.): Beruf Lehrer/Lehrerin. Ein Studienbuch. Münster u. a.: Waxmann, UTB, S. 127–148.

König, Johannes (2020): Kompetenzorientierter Ansatz in der Lehrerinnen- und Lehrerbildung. In: Cramer, Colin/König, Johannes/Rothland, Martin/Blömeke, Sigrid (Hrsg.): Handbuch Lehrerinnen- und Lehrerbildung. Bad Heilbrunn: Klinkhardt, UTB, S. 163–171.

Kounin, Jacob S. (1976/2006): Techniken der Klassenführung. Münster: Waxmann.

Krauss, Stefan (2011): Das Experten-Paradigma in der Forschung zum Lehrerberuf. In: Terhart, Ewald/Bennewitz, Hedda/Rothland, Martin (Hrsg.): Handbuch der Forschung zum Lehrerberuf. Münster u. a.: Waxmann, S. 171–191.

Krauss, Stefan (2020): Expertise-Paradigma in der Lehrerinnen- und Lehrerbildung. In: Cramer, Colin/König, Johannes/Rothland, Martin/Blömeke, Sigrid (Hrsg.): Handbuch Lehrerinnen- und Lehrerbildung. Bad Heilbrunn: Klinkhardt, UTB, S. 154–162.

Krauss, Stefan/Bruckmaier, Georg/Lindl, Alfred/Hilbert, Sven/Binder, Karin/Steib, Nicole/Blum, Werner (2020): Competence as a continuum in the COACTIV-study: the „cascade model". In: ZDM 52, H. 2, pp. 311–327.

Kunter, Mareike/Baumert, Jürgen/Blum, Werner (Hrsg.) (2011): Professionelle Kompetenz von Lehrkräften: Ergebnisse des Forschungsprogramms COACTIV. Münster: Waxmann.

Kunter, Mareike/Voss, Thamar (2011): Das Modell der Unterrichtsqualität in COACTIV: Eine multikriteriale Analyse. In: Kunter, Mareike/Baumert, Jürgen/Blum, Werner/Klusmann, Uta/Krauss, Stefan/Neubrand, Michael (Hrsg.): Professionelle Kompetenz von Lehrkräften – Ergebnisse des Forschungsprogramms COACTIV. Münster: Waxmann, S. 85–113.

Kunter, Mareike/Klusmann, Uta/Baumert, Jürgen (2009): Professionelle Kompetenz von Mathematiklehrkräften: Das COACTIV-Modell. In Zlatkin-Troitschanskaia, Olga/Beck, Klaus/Sembill, Detlef/Nickolaus, Reinhold/Mulder, Regina (Hrsg.): Lehrprofessionalität – Bedingungen, Genese, Wirkungen und ihre Messung. Weinheim: Beltz, S. 153–165.

Livingston, Carol/Borko, Hilda (1990): High School Mathematics Review Lessons: Expert-Novice Distinctions. In: Journal for Research in Mathematics Education 21, H. 5, pp. 372–387. DOI 10.2307/749395

Maag Merki, Katharina (2009): Kompetenz. In: Andresen, Sabine/Casale, Rita/Gabriel, Thomas/Horlacher, Rebekka/Larcher Klee, Sabine (Hrsg.): Handwörterbuch Erziehungswissenschaft. Weinheim: Beltz, S. 492–506.

Mayr, Johannes (2008): Klassen kompetent führen. Ergebnisse aus der Forschung und Anregungen für die Lehrerbildung. In: Seminar 14, H. 1, S. 76–87.

Merk, Samuel (2020): Überzeugungen. In: Cramer, Colin/König, Johannes/Rothland, Martin/Blömeke, Sigrid (Hrsg.): Handbuch Lehrerinnen- und Lehrerbildung. Bad Heilbrunn: Klinkhardt, UTB, S. 825–832.

Meyer-Drawe, Käte (2010): Zur Erfahrung des Lernens: Eine phänomenologische Skizze. Santalka Filosofija 18, H. 3, S. 6–16.

Neuweg, Georg H. (2020): Lehrerkompetenz im Spannungsfeld von Wissen und Können. In: Hascher, Tina/Idel, Till-Sebastian/Helsper, Werner (Hrsg.): Handbuch Schulforschung. Wiesbaden: Springer Fachmedien Wiesbaden, S. 1–21.

Oelkers, Jürgen/Reusser, Kurt (2008): Qualität entwickeln. Standards sichern. Mit Differenz umgehen. Bildungsforschung. Band 27. Bonn und Berlin: BMBF.

Oser, Fritz (2001): Standards: Kompetenzen von Lehrpersonen. In: Oser, Fritz/Oelkers, Jürgen (Hrsg.): Die Wirksamkeit der Lehrerbildungssysteme. Von der Allrounderbildung zur Ausbildung professioneller Standards. Chur: Rüegger, S. 215–342.

Pietsch, Marcus (2010): Evaluation von Unterrichtsstandards. In: Zeitschrift für Erziehungswissenschaft 13, S. 121–148. DOI 10.1007/s11618-010-0113-z

Richardson, Virginia (1996): The role of attitudes and beliefs in learning to teach. In: Sikula, John P./Buttery, Thomas J./Guyton, Edith (Eds.): Handbook of Research on Teacher Education. New York: Macmillan, pp. 102–119. DOI 10.4324/9780203108437.ch3

Shulman, Lee S. (1986): Those Who Understand: Knowledge Growth in Teaching. In: Educational Researcher 15, H. 2, pp. 4–14. DOI 10.3102/0013189X015002004

Shulman, Lee S. (1987): Knowledge and teaching: Foundations of the new reform. In: Havard Educational Research 57, pp. 1–22. DOI 0.17763/haer.57.1.j463w79r56455411

Syring, Marcus/Reuschling, Anke/Bohl, Thorsten/Kleinknecht, Marc/Kuntze, Sebastian/Rehm, Markus (2013): Classroom-Management lehren und lernen. Zur Bedeutung des Konzepts im Unterricht und dessen Vermittlung in fallbasierten Seminaren in der Lehrerbildung. In: Arnold, Rolf/Tutor, Claudia G./Menzer, Christine (Hrsg.): Didaktik im Fokus. Hohengehren: Schneider Verlag, S. 75–91.

Syring, Marcus/Weiß, Sabine/Schlegel, Clemens M./Kiel, Ewald (2020): Wie verändern sich Einstellungen zum Umgang mit Heterogenität durch verlängerte Praxisphasen im Lehramtsstudium? In: Rheinländer, Kathrin/Scholl, Daniel (Hrsg.): Verlängerte Praxisphasen in der universitären Lehrerbildung: Spannungsfelder zwischen Theorie, Praxis und der Bestimmung von Professionalisierung. Bad Heilbrunn: Klinkhardt, S. 135–150.

Syring, Marcus (2017): Classroom Management. Theorien, Befunde, Fälle – Hilfen für die Praxis. Göttingen: Vandenhoeck & Ruprecht.

Syring, Marcus (2023): „Ihr kriegt das Dezemberblatt" – Professionelles Handeln im Lichte von Professionstheorie(n). In: Syring, Marcus, Beck, Nina, Bohl, Thorsten & Tesch, Bernd (Hrsg.): Klasse 6b. Eine Unterrichtswoche. Bildungswissenschaftliche und fachdidaktische Analysen. Tübingen: TUP, S. 421–435.

Tenorth, Heinz-Elmar (2006): Professionalität im Lehrerberuf. Ratlosigkeit der Theorie, gelingende Praxis. In: Zeitschrift für Erziehungswissenschaft 9, H. 4, S. 580–597. DOI 10.1007/s11618-006-0169-y

Terhart, Ewald (2011): Lehrerberuf und Professionalität. Gewandeltes Begriffsverständnis – neue Herausforderungen. In: Zeitschrift für Pädagogik 57, Beiheft, S. 202–224. DOI 10.25656/01:7095

Thompson, Alba G. (1992): Teachers' beliefs and conceptions: A synthesis of the research. In: Grouws, Douglas A. (Ed.): Handbook of Research on Mathematics Teaching and Learning: A project of the National Council of teachers of mathematics. New York: Information Age Publishing, pp. 127–146.

Tillmann, Klaus-Jürgen (2011): Konzepte der Forschung zum Lehrerberuf. In: Terhart, Ewald/Bennewitz, Hedda/Rothland, Martin (Hrsg.): Handbuch der Forschung zum Lehrerberuf. Münster: Waxmann, S. 232–240.

Weinert, Franz E. (2001): Vergleichende Leistungsmessung in Schulen – eine umstrittene Selbstverständlichkeit. In: Weinert, Franz E. (Hrsg.): Leistungsmessungen in Schulen. Weinheim: Beltz, S. 17–31.

„Was ist denn das für ein Gestapel hier!"
Geschlecht, Habitus und Sportunterricht

Christa Markom, Veronika Wöhrer

1 Einleitung

Viele Lehrpersonen sowie Lehramtsstudierende sind sich sicher, Mädchen* und Jungen* gleich zu behandeln, und erachten Geschlechterdifferenzen als irrelevant für ihren Unterricht (vgl. Stadler-Altmann 2013). Dennoch zeigen Studien immer wieder, dass es in vielen Schulen noch ein weiter Weg zu geschlechtssensiblem Unterricht ist (vgl. Budde 2011; Paseka 2007). Am Beispiel des Kommunikationsverhaltens eines angehenden Sportlehrers in einem Video zeigen wir, inwiefern dominante Männlichkeitskonstruktionen Eingang in den Unterricht finden – ob nun bewusst oder unbewusst, ist dabei gar nicht von Bedeutung. Sie strukturieren dennoch das Unterrichtsgeschehen und bieten im Rahmen des „heimlichen Lehrplans" Identifikations- oder Abgrenzungsfolien für Schüler:innen (vgl. Zinnecker 1975). Geschlecht kann sich auf verschiedene Weisen auf Schüler:innen auswirken (vgl. Paredes 2014), sei es durch ihre Vorbildfunktion, die Verstärkung von Stereotypen oder auch durch geschlechtsspezifische Vorurteile der Lehrkräfte. Theorien zur sozialen Konstruktion von Geschlecht und zu hegemonialer Männlichkeit erklären, warum wir uns dieser geschlechtsspezifischen Handlungsweisen so wenig bewusst sind, sie aber dennoch beständig reproduzieren. Im Folgenden verstehen wir Erfahrung als Bestandteil des Habitus-Konzeptes, auf welches wir uns in Hinblick auf die Analyse hegemonialer Männlichkeit beziehen. Vor dem Hintergrund dieser Theorien erweitern wir das Reflexionsmodell von Stephen Brookfield (2017) um genderspezifische Fragen und möchten so zur besseren Bearbeitung von prägenden Vorerfahrungen zu diesem Thema im Zuge der Lehrer:innenaus- und -weiterbildung beitragen. Konkret möchten wir zeigen, wie dieses erweiterte Reflexionsmodell hilfreich sein kann, um die in der Professionalisierungsforschung geforderte „Reflexions- und Diskursfähigkeit" (Schratz/Paseka/Schrittesser 2011, S. 26 ff.) gerade in Bezug auf Geschlechterkonstruktionen umzusetzen.

2 Interpretative Betrachtung des Videos

Das Video „Abbauen, Organisieren, Hochsprung" wurde in einer Sporthalle aufgenommen. Zu sehen ist das Ende einer Sportstunde. Ein Lehramtsstudent in seiner Praktikumsphase, der als männlich gelesen werden kann (siehe Videotranskript, S. 1), leitet das Wegräumen am Ende der Stunde an. Die im Video sichtbaren Schüler:innen sind aus der Sekundarstufe 1. Die Interpretation bezieht sich in erster Linie auf die lehrende Person und deren männlichen Habitus sowie die daraus folgenden Implikationen für das Setting. Dies liegt einerseits nahe, weil sich der geschlechtsspezifische Habitus hier gut erkennen lässt. Dieser Fokus ist andererseits aber auch mit Bezug zu machttheoretischen Ansätzen innerhalb der Theorien pädagogischer Professionalisierung interessant. Ausübende pädagogischer Professionen befinden sich in ihren jeweiligen pädagogischen Kontexten in Machtpositionen oder wie Werner Helsper (2021, S. 69) zusammenfasst:

„Professionen [sind] aufgrund ihrer Zuständigkeit für zentrale gesellschaftliche Werte auch mit einer weitreichenden Definitions-, Kontroll- und Normalisierungsmacht ausgestattet [...] und [besetzen] damit zentrale gesellschaftliche Machtpositionen innerhalb des sozialen Raumes"

Die Handlungen der Lehrperson im Video setzen also Maßstäbe dafür, was im Klassenraum möglich und „normal" ist. Die Schüler:innen müssen sich damit auseinandersetzen und dazu verhalten.

Grundsätzlich fällt auf, dass die kommunikativen Fähigkeiten der lehrenden Person sowohl inhaltlich als auch in Bezug auf die Art der Kommunikation eher eindimensional ausgeprägt sind, da diese sich beispielsweise nicht versichert, ob die Schüler:innen in der Lage sind, den Anweisungen zu folgen. Außerdem geht der Lehrende auf Fragen oder Anmerkungen der Schüler:innen größtenteils nur knapp oder gar nicht ein.

Der Lärmpegel ist weitgehend sehr hoch und der Lehrende überprüft nicht, ob die Aufmerksamkeit der Schüler:innen gegeben ist. Immer wieder treten Leerstellen und Widersprüche in der Kommunikation auf. Seine Wortwahl kann als ungenau, laut, wiederholend, autoritär und „flapsig" gelesen werden. Demgegenüber organisieren sich die Schüler:innen immer wieder selbst bzw. agieren bis zu einem gewissen Grad „neben" den Anweisungen der Lehrperson.

Von Beginn an zeichnet sich ein autoritäres, kritisierendes, ausschließlich sendendes Kommunikationsverhalten im Befehlston durch den Unterrichtenden ab.

„Kommt mal hier zusammen! Weil, wir haben nicht ewig Zeit."

„Die Latte gibst du mir."

„Was ist denn das für ein Gestapel hier? Macht das mal richtig!"

„Los! Was iss'n das hier? Macht das mal ordentlich! Den kann man so nicht reinfahren."

Die Reaktionen und Antworten der Schüler:innen sind in dem Video nicht immer zu verstehen. In einer Szene jedoch weist die Lehrkraft darauf hin, dass die Geräte in den Geräteraum kommen und eine Schülerin widerspricht.

    S: „Nein, die kommen da rüber."

Die Lehrkraft gibt folgende Antwort:

    L: „Die tu ich gleich rüber."

Es bleibt unklar, warum die Schüler:innen nicht selbst die Materialien gleich an den richtigen Ort legen sollen. Generell wirkt die Situation chaotisch und die lehrende Person versucht die Situation durch Lautstärke und autoritären Habitus in den Griff zu bekommen bzw. Ordnung herzustellen. Der Lehrende gibt Anweisungen, hält sich aber dann entweder selbst nicht daran oder wartet nicht ab, ob die Schüler:innen seinen Anweisungen folgen oder diese in dem Chaos überhaupt verstehen. Ebenso versucht er sich mit Lautstärke durchzusetzen bzw. Gehör zu verschaffen – was ihm nicht unbedingt gelingt.

    L: „Hallo! (schreit) SCHLUSS HIER!"

    L: „Aber flott. […]."

    L: „SO. Mattenwagen weg."

    L: „Warten."

    L: „Mattenwagen wieder reinfahren."

    L: (schreit) „WARTEN! Wartet mal!"

    L: (schreit) „STOPP!"

    L: „ZUERST DIE MATTEN! MATTEN!"

In Folge wird versucht, die hier interpretierten sichtbaren Verhaltensweisen im Video – im Speziellen das Verhalten der lehrenden, männlich gelesenen Person – im Kontext von Geschlechtertheorien und Männlichkeitskonstruktionen im Sportunterricht zu interpretieren und deren Erfahrungsorientierungen herauszuarbeiten, um daran anschließend reflexive Linsen für die soziale Praxis von Lehrpersonen zu empfehlen.

3 Geschlechterkonstruktionen im Unterricht

Um analysieren zu können, wie Geschlecht in Unterrichtssituationen wirkmächtig wird, gehen wir von einem sozialkonstruktivistischen Ansatz von Geschlecht aus (West/Zimmerman 1987; Gildemeister/Wetterer 1992). Diese Ansätze werden seit den 1980er-Jahren im anglo-amerikanischen und (etwas später auch) im deutschen Sprachraum diskutiert. Sie beschreiben, wie Geschlechterkategorien historisch, biographisch und situativ konstruiert und angeeignet werden, wobei Hierarchien die Folge sind. Die bekanntesten Ansätze doing gender (vgl. West/Zimmerman 1987) und doing differences (vgl. Fenstermaker/West 1995) thematisieren, dass wir ab der Geburt lernen, welchem Geschlecht wir zugerechnet werden, was Geschlecht bedeutet und wie wir uns daher zu verhalten haben, um geschlechtlich „intelligibel" (Butler 1991), also geschlechtlich lesbar und zuordenbar zu sein. Wir lernen nicht nur, was es heißt, „Mann" oder „Frau" zu sein, sondern die Zuordnung zu einer dieser beiden Kategorien wird auch in jeder Interaktion wieder reproduziert. Geschlecht ist dementsprechend etwas, das wir beständig tun, das immer wieder aufs Neue hergestellt wird (vgl. West/Zimmerman 1987). Ähnliches gilt für andere soziale Differenzen wie soziale Herkunft, „race" oder Ethnizität. Auch sie werden in ihrer Bedeutung angeeignet und erlernt und in Interaktionen ständig wiederhergestellt (vgl. Fenstermaker/West 1995). Im Folgenden fokussieren wir insbesondere auf die Differenzlinie Geschlecht, weil diese zum einen im Videobeispiel deutlich sichtbar wird, auf der anderen Seite kann und soll Geschlecht als anschauliches Beispiel für die soziale Konstruktion von Differenzen im Lehrer:innenhandeln fungieren. Die von Bourdieu (2005) erarbeitete Konzeption des „männlichen Habitus" zeigt, dass das Inkorporieren gesellschaftlicher Strukturen in persönliche Handlungs- und Verhaltensweisen sowie in individuelle Körper ein vergeschlechtlichter Prozess ist, in der „Männer" lernen „Männer" zu sein und „Frauen" lernen „Frauen" zu sein. In beiden Ansätzen, doing gender wie Habitus, spielt Erfahrung eine Rolle, auch wenn sie nicht explizit so benannt wird: „Da sie in den Dingen eingezeichnet ist, prägt sich die männliche Ordnung, durch die den Routinen der Arbeitsteilung und der kollektiven oder privaten Rituale impliziten Forderungen auch in die Körper ein. [...] Das Aufzwingen und das Einprägen der Dispositionen erfolgt durch die Regelmäßigkeit der physischen und der sozialen Ordnung" (Bourdieu 2005, S. 46). Im (Arbeits-)Alltag speist sich unser Wissen um Geschlecht aus prägenden (Vor-)Erfahrungen und implizitem Wissen, das uns explizit oft gar nicht zugänglich ist. Kaum jemand kann ganz genau sagen, was er oder sie tut, um „eine Frau" oder „ein Mann" zu sein. Es bedurfte und bedarf vieler empirischer Analysen der Soziologie und der Genderforschung, um dies genauer aufzuzeigen (z. B. Fausto-Sterling 2000; Goffman 1977; Kessler/McKenna 1978). Allerdings ist es wichtig festzuhalten, dass dies nicht für alle Personen gleichermaßen zutrifft: Während cis-Personen, also solche, die sich mit dem von außen zugeschriebenen Geschlecht identifizieren, über dieses Wissen oft nur implizit verfügen, beobachtete schon Harold Garfinkel (1967), dass dies für Personen, die sich mit ihrem Geburtsgeschlecht nicht identifizieren, anders ist: Sie verfügen über mehr explizites Wissen darüber, wie geschlechtsspezifisches Handeln funktioniert, weil es essenziell ist, um richtig zugeordnet zu werden. Auf diese Beobachtung griffen auch zahlreiche andere Autor:innen zurück (West/Zimmermann 1987; Hirschauer 1992). Dementsprechend wissen Personen, die sich als transgender oder auch als non-binary oder divers verorten, oft viel besser Bescheid, denn sie werden in ihrem Alltag ständig mit einem System der Zweigeschlechtlichkeit konfrontiert, das mehr oder weniger unpassend ist (in der Schule sind das beispielsweise Toiletten, Gruppeneinteilungen in „Mädchen" und „Jungs" etc.). Das Erfahrungswissen zu Geschlecht, über das einzelne Personen verfügen, hängt also zentral von ihrer eigenen Identifikation und Verortung ab und kann sehr stark variieren. Es kann vorwiegend implizit sein oder auch relativ explizit, es kann ermächtigende, aber auch begrenzende oder ausgrenzende Vorerfahrungen geben, die sich auf den geschlechtlichen Habitus auswirken und sich zugleich in diesem zeigen. Dementsprechend wichtig ist es auch, sich auf andere Perspektiven einzulassen, um das eigene Erleben reflektieren und kontextualisieren zu können.

4 Habitus hegemonialer Männlichkeit im Sport, Gender als Erfahrungswissen

Das Konzept der hegemonialen Männlichkeit wurde von Connell (1987) basierend auf Gramscis Konzept der Hegemonie entwickelt und sieht Männlichkeiten als ein relationales Konzept der sozialen Grenzziehung an, welches nicht ohne die Konstruktionen von Weiblichkeiten gedacht werden kann (vgl. Budde 2015). Nach Connells Formulierung handelt es sich bei Männlichkeiten um Praktiken, die in sozialem Handeln vollzogen werden und sich daher je nach konkreter Ausgestaltung der Geschlechterverhältnisse in unterschiedlichen sozialen Umfeldern unterscheiden können (vgl. Connell/Messerschmidt 2005). Männlichkeiten spiegeln neben den verkörperten Praktiken auch soziale und kulturelle Werte bzw. Ideologien wider, wobei sie nicht stabil und statisch sind – sondern ein Prozess, bei dem sich mehrere Dimensionen überschneiden. Dazu gehören unter anderem die Repräsentation auf kultureller und sozialer Ebene, die Alltagspraxis und auch die institutionelle Struktur. Dieser fluide Ansatz macht hegemoniale Männlichkeit zu einer potenziell starken analytischen Kraft, sie ist aber auch nicht einfach greifbar (vgl. Hearn 2004; Schippers 2007).

Hegemoniale Männlichkeit stellt sich dar als soziokultureller Habitus mit einem idealisierten männlichen Charakter an einem bestimmten Ort zu einer spezifischen Zeit (vgl. Connell 1987). Hegemoniale Männlichkeit zeichnet sich durch einen privilegierten Zugang zur Macht des Patriarchats aus. Es entsprechen jedoch nicht alle Männer diesem Typus von Männlichkeit, er wird aber von der Mehrheit als anzustrebender Typ von Männlichkeit anerkannt. Wie diese Form der Männlichkeit konkret ausgestaltet wird, ist abhängig vom Kontext und der jeweiligen Community (vgl. Connell 2009). „Hegemoniale Männlichkeit ist der Kern des männlichen Habitus, ist das Erzeugungsprinzip eines vom männlichen Habitus bestimmten *doing gender* bzw. *„doing masculinity"* (Meuser 2006, S. 123). Im Falle dieser Analyse gehen wir, in Übereinstimmung mit der Literatur, von der Konstruktion eines *weißen* heterosexuellen Mannes aus der Mittelschicht aus, stark, kompetent, kontrolliert, wettbewerbsfähig, durchsetzungsfähig bis hin zur Aggressivität und auf die öffentliche Sphäre ausgerichtet (vgl. Grindstaff/West 2011) – als Ideal und in diesem Fall Repräsentant hegemonialer Männlichkeit.

Pädagogische Institutionen wirken auf die Konstruktion von Männlichkeiten ein und umgekehrt beeinflussen auch Männlichkeitskonstruktionen die pädagogischen Institutionen; vor allem aber sind die Institutionen nie geschlechtsneutral und im Kontext der Bildungsgerechtigkeit werden häufig stark verkürzte und stereotype Konzepte von „Männlichkeiten" und „Weiblichkeiten" verwendet (vgl. Budde/Thon/Walgenbach 2014). Wayne Martino (2014) zeigt in diesem Zusammenhang das Phänomen der „failing boys" auf. Damit meint er, dass es eine fehlende gendersensible Reflexion von Männlichkeit gibt. Den Jungen werde keine demokratische und progressive Form von Männlichkeit beigebracht, weshalb er sich für ein neues Lernen von Männlichkeiten an Schulen ausspricht, welches sowohl von Frauen als auch von Männern gelehrt werden kann (vgl. Martino 2014, S. 43 f.).

Sport ist ein gesellschaftlicher, sozialer Raum, in dem „Weiblichkeit" häufig abgewertet und manchmal auch ausgeschlossen wird[1] (vgl. Gramespacher 2008). Für Männer zeigt sich Sport hingegen vielfach als Raum, in dem eine für manche relevante und mitunter auch tatsächlich akzeptierte Konstruktion von „Männlichkeit" vorgenommen wird, wobei widersprüchliche gesellschaftliche Kontexte eine Rolle spielen. Frohn und Grimminger-Seidensticker (2020, S. 158) verwenden dafür das Konzept der „Reflexiven Koedukation im Sportunterricht", um in der Planung, Durchführung und Evaluation des Unterrichts der Gleichzeitigkeit von Vermeidung geschlechtstypischer Stereotypisierungen einerseits und Anerkennung geschlechtstypischer Interessen andererseits Rechnung zu tragen. Zwischen diesen beiden Polen soll eine situationsgerechte Balance hergestellt werden, in der pädagogisch kompetent mit den bestehenden Widersprüchlichkeiten umgegangen wird. Deshalb kann die Frage gestellt werden, inwieweit Machtverhältnisse und hegemonialer männlicher Habitus wirken, und es scheint interessant, Überlegungen anzustellen, ob und wodurch dieser hegemoniale Ha-

---

1   Wie beispielsweise an Sportarten wie Boxen oder an der unterschiedlichen Gewichtung von Frauen- und Männerfußball gut sichtbar wird.

bitus durch die lehrende Person im Video reproduziert und perpetuiert wird. Es geht dabei unter anderem um Lautstärke, Machtdemonstration und Kraft als Dimensionen, die besonders hervorstechen und auf ihre potenzielle Wirkung hinterfragt werden können. Im Kontext des Videos ist vor allem auffällig, dass die Lehrperson nicht auf die Schüler:innen und ihre Aussagen bzw. Hinweise eingeht, sondern in erster Linie erwartet, dass die eigenen Anweisungen unhinterfragt befolgt werden.

Wenn wir Erfahrungswissen als das Wissen eines Menschen aus ihren:seinen alltäglichen Erfahrungen und den innenweltlichen Phänomenen verstehen, welche gespeist werden aus Sinneswahrnehmungen, Gefühlen, Gedanken und Bewertungen (Krebs 2009), so kann diese Erfahrungswelt mit den Anforderungen an eine geschlechtergerechte Pädagogik in ein Spannungsfeld und in Widersprüchlichkeit geraten. Das Selbstbild der eigenen Männlichkeit, der Habitus, passt nicht zwingend mit dem Erfahrungswissen über die Wahrnehmung der Gesellschaft von pädagogischen Berufen zusammen.

Als Reaktion auf diese Verunsicherung beobachtete Baar (2012) zwei mögliche Varianten: die Ausbildung eines reflexiven Habitus oder eines nicht-reflexiven Habitus. Der reflexive Habitus besteht aus der Re- und Dekonstruktion von Männlichkeit. Der Lehrer reagiert auf die Unsicherheit der eigenen Männlichkeitskonstruktion mit einer Reflexion dessen. Daraus kann ein Habitus entstehen, dem ein differenzierterer Blick bezüglich Geschlechterkonstruktionen zugrunde liegt (vgl. Baar 2012, S. 247). Der nicht-reflexive Habitus lässt sich demgegenüber zusammenfassen, indem Hegemonie und patriarchale Strukturen reproduziert werden und die „natürliche" männliche Autorität weiterhin betont wird oder als den persönlichen Rückzug aus dieser Rolle und fehlende Auseinandersetzung damit (vgl. Baar 2012, S. 248–249). Interessant ist hier also, dass Männlichkeit eine wichtige Komponente in den Unterrichtspraktiken von Lehrern spielen kann. Da pädagogische Berufe gemeinhin als weibliche Felder gelten, stehen Lehrpersonen, die sich als männlich positionieren, vor der Frage, wie sie sich dazu verhalten. Eine starke Inszenierung hegemonialer Männlichkeit ist eine mögliche Antwort darauf. Grimminger-Seidensticker (2020) betonen generell die Relevanz einer positiven Lehrkraft-Schüler:innen-Beziehung und deren sozio-emotionalen Einfluss auf Lehrende und Lernende: „Sozio-emotionale Kompetenz scheint damit eine der zentralen Kompetenzen für (Sport-)Lehrkräfte zu sein, um ‚gesund' mit Machthandlungen in der Institution Schule sowie zwischen Schüler:innen umzugehen" (S. 5).

5 Implikationen für die Lehrer:innenbildung

In ihrem Konzept zur Professionalität von Lehrer:innen stellen Michael Schratz, Angelika Paseka und Ilse Schrittesser (2011) fünf Domänen der Professionalität vor: Professionsbewusstsein, Personal Mastery, Kooperation und Kollegialität, Differenzfähigkeit und Reflexions- und Diskursfähigkeit. Wir wollen im Folgenden insbesondere auf die letztgenannte Dimension der Reflexions- und Diskursfähigkeit eingehen. „Kompetente Lehrpersonen zeigen die Fähigkeit, sich von ihrem eigenen Tun zu distanzieren, und werden dadurch überhaupt erst fähig, über ihren eigenen Unterricht ein Urteil zu fällen" (Schratz/Paseka/Schrittesser 2011, S. 26 f.). Distanzierungsfähigkeit, Selbstbeobachtung und Selbstkritik sind wesentliche Punkte dieser Dimension. Auch für die Dimension der Differenzfähigkeit ist eine reflexive Haltung eine Grundvoraussetzung, es braucht „Wissen um institutionelle Rahmenbedingungen und um eigene Potentiale und Grenzen als Lehrperson" (Schratz/Paseka/Schrittesser 2011, S. 35).

Gerade in Bezug auf Geschlecht stellt dies nun allerdings für viele Personen eine Herausforderung dar, denn wie distanziere ich mich von etwas, von dem ich explizit nur wenig weiß? Oder anders gesagt: Wie reflektiere ich Handlungsweisen, von denen ich gar nicht weiß, dass ich sie verfolge? Wie erkenne ich eigene Potenziale und Grenzen in Bezug auf eine soziale Differenz, von der ich denke, sie stelle gar keine relevante Größe in meinem professionellen Handeln dar?

Ein Weg zu gendersensiblerem Unterricht ist die Reflexion eigener Vorannahmen und Verhaltensweisen in Bezug auf Geschlecht – aber auch soziale Herkunft oder Ethnizität (vgl. Budde 2011). Um diese bewusst und bearbeitbar zu machen, sind Reflexionsübungen im Rahmen der Lehramtsausbildung sinnvoll. Immer wieder wird von angehenden Lehrpersonen festgehalten, dass sie alle Schüler:innen gleich behandeln und Unterschiede nach Geschlecht nicht wichtig seien. Das ist oft eine Handlungsmaxime, die aber selten auf Basis von Reflexionen des eigenen Handelns überprüft wurde.

Stephen Brookfield (2017) arbeitet in Hinblick auf die kritische Reflexion als Lehrende:r mit vier Linsen, die hilfreich sind, um der Unmöglichkeit, ein vollständiges Bild von sich selbst zu haben, etwas entgegenzusetzen. Diese werden hier um die Genderperspektive erweitert, um eine kritische Rolle für sich selbst in Hinblick auf die Reproduktion von Männlichkeiten und Weiblichkeiten einzunehmen. Es sind wichtige Grundannahmen über unser eigenes Handeln, die wir nicht nur durch das eigene Vorhaben, kritisch und reflektiert sein zu wollen, aufdecken können. Der Spiegel, der uns aus der immer gleichen Perspektive ansieht, ist seine Metapher dafür. „It's impossible to become aware of our own interpretive filters by using those same interpretive filters" (Brookfield 2017, S. 61f.).

Die erste Linse, die er beschreibt, sind die *Students' Eyes* als wichtigste Art von Wissen über pädagogische Prozesse – die Lernerfahrung der Schüler:innen. Verschiedene Arten von Grundannahmen können Einblick darin geben, wie Lernende den Unterricht bzw. die pädagogische Situation wahrnehmen. Handlungen und Sprache können von den Lernenden ganz anders aufgefasst werden, als es die Intention war (vgl. Brookfield 2017, S. 63). Besonderes Augenmerk liegt auf den Dynamiken der Macht, die Lehrende oft übersehen, die aber enorm wichtig für die Reflexion der eigenen Rolle sind. In der Position zu sein, Noten vergeben und Lernerfolge bewerten zu können, führt oft dazu, dass Lernende keine ehrliche Kritik äußern können. Ehrliche Offenheit für Kritik ist etwas, das Lehrende etablieren, aber auch institutionell und organisatorisch planen müssen. Kritik sollte laufend anonym eingebracht werden können und dankbar aufgegriffen werden. Erst durch eine längere Phase, in der diese Bedingungen herrschen, werden Lernende sich darauf verlassen können, dass ihr Feedback oder ihre Kritik ernst genommen werden (vgl. Brookfield 2017, S. 64 f.). Die Perspektive der Schüler:innen miteinzubeziehen „can open up productively disturbing insights" (Brookfield 2017, S. 65). Bei dieser ersten Linse zeigt sich bereits, dass es für Lehrende von Vorteil sein kann, sich auf die Konstruktionen von Geschlecht der Schüler:innen und deren Sicht darauf insgesamt einzulassen, um die eigene Sozialisation in dieser Hinsicht kritisch zu reflektieren. Schüler:innen haben als „nächste" Generation häufig eine andere Idee vom geschlechtsspezifischen Habitus, manchmal Zugänge zu anderen Diskursen sowohl in Hinblick auf Gender als auch auf sexuelle Identitäten, da Kinder und Jugendliche Geschlecht von einem anderen Standpunkt aus betrachten als Erwachsene. Dieser Zugang inkludiert einerseits eine Auseinandersetzung mit aktuellen kritischen Debatten, kann aber andererseits auch ein Einlassen auf dominante Diskurse oder ein Zulassen von potenziell abwertenden Zuschreibungen an das „andere Geschlecht" bzw. an minorisierte Geschlechtsidentitäten beinhalten. Jedenfalls ist Gender für Schüler:innen und ihre Lehrer:innen auf unterschiedliche Weise „relevant" (Skelton et al. 2009). Die Rückmeldungen von Schüler:innen können sich außerdem positiv auf die Sicherheit von Lehrenden beim Unterrichten auswirken und die Schüler:innen-Lehrer:innen-Beziehungen positiv beeinflussen (vgl. Göbel / Neuber 2022).

Die zweite Linse, die Brookfield anführt, ist die der Colleagues' Perceptions – er nennt sie auch „Critical friends" –, die es ermöglichen, gemeinsam über Probleme zu diskutieren, andere Sichtweisen auf die Situation einzunehmen und dazu führen können, sich mit einem spezifischen Problem nicht allein zu fühlen. Gespräche und Reflexionen sowie Teamtreffen ermöglichen ständigen Austausch und Abgleich mit den Ideen und Meinungen anderer (vgl. Brookfield 2017, S. 66). Salzmann (2015) zeigt auf, dass weder das Geschlecht noch das Alter der Kolleg:innen, die Feedback geben, einen signifikanten Einfluss auf die wahrgenommene Wirkung kollegialen Feedbacks haben, sondern vielmehr die Art und Weise, wie die Rückmeldungen formuliert werden. Dies könnte auch der Fall sein, wenn es um Annahmen zu Männlichkeiten oder Weiblichkeiten geht, da diese immer – so auch in der Schule – in einem spezifischen, mitunter sehr hierarchischen sozialen Setting eingebettet sind. Generell spielt Sprache eine signifikante Rolle in der Konstruktion von Männlichkeiten und Weiblichkeiten. Hegemonie ist umkämpft und strebt nach Begriffsmacht – also darum, wie und wodurch Männlichkeiten beschrieben und ausgehandelt werden, d. h.: „Begriffe festzusetzen, mit denen Ereignisse verstanden und Streitfragen diskutiert werden, Ideale zu formulieren und Moral zu definieren, kurz, Hegemonie geltend zu machen" (Connell 1987, S. 107). Umso eingänglicher ist es, dass kollegiales Feedback zu Geschlechterverhältnissen gelernt werden muss.

Der dritte für ihn wesentliche Faktor ist, die persönliche Erfahrung zu teilen, da diese einzigartig und nicht generalisierbar sei. Brookfield (2017) geht von einem autobiographisch deskriptiven Verständnis von Erfahrung aus und meint, dass unsere eigenen Erfahrungen als Lernende wichtige Anhaltspunkte für die Dynamik im Klassenzimmer liefern können, die die Fähigkeit zu lernen möglicherweise behindert oder auch fördert. Er meint des Weiteren, dass die persönliche Hingabe zu dem Fach ein Bedürfnis erzeugen kann, es auch zu unterrichten. Lehrende wollen ein Umfeld schaffen, in dem andere sich in ähnlicher Weise dem Fach und dem Inhalt zuwenden. Die Wurzeln dafür, warum Lehrende so unterrichten würden, wie sie es tun, lägen in einem komplexen Netz von prägenden Erinnerungen und Lernerfahrungen. Wenn sich Lehrende im Laufe ihrer Karriere immer weiter von diesen Erinnerungen entfernen, sei es immer schwieriger, sich an die Dimensionen der anfänglichen Erfahrungen beim Erlernen eines Fachgebietes zu erinnern. Je mehr man über ein Fach selbst wisse und je wohler sich jemand in der eigenen Disziplin fühle, desto schwerer sei es zu verstehen, wie Student:innen etwas nicht „verstehen" können (Brookfield 2017, S. 153). Jeder Mensch geht individuell mit seinen Erlebnissen um und verarbeitet diese. Lehrer:innen nehmen oft an, dass ihre eigenen Erfahrungen und der Umgang damit im Unterricht weitgehend mit jenen der Schüler:innen übereinstimmen. Ihre eigenen früheren Erlebnisse als Schüler:innen prägen zumeist das spätere Verhalten als Lehrer:in. Aus diesem Grund ist es bedeutend, sich über das eigene Verhalten und die Individualität der Schüler:innen (bezogen auf Aktivität und Teilnahme im Unterricht) bewusst zu sein. Diese Linse steht im Kontext von Genderkonstruktionen im direkten Zusammenhang mit der ersten Linse, also den Erfahrungen der Schüler:innen mit geschlechtsspezifischen Konstruktionen, die von den eigenen Erfahrungen und Entwicklungen in Bezug auf Geschlecht deutlich abweichen können.

Letztendlich nennt er auch noch Theorie als wesentliche Linse für Selbstreflexion. Mit Schratz, Paseka und Schrittesser (2011, S. 28) können wir das auch als „Fachsprache" bezeichnen bzw. als die Fähigkeit, mit Kolleg:innen – aber auch mit Schüler:innen, Eltern oder der Öffentlichkeit – einen Fachdiskurs zu führen. Wichtig ist dabei nicht zuletzt ein Wissen um theoretische Beiträge zu diesem Thema. So kann Theorie dabei helfen, den erstarrten und eingeschränkten Blick auf ein Problem aufzubrechen. Auch Theorien können dazu dienen, das eigene festgefahrene Weltbild oder den eigenen Habitus zu hinterfragen. Brookfield weist in seinem Aufsatz darauf hin, dass Fragen oft als Befehle oder Anordnungen formuliert werden und so implizit (institutionelle) Machtverhältnisse abbilden (vgl. Brookfield 2017, S. 72 ff.). Hierbei können zahlreiche Publikationen zu Geschlechterkonstruktionen im Unterricht sowie Männlichkeiten und

Weiblichkeiten im Bildungssystem (Budde 2015; Baar 2010; Gramespacher 2008 u. a. m.) hilfreich sein. Brookfield (2017) betont, dass die stetige Selbstreflexion einer Lehrperson äußerst wichtig ist. Fragen wie „Wer bin ich?" und „Wer will ich sein, wie und wer will ich werden?" sind ständige Begleiter:innen. Daher empfehlen wir neben Lehrveranstaltungen, die theoretisches Wissen zur sozialen Konstruktion und Bedeutung von Geschlecht vermitteln, vor allem Übungen, in denen Beispiele aus der eigenen pädagogischen Praxis einer kritischen Reflexion in Bezug auf Geschlecht unterzogen werden. Für diese Reflexionsprozesse ist wichtig, dass neben der individuellen Ebene der Wahrnehmung der lehrenden Person auch die herrschenden Strukturen sowie unterschiedliche Perspektiven (z. B. Wie haben die Schüler:innen oder Kolleg:innen mich wahrgenommen?) miteinbezogen werden. Hilfreich kann hierbei das von Anja Sieber Egger und Gisela Unterweger (2022, S. 71 f.) angewandte Konzept der „Befremdung" sein, in dem Vertrautes fremd gemacht wird, um neue Erklärungen, Interpretationen und Theoretisierungen des Alltäglichen vorzunehmen. Dabei wird vermeintlich Selbstverständliches auf Distanz gebracht, um neue Erkenntnisse zu generieren und um mehrfache Perspektivenwechsel zu ermöglichen. Mit Blick auf das interpretierte Video könnte dies bedeuten, das eigene Unterrichtshandeln sowohl durch eine:n außenstehende:n Beobachter:in (kollegiales Feedback) reflektieren zu lassen als auch durch die Schüler:innen selbst.

Abschließend möchten wir noch einmal betonen, dass das vorgestellte Reflexionskonzept zu Geschlecht sich auch auf andere soziale Differenzen umlegen lässt. Auch in Bezug auf Ethnizität oder soziale Herkunft basieren die eigenen Handlungsmuster und Verhaltensweisen beispielsweise oft auf implizitem Erfahrungswissen. Dementsprechend kann es auch dafür wichtig sein, implizites Wissen zuerst einmal expliziter zu machen und dabei andere Personen und deren Erfahrungen und Perspektiven einzubinden, um das eigene Lehrer:innenhandeln dann auch reflektieren zu können.

Literaturverzeichnis

Baar, Robert (2010): Allein unter Frauen. Der berufliche Habitus männlicher Grundschullehrer. Wiesbaden: Verlag für Sozialwissenschaften.
Baar, Robert (2012): Männlichkeitskonstruktionen von Grundschullehrern und Auswirkung auf deren berufliche Handlungspraxis. In: Baader, Meike Sophia/Bilstein, Johannes/Tholen, Toni (Hrsg.): Erziehung, Bildung und Geschlecht. Männlichkeiten im Fokus der Gender Studies. Wiesbaden: Verlag für Sozialwissenschaften, S. 235–253.
Bourdieu, Pierre (2005): Die männliche Herrschaft. Frankfurt a. M.: Suhrkamp.
Brookfield, Stephen (2017): Becoming a critically reflective teacher. 2nd ed. San Francisco: Jossey.
Budde, Jürgen (2011): Geschlechtersensible Schule. In: Faulstich-Wieland, Hannelore (Hrsg.): Umgang mit Heterogenität und Differenz. Baltmannsweiler: Schneider, S. 99–119.
Budde, Jürgen (2015): Männlichkeit und gymnasialer Alltag. Doing Gender im heutigen Bildungssystem. Bielefeld: transcript.

Budde, Jürgen/Thon, Christine/Walgenbach, Katharina (2014): Männlichkeiten. Geschlechterkonstruktionen in pädagogischen Institutionen. In: Budde, Jürgen/Thon, Christine/Walgenbach, Katharina (Hrsg.): Jahrbuch Frauen- und Geschlechterforschung in der Erziehungswissenschaft. Opladen, Berlin, Toronto: Barbara Budrich, S. 11–26.

Butler, Judith (1991): Das Unbehagen der Geschlechter. Frankfurt a. M.: Suhrkamp.

Connell, Robert (1987): Gender and Power. Society, the Person, and Sexual Politics. Cambridge: Blackwell.

Connell, Raewyn W./Messerschmidt, James W. (2005): Hegemonic Masculinity. Rethinking the Concept. In: Gender & Society 19, H. 6, pp. 829–59.

Connell, Raewyn (2009): Gender. Short Introductions. 2nd ed. Cambridge: Polity Press.

Egger, Anja Sieber/Unterweger, Gisela (2022): Über Befremdung zu anderem Wissen. Ethnographische Erkundungen in Schweizer Kindergärten. In: Tošić, Jelena/Markom, Christa (Hrsg.): Einführung in die Bildungsanthropologie. Wien: New Academic Press, S. 69–88.

Fausto-Sterling, Anne (2000): Sexing the body. gender politics and the construction of sexuality. New York: Basic Books.

Fenstermaker, Sarah/West, Candace (1995): Doing Difference. In: Gender & Society 9, H. 1, pp. 8–37.

Frohn, Judith/Grimminger-Seidensticker, Elke (2020): Zum Umgang mit Heterogenität im Sportunterricht. Genderkompetenz und interkulturelle Kompetenz von Sportlehrkräften. In: Balz, Eckart/Krieger, Claus/Miethling, Wolf-Dietrich (Hrsg.): Empirie des Schulsports. Aachen: Meyer & Meyer, S. 242–272.

Garfinkel, Harold (1967): Studies in Ethnomethodology. Englewood Cliffs: Polity Press.

Gildemeister, Regine/Wetterer, Angelika (1992): Wie Geschlechter gemacht werden. Die soziale Konstruktion der Zweigeschlechtlichkeit und ihre Reifizierung in der Frauenforschung. In: Knapp, Gudrun-Axeli/Wetterer, Angelika (Hrsg.): Traditionen Brüche. Entwicklungen feministischer Theorie. Freiburg, Kore: S. 201–254.

Goffman, Ervin (1977): The Arrangement between the Sexes. In: Theory and Society 4, pp. 301–331.

Göbel, Kerstin/Neuber, Katharina (2022): Do Pre-service Teachers' Attitudes towards Professional Reflection Change after the Use of Student Feedback in Their Practical Term? Findings of an Intervention Study. In: Zeitschrift für Erziehungswissenschaft 25, S. 721–744.

Gramespacher, Elke (2008): Doing Gender im Schulsport. In: Farrokhzad, Schahrzad/Nikodem, Claudia (Hrsg.): Arenen der Weiblichkeit: Frauen, Körper, Sport. In: Beiträge zur feministischen Theorie und Praxis 31, S. 73–84.

Grimminger-Seidensticker, Elke (2020): Machthandlungen von Schüler*innen im Sportunterricht. Welche Rolle spielt das Sportlehrer*innenhandeln. In: Sportunterricht 69, H. 10, S. 447–451.

Grindstaff, Laura/West, Emily (2011): Hegemonic Masculinity on the Sidelines of Sport. In: Sociology Compass 5, H. 10, pp. 859–881.

Hearn, Jeff (2004): From Hegemonic Masculinity to the Hegemony of Men. In: Feminist Theory 5, H. 1, pp. 49–72.

Helsper, Werner (2021): Professionalität und Professionalisierung pädagogischen Handelns. Eine Einführung. Stuttgart: UTB.

Hirschauer, Stefan (1992): Die soziale Konstruktion der Transsexualität. Über die Medizin und den Geschlechtswechsel. Frankfurt a. M.: Suhrkamp.

Kessler, Suzanne J./McKenna, Wendy (1978): Gender. An Ethnomethodological Approach. Chicago: University of Chicago Press.

Krebs, Andreas (2009): „Wir Jungs sind halt nicht so eine Gemeinschaft". Personzentrierte Jungenforschung als Zugang zum psychosozialen Erfahrungswissen jugendlicher Schüler. In: Budde, Jürgen/Mammes, Ingelore (Hrsg): Jungenforschung empirisch. Wiesbaden: VS Verlag für Sozialwissenschaften, S. 103–14.

Martino, Wayne (2014): Teaching boys in neoliberal and post-feminist times. Feminization and the question of re-masculinization in the education system and policy field. In Budde, Jürgen/

Thon, Christine/Walgenbach, Katharina (Hrsg.): Männlichkeiten. Geschlechterkonstruktionen in pädagogischen Institutionen. Opladen, Berlin, Toronto: Barbara Budrich, S. 30–44.

Meuser, Michael (2006): Geschlecht und Männlichkeit. Soziologische Theorie und kulturelle Deutungsmuster. 2., überarbeitete Auflage. Wiesbaden: Springer VS.

Paredes, Valentina (2014): A teacher like me or a student like me? Role model versus teacher bias effect. In: Economics of Education Review 39, pp. 38–49.

Paseka, Angelika (2007): Geschlecht lernen in der Schule. In: SWS-Rundschau 47, H. 1, S. 51–72.

Salzmann, Patrizia (2015): Lernen durch kollegiales Feedback. Die Sicht von Lehrpersonen und Schulleitungen in der Berufsbildung. Band 57. Münster: Waxmann.

Schippers, Mimi (2007): Recovering the Feminine Other: Masculinity, Femininity, and Gender Hegemony. In: Theory and Society 36, pp. 85–102.

Schratz, Michael/Paseka, Angelika/Schrittesser, Ilse, (Hrsg.) (2011): Pädagogische Professionalität: quer denken – umdenken – neu denken. Impulse für den Lehrberuf. Wien: facultas.

Skelton, C./Carrington, B./Francis, B./Hutchings, M./Read, B./Hall, I. (2009): Gender 'matters' in the Primary Classroom: Pupils' and Teachers' Perspectives. In: British Educational Research Journal 35, H. 2, pp. 187–204.

Stadler-Altmann, Ulrike (2013): Genderkompetenz in Pädagogischer Interaktion. Opladen: Barbara Budrich.

West, Candace/Zimmerman, Don H. (1987): Doing Gender. In: Gender & Society 1, H. 2, pp. 125–151.

Zinnecker, Jürgen (1975): Der heimliche Lehrplan. Untersuchungen zum Schulunterricht. Weinheim und Basel: Beltz.

Undisziplinierte Disziplinierung: Zum professionalisierungstheoretischen Problem der Experten-Laien-Differenz pädagogischen Handelns[1]

Andreas Wernet

1 Professionalisierungstheoretische Vorklärungen[2]

Die Unterscheidung zwischen Berufen und Professionen hat sich lange und vornehmlich an der Frage der äußerlichen Merkmale der Institutionalisierung orientiert. Die Antwort auf die Frage, was macht Berufe zu Professionen, wurde nicht in der beruflichen Handlungspraxis gesucht, sondern in der beruflichen Stellung. Das hat sich mit dem sogenannten handlungslogisch-strukturtheoretischen Ansatz der Professionalisierungstheorie geändert. Diesem Ansatz geht es nicht um die institutionalisierten Merkmale von Berufen/Professionen, sondern um die konkrete berufliche Handlungsproblematik.[3]

Der handlungslogische Ansatz hat in der Erziehungswissenschaft bzw. in der Erforschung pädagogischer Berufsfelder großen Zuspruch erfahren. Das liegt zum einen daran, dass er sich mit seinem Fokus auf die Problemstruktur professionellen Handelns von kriterial-definitorischen Professionskonzepten weitgehend emanzipiert. Das Interesse an der konkreten Praxis der beruflichen Problembearbeitung steht im Zentrum und lässt die beruflich-institutionellen Merkmale der Berufe in den Hintergrund treten. Hatte sich die „klassische" Professionssoziologie auf Merkmale verständigt, die die als Professionen bezeichneten Berufe in ihrer gesellschaftlichen Sonderstellung ausweisen und insbesondere ihre Differenz zur arbeitsvertraglich geregelten Lohnarbeit und Dienstleistung zu bestimmen in der Lage sind, fokussiert der handlungslogisch-strukturtheoretische Ansatz auf die in die professionelle Berufspraxis eingeschriebenen Handlungsprobleme. Damit entgeht er dem für den klassischen Ansatz notorischen Theorieproblem der Bestimmung der Professionen im Sinne

---

[1] Ich danke Hannes König und Christian Stichweh für wichtige Hinweise.
[2] Die folgenden theoretischen Ausführungen stellen eine sehr verkürzte und auch eigenwillige Interpretation der Oevermann'schen Professionalisierungstheorie dar. Um den Text nicht zu überfrachten, habe ich auf ausführliche Begründungen und Nachweise verzichtet.
[3] Einen sehr guten Überblick über die unterschiedlichen professionalisierungstheoretischen Ansätze gibt Schmeiser 2006.

einer eindeutigen Merkmalsklasse. Dieser Theoriestrategie ist es nie gelungen, einen verbindlichen und trennscharfen Merkmalskatalog zu formulieren. Mit den einschlägigen Merkmalen einer berufsständischen Autonomie (Freiberuflichkeit), einer berufsethischen Bindung, einer kollegialen Binnenkontrolle oder einem Bezug auf zentrale gesellschaftliche Werte, hohes Berufsprestige und hohes Einkommen lassen sich nicht einmal die richterlichen und anwaltlichen Berufe umstandslos unter einen Hut bringen; geschweige denn die unterschiedlichen therapeutischen Berufe (Medizin, Psychotherapie, niedergelassener Arzt, Krankenhausarzt).

Dieses Zuordnungsproblem stellt sich für die pädagogischen Berufe in besonderer Weise. Einerseits handelt es sich um Berufe, deren Nähe zum professionellen Komplex soweit gegeben ist, dass man sie nicht dem Lohnarbeits- und Dienstleistungssektor zuschlagen kann, deren Ferne zum professionellen Komplex aber derart ausgeprägt ist, dass sie keine Aufnahme in den Kanon professionalisierter Berufe finden können. Das führt zu der immanent folgerichtigen, aber theoriesprachlich unbefriedigenden und in gewisser Weise auch unbeliebten Klassifikation dieser Berufe als „Semi-Professionen".[4] Schon an dieser Bezeichnung wird ein spezifisches begriffliches Problem des Merkmalsansatzes deutlich. Er läuft systematisch Gefahr, als ein ‚Ranking' verstanden zu werden, in dem die Paradeprofessionen es zu kriterialen Topplatzierungen bringen, während andere Berufsgruppen, wie zum Beispiel pädagogische, im Mittelfeld landen.

Von diesem Problem eines professionstheoretischen Rankings und entsprechenden Inklusions- und Exklusionskonstruktionen ist das handlungslogisch-strukturtheoretische Modell theoriearchitektonisch befreit. Die institutionellen Parameter der Berufe kommen nur insoweit in Betracht, als sie unmittelbaren Einfluss auf die Struktur der beruflichen Handlungspraxis ausüben. Sie verlieren damit ihren klassifikatorischen Sinn und werden selbst zum Bestandteil der handlungslogisch-strukturtheoretischen Rekonstruktion der professionellen Problembearbeitungsstruktur. Das macht den Weg für eine gleichsam unbefangene Analyse pädagogischen Handelns frei.

Der große Zuspruch, den die handlungslogisch-strukturtheoretische Variante der Professionalisierungstheorie in der Erziehungswissenschaft erfahren hat, beruht zum anderen darauf, dass eine tragende Säule dieser akademischen Disziplin in der Thematisierung pädagogisch-beruflichen Handelns besteht. Allerdings steht diese Thematisierung nicht primär im Zeichen wissenschaftlicher Erkenntnis, sondern im Zeichen einer Selbstthematisierung im Sinne einer Thematisierung der „eigenen" pädagogischen Praxis; ihrer Legitimation, ihrer Aufwer-

---

4 Dazu klassisch: Etzioni 1969.

tung und ihrer wissenschaftlichen Anleitung qua akademischer Ausbildung.[5] Die ihrer disziplinären Herkunft nach soziologische Professionalisierungstheorie (als Teil der Berufssoziologie) ist auch deshalb attraktiv für die Erziehungswissenschaft, weil sie der disziplinär tradierten Form der Selbstreflexion und Selbstthematisierung ein wissenschaftliches Instrument an die Hand gibt, das in Form der Erforschung der pädagogischen Praxis eine Fortsetzung der pädagogischen Tradition auf höherem Niveau erlaubt. Die erziehungswissenschaftliche Professionalisierungstheorie ist ein gewichtiger Bestandteil der Verwissenschaftlichung der Pädagogik; also des Prozesses der Transformation der Pädagogik in die Erziehungswissenschaft.

2 Das handlungslogisch-strukturtheoretische Modell

Selbstverständlich dient der Professionsbegriff auch in dem handlungslogisch-strukturtheoretischen Modell der Unterscheidung professioneller und nicht-professioneller Berufe. Aber diese Unterscheidung wirft gerade aus handlungsstruktureller Perspektive Probleme auf. Während das kriteriale Professionsverständnis mit seinen Kriterien die Differenz Profession/Nichtprofession schon mitliefert – Professionsethik: ja/nein; Akademische Ausbildung: ja/nein; Gemeinwohlorientierung: ja/nein usw. –, stellt sich für den handlungslogischen Ansatz die Frage, worin sich die professionelle Handlungspraxis von der nichtprofessionellen unterscheidet und damit natürlich auch die Frage, was das *Gemeinsame* der unterschiedlichen Domänen professionellen Handelns ist. In seiner vollen Größe kann dieses Problem an einer idealisierten Gegenüberstellung des Arzt- und des Anwaltsberufs vor Augen geführt werden. Beide Berufe gelten in dem kriterialen Ansatz als Professionen, weil sie viele Ähnlichkeiten aufweisen: die akademische Ausbildung, der Klientenbezug, die Freiberuflichkeit, die professionsethische Bindung, die auch eine Distanzierung von dem Profitmotiv impliziert usw. Die Gemeinsamkeit zwischen diesen beiden Berufen und die Differenz zur Berufsarbeit in arbeitsvertraglich geregelten Anstellungsverhältnissen liegt auf der Hand. Lenken wir den Blick aber auf die materiale Problemstruktur professionellen Handelns, ergeben sich erhebliche Schwierigkeiten, die handlungsstrukturelle *Gemeinsamkeit* therapeutischer und rechtsbeistandlicher Problembearbeitung zu formulieren.

Dieses für das handlungslogisch-strukturtheoretische Verständnis von Professionalisierung gravierende Problem der theoriesprachlichen Bestimmung der *Gemeinsamkeit* professionellen Handelns und der theoriesprachlichen Bestim-

---

5   In diesem Sinne unterscheidet schon Durkheim (1902/03) zwischen Pädagogik und Erziehungswissenschaft. Aus der Fülle der dieses Thema betreffenden Literatur sei exemplarisch auf Flitner 1991 hingewiesen.

mung der Differenz zu nichtprofessionellem Handeln schlägt sich darin nieder, dass der begrifflich überzeugendste Theorievorschlag auf einer *Negativbestimmung* beruht. Die Gemeinsamkeit der professionellen Situation besteht darin, dass das berufliche Handlungsproblem nicht auf dem Weg der Anwendung von Techniken bearbeitet werden kann und dass sich die Angemessenheit der beruflichen Praxis weder durch eine bürokratische Kontrolle noch durch eine Erfolgskontrolle ratifizieren lässt. In diesem Sinne hat Oevermann in Anlehnung an Parsons die *Nichtstandardisierbarkeit* und *Nichtkontrollierbarkeit* (im Sinne bürokratischer und Erfolgskontrolle) als basale handlungslogisch-strukturtheoretische Bestimmung der professionellen Handlungssituation vorgeschlagen.[6] Dieses Modell stellt die tragende Säule und zugleich den kleinsten gemeinsamen Nenner der handlungslogisch-strukturtheoretischen Professionalisierungstheorie dar.

Dieser Theorievorschlag, den ich sowohl empirisch als auch theoriearchitektonisch für überzeugend halte, ist folgenreich. Er impliziert eine „Uneinheitlichkeit" professionellen Handelns. Die Frage, wie in der *je spezifischen* professionellen Praxis das Problem der Nichtstandardisierbarkeit/Nichtkontrollierbarkeit bearbeitet wird, lässt er (notwendig) unbeantwortet. Hier scheint mir eine theoriearchitektonische Reinterpretation bzw. Relativierung der Theoriemodelle der *Erklärung* der Nichtstandardisierbarkeit notwendig zu sein. Denn auch wenn wir uns den elaborierten und theoriesprachlich anspruchsvollen Modellen von Oevermann und Helsper anschließen und etwa von einer „stellvertretenden Krisenlösung"[7] als Kernanliegen der professionellen Handlungspraxis sprechen und von einer grundlegend widersprüchlichen oder paradoxalen Handlungsanforderung als Begründung der Nichtstandardisierbarkeit ausgehen, ist die Frage der *konkreten* Krisenhaftigkeit und der *konkreten* Konfiguration der professionalisierungsindikativen Widersprüchlichkeit nicht beantwortet. Um noch einmal auf den Arzt- und den Anwaltsberuf zu rekurrieren: Mit guten Gründen können wir in beiden Fällen Krisen unterstellen und widersprüchliche Handlungsanforderungen rekonstruieren. Aber es sind je spezifisch gelagerte Krisen, die zu bearbeiten sind und je spezifisch gelagerte Widersprüchlichkeiten, die in die professionalisierte Handlungspraxis eingeschrieben sind.[8]

Insofern kann dieser Theorievorschlag als Auftrag an die empirische Forschung verstanden werden, die für unterschiedliche Berufe je spezifisch gelager-

---

6 Vgl. dazu insbesondere Oevermann 1996, 2002a und Parsons 1951 (Kapitel X).
7 So etwa Oevermann 2002b, S. 29; Helsper 2021. Wobei mir der Begriff der „stellvertretenden Krisenlösung" im wörtlichen Sinne überdehnt erscheint. Eine Krise kann nicht „stellvertretend" gelöst werden. Ich halte hier die vorsichtigere Formulierung der „stellvertretenden Deutung" (Oevermann 1996, S. 121) für angemessen und spreche in diesem Text auch nicht von Krisenlösung, sondern von Krisen- bzw. Problem*bearbeitung*.
8 Dazu ausführlich: Wernet 1997.

te Professionalisierungslogik in der wissenschaftlichen Beobachtung der Praxis professionellen Handelns zu rekonstruieren.

Folgenreich ist dieser Theorievorschlag auch hinsichtlich der Frage der beruflichen Expertise. Denn die berufliche Expertise im Sinne eines spezialisierten beruflichen Wissens und spezialisierter beruflicher Fähigkeiten gehört in diesem Theoriemodell genau derjenigen Sphäre beruflichen Handelns an, die der Standardisierung und der Kontrolle unterliegt. In gewisser Weise könnte man sogar sagen, der Begriff der Professionalisierung steht und fällt mit dem Begriff des Experten. Eine Professionstheorie, die sich auf berufliche Expertise berufen würde, würde den Professionsbegriff obsolet werden lassen. Der Begriff der Profession hat nur dann Sinn, wenn er über den Expertenbegriff hinausweist. Mit anderen Worten: Die berufliche Expertise ist zwar (auch) für Professionen unerlässlich. Aber sie bezeichnet nicht denjenigen Aspekt des beruflichen Handelns, der durch Standardisierung *nicht* geleistet werden kann und der gleichzeitig konstitutiv für die professionelle Handlungspraxis ist. Professionalisierung vollzieht sich *jenseits* der Expertise.

Die bisherige Argumentation kann folgendermaßen schematisch veranschaulicht werden:

Unter handlungslogisch-strukturtheoretischer Perspektive stellen Professionen (P) Berufe dar, die ihre Leistung unter Anwendung von beruflicher Expertise (E) erbringen. Aber diese Expertise reicht nicht aus, um das Handlungsproblem angemessen zu bearbeiten. Es muss etwas (X) hinzukommen:

$P = E + X.$

Aufgabe der handlungslogischen Professionalisierungstheorie ist es einerseits, diese Formel zu begründen, andererseits, das X empirisch begründet zu bestimmen.

Wenden wir die Formel auf unterschiedliche Berufe an, dann müsste sie folgendermaßen aussehen:

$P_1 = E_1 + X_1$ (z. B. Ärzt:innen)

$P_2 = E_2 + X_2$ (z. B. Anwält:innen)

$P_3 = E_3 + X_3$ (z. B. Lehrer:innen)

So evident die Tatsache ist, dass unterschiedliche Berufe durch unterschiedliche Expertisen gekennzeichnet sind, so naheliegend ist die Annahme, dass die Professionalisierungsbedürftigkeit, die wir mit X benannt haben, nicht jeweils dieselbe sein kann. Wir müssen vielmehr davon ausgehen, dass gilt: $X_1 \neq X_2 \neq X_3.$ Und wir können die Aufgabe einer empirischen Untersuchung professionellen Handelns darin sehen, das jeweilige X empirisch zu rekonstruieren. Diese Rekonstruktion beinhaltet die jeweilige Relation zwischen E und X. Denn das Moment der Nichtstandardisierbarkeit, das für die professionelle Problembearbeitung konstitutiv ist, steht natürlich in Zusammenhang mit denjenigen qua Expertise verbürgten Techniken,[9] die für die Problembearbeitung notwendig, aber nicht hinreichend sind.

3 Erfahrung – Routine – Reflexion

Das Moment der Nichtstandardisierbarkeit ist schließlich auch für den *Erfahrungsbegriff* von entscheidender Bedeutung. Obwohl dieser im Kontext der handlungslogischen Professionalisierungstheorie theoriesystematisch nicht gewürdigt wurde, geht aus der These der Nichtstandardisierbarkeit die Annahme, dass die Herausbildung einer professionell angemessenen Handlungsfähigkeit[10] der berufspraktischen Erfahrung bedarf, zwingend hervor. Um die Besonderheit der professionellen Problembearbeitung zu verstehen, bedarf es allerdings der Unterscheidung einer auf *geronnener Erfahrung beruhenden Handlungsroutine* und einer erfahrungshaltigen, aber auch erfahrungsoffenen Praxis der Problembearbeitung. Denn natürlich bedarf auch die Aneignung einer technisierten und routinisierten Problemlösung der berufspraktischen Erfahrung. Aber die Notwendigkeit von Erfahrung endet im Fall der routineförmigen Problembearbeitung mit der Aneignung der Routine. Ist diese Aneignung vollzogen, erfolgt die Problembearbeitung typischerweise erfahrungsindifferent.

Dieses Modell einer „Erfahrungssättigung" ist mit der Logik einer professionalisierten Praxis nichtstandardisierter Problembearbeitung unvereinbar. Die sich auf der Grundlage berufspraktischer Erfahrung herausbildende Routine verbürgt hier nicht die angemessene Problembearbeitung. Sie stellt vielmehr eine Bedrohung für diese Praxis dar. Diese Sichtweise kann sich insbesondere auf die Oevermann'schen Analysen zu therapeutischem, künstlerischem und wissenschaftlichem Handeln berufen. Ohne das hier im Detail theoretisch entfalten zu

---

9   Wenn ich hier und im Folgenden von Techniken spreche, sind damit natürlich nicht kausale Wirkzusammenhänge gemeint, sondern Techniken der Realisierung der unterrichtlichen Praxis. Die von Luhmann und Schorr (Luhmann/Schorr 1982) vertretene These eines „Technologiedefizit" (der Erziehung) zielt dagegen auf das Fehlen eines kausalen Wirkzusammenhangs. Der Begriff ist insofern missverständlich, als die Defizitkategorie das Vorliegen eines handlungspraktischen Problems suggeriert. Für die unterrichtliche Praxis stellt der fehlende Wirkzusammenhang allerdings keinerlei Problem dar. Er stellt allenfalls ein Problem für die *Beanspruchung* einer Kausalverursachung dar. Dieser Anspruch eines kausalen Wirkzusammenhangs ist aber nicht in der Welt der pädagogischen Praxis angesiedelt (jede:r Lehrer:in weiß, dass derselbe Unterricht zu sehr unterschiedlichen Lernergebnissen bei den Schüler:innen führt), sondern in der Welt der „pädagogischen Theorie".
10 Ich verwende hier bewusst nicht den Kompetenzbegriff, um die Assoziation einer auf Techniken und Routinen beruhenden Handlungsfähigkeit zu vermeiden.

können, möchte ich mich zur Plausibilisierung auf einfache, suggestive Überlegungen stützen: Ein therapeutisches Handeln, das nach wenigen Schilderungen des Patienten sich der Konkretion des Falls nicht mehr zuwenden würde, sondern auf der Grundlage von geronnener Erfahrung den Fall abgekürzt klassifizieren würde, wäre genauso kontraproduktiv wie ein künstlerisches Handeln, das durch die geronnene Erfahrung der ästhetischen Materialbearbeitung zu einem reproduzierbaren Schema gefunden hätte und dieses nur noch reproduzieren würde. Das entspräche einem ‚erfahrungsgesättigten' wissenschaftlichen Handeln, dem der Horizont der Erkenntnisprobleme als abgeschritten erscheint und dem sich keine neuen Fragen mehr stellen.[11] Für diese Handlungsfelder formuliert das Modell der Gerinnung von Erfahrung in Routine nicht das Ideal einer angemessenen Problembearbeitung, sondern die Gefahr einer *Deprofessionalisierung* im Sinne des Verlusts einer erfahrungsbasierten, aber zugleich erfahrungsoffenen Problembearbeitungspraxis.

Dieser professionalisierungstheoretisch justierte Erfahrungsbegriff ist auf den Begriff der *Reflexion* angewiesen. Natürlich stellt auch der Prozess der erfahrungsbasierten Routinisierung keine bloße Konditionierung dar, sondern setzt einen geistigen Prozess voraus. Auch eine routinisierte und standardisierte Problembearbeitung erfolgt nicht mechanisch. Auch sie beruht auf einer geistigen Aneignung. Aber diese Aneignung setzt keine Reflexion und keine Selbstreflexion voraus. Die Gerinnung von Erfahrung in Routine erfolgt gleichsam im vorreflexiven Modus. Der Begriff der Reflexion zielt dagegen auf die Möglichkeit der Befragung und Infragestellung von Routinen als konstitutiver Bestandteil professionalisierten Handelns. Auf die obigen Beispiele des therapeutischen, künstlerischen und wissenschaftlichen Handelns bezogen kann dieser Zusammenhang zwischen Erfahrung und Reflexion so beschrieben werden, dass er bei den professionellen Akteuren ein Bewusstsein der Handlungsproblematik und ihrer Standardisierungsrestriktionen voraussetzt.

Gerade im Kontext pädagogischen Handelns wird dieser Aspekt der Reflexion professionalisierungstheoretisch und ausbildungslogisch umfassend gewürdigt.[12] Zurecht wird hier der systematische Zusammenhang zwischen beruflicher Erfahrung und ihrer Reflexion betont. Die bloße Berufung auf Erfahrung führte zu einem Modell der erfahrungsgesättigten Routinisierung pädagogischen Handelns und zu einer unreflektierten Affirmation erfahrungsbewährter Handlungs-

---

11 Besonders prägnant formuliert Oevermann diesen Sachverhalt am Beispiel der objektiv-hermeneutischen Fallrekonstruktion, wenn er das Fallverstehen als eine *Kunstlehre* bezeichnet (Oevermann 2002b, S. 25). Die Aneignung der ‚Kunst' beruht selbstverständlich auf Erfahrung. Aber ihre Ausübung *bleibt* „Kunst": Eine noch so üppige Forschungs- und Interpretationserfahrung beraubt den zu interpretierenden Fall nicht seiner Rätselhaftigkeit. Die in Routine geronnene (Forschungs-)Erfahrung würde diese „Kunst" negieren.
12 Exemplarisch: Kunze 2018 und die Beiträge in Wittek/Rabe/Ritter 2021. Kritisch dazu: Wenzl 2021.

muster. Erst der Begriff der Reflexion ermöglicht es, die handlungspraktische Erfahrung als Moment eines nicht stillstellbaren Prozesses einer sich nicht auf Routinen zurückziehenden Problembearbeitung zu bestimmen.

4 Schulunterrichtliches Handeln

Wenden wir uns aus dieser theoretischen Perspektive dem Bereich beruflichen pädagogischen Handelns zu, fällt sofort die Notwendigkeit einer differenzierten Betrachtung ins Auge. Aus der Perspektive dieses Elementarmodells erscheint es nicht hilfreich, in einem übergeordneten Sinn von pädagogischer Professionalität zu sprechen. Es stellt sich vielmehr umgekehrt die Frage, für welche pädagogischen Berufe überhaupt eine professionalisierungsindikative Situation der Problembearbeitung angenommen werden kann und welche pädagogischen Berufe über ein analoges X, also über ein analoges Problem der Nichtstandardisierbarkeit der beruflichen Handlungspraxis verfügen. Diesen Fragen kann hier nicht nachgegangen werden. Gleichwohl ist es mir wichtig, auf dieses Problem hinzuweisen. Denn ein pauschalisierender Begriff pädagogischer Professionalität stellt eine „Dummy-Kategorie" dar. Er ist weder hilfreich für die empirische Erforschung konkreter Problemlagen pädagogischer Berufe noch hilft er der theoriesprachlichen Präzisierung.

Bei der professionalisierungstheoretischen Betrachtung des Lehrer:innenberufs scheint mir eine Beschränkung auf *schulunterrichtliches Handeln* notwendig zu sein. Diese Beschränkung betrifft, so lässt sich heuristisch formulieren, die Spezifizierung der unterrichtlichen Handlungssituation auf eine *schulische* (in Differenz zum nicht-schulischen Unterricht), die Spezifizierung der schulischen Handlungssituation auf eine *unterrichtliche* (in Differenz zu nicht-unterrichtlichen Aspekten des Lehrer:innenberufs) und schließlich auch die Spezifizierung der schulischen Handlungssituation auf die Regelschule (in Differenz zu sonderpädagogischen Unterrichtskontexten).

Wenn wir auf diese berufliche Situation fokussieren, lässt sich die Frage der Expertise – im erziehungswissenschaftlichen Diskurs wird sie häufig als „Kerngeschäft" bezeichnet – leicht beantworten. Die Durchführung schulischen Unterrichts setzt voraus, dass die beruflichen Akteure über ein zu vermittelndes Wissen verfügen und dass sie über Techniken der Unterrichtsgestaltung verfügen; der handlungspraktischen Realisierung des Unterrichts im 45/90-Minuten-Format. Insofern wäre ein wissenschaftlicher Experte der „Französischen Revolution" mit der Aufgabe, eine „Stunde zu halten", ebenso überfordert wie ein Unterrichtsexperte, der zwar weiß, wie eine Mathematikstunde zu halten ist, aber nicht über das zu lehrende historische Wissen verfügt. So komplex die Fragen um diese Aspekte des Unterrichts auch diskutiert werden mögen, kann kein Zweifel daran bestehen, dass die fachliche, die allgemeindidaktische und die fachdidaktische Expertise notwendige Voraussetzungen des Unterrichtens darstellen.

Aus der Perspektive des oben skizzierten Theoriemodells ist mit dieser technischen Seite des Unterrichts aber auch kein Professionalisierungsthema aufgerufen. Die fachliche und (fach-)didaktische Seite des Unterrichts unterliegt in hohem Maße der Standardisierung. Und diese Standardisierung wirft für die unterrichtliche Praxis kein Problem auf. Das konstitutive Moment der Nichtstandardisierbarkeit bezieht die unterrichtliche Praxis also nicht aus ihren fachlichen und didaktischen Dimensionen, sondern aus ihrer *pädagogischen* Dimension. Damit sind all jene kommunikativen Besonderheiten, Irritationen und Verwerfungen gemeint, die sich aus der Tatsache ergeben, dass der Unterricht nicht mit und gegenüber Erwachsenen stattfindet, sondern mit und gegenüber Kindern und Jugendlichen.[13] Offensichtlich hält die fachliche und didaktische Dimension für diesen entwicklungsbedingten Umstand standardisierte Antworten bereit. Auch wenn diese Standards selbst historischen Prozessen der Veränderung unterliegen, bereitet es der fachlichen und didaktischen Expertise keine Probleme, verbindliche Normalerwartungen an die zweite oder siebte Klassenstufe zu formulieren. Die Frage, wann die Überschreitung des Zehnerraums im Mathematikunterricht erfolgt, ist ebenso unproblematisch vorentschieden bzw. vorentscheidbar wie die Frage, wann der Satz des Pythagoras oder wann welche Literatur im Deutschunterricht behandelt wird. Diese Fragen lassen sich standardisieren und routinisieren. Die Frage aber, wie mit den kindheits- und jugendbedingten *sozialen* Eigentümlichkeiten und Abweichung angemessen umzugehen sei, lässt sich auf diese standardisierte Weise *nicht* beantworten. Diese Argumentation kann in folgende schematische Darstellung überführt werden:

$$P_{\text{Lehrer:innenberuf}} = E_{\text{fachliche und fachdidaktische Expertise}} + X_{\text{pädagogische Kommunikation}}$$

Diese sehr vereinfachte Argumentation konvergiert in erstaunlicher Weise mit der Formel der Professionalisierungsbedürftigkeit bzw. Professionalisierung *pädagogischen* Handelns bzw. mit dem Begriff der „pädagogischen Professionalität". Und sie konvergiert in hohem Maße mit Oevermanns These, dass auf der Ebene der Wissensvermittlung (also auf der Ebene fachlichen und didaktischen Wissens) *keine* Professionalisierungsbedürftigkeit des Lehrer:innenberufs angenommen werden kann (Oevermann 1996, S. 145). Mir geht es hier aber nicht um eine ausführliche und lückenlose Begründung dieses Modells, sondern – taken

---

13 Im Sinne der oben angenommenen Uneinheitlichkeit pädagogischer Berufe wäre hier die Frage zu stellen, ob die Unterscheidung zwischen Kindheit und Jugend nicht nur hinsichtlich der unterrichtlich involvierten Expertisen (offensichtlich unterscheiden sich die fachlichen und didaktischen Expertisen im Primar- und Sekundarbereich erheblich), sondern auch hinsichtlich des professionalisierungsindikativen Handlungsproblems eine differenzierte Analyse und Einschätzung erfordern. Der Einfachheit halber klammere ich diese Frage hier aus.

for granted – um eine spezifische *Folge* dieses Modells. Denn wenn es triftig ist, in dem pädagogischen Anteil schulunterrichtlichen Handelns die professionalisierungsindikative Problemstruktur beruflichen Handelns zu verorten, dann lastet das Professionalisierungsproblem ausgerechnet auf jenem beruflichen Handlungsaspekt, der sich kaum von alltäglichen, außerberuflichen Kontexten pädagogischen Handelns abgrenzen lässt (vgl. Oevermann 1996, S. 141). Das betrifft alle Kontexte des Umgangs mit Kindern und Jugendlichen; das betrifft aber natürlich vor allem die familiale Interaktion.

5 Der Abbau einer Hochsprunganlage „im" Sportunterricht

Der zu interpretierende Videoausschnitt zeigt den Abbau einer Hochsprunganlage am Ende des Sportunterrichts und ist von den entsprechenden Handlungsanweisungen des Sportlehrers[14] geprägt. Nur gelegentlich adressieren die Schüler:innen den Lehrer. Bevor wir auf das Video- bzw. Interaktionsprotokoll eingehen, wollen wir diese Praxis als solche fokussieren. Der Abbau findet in der Unterrichtszeit statt und er betrifft die unterrichtliche Gesamthandlung. Es handelt sich also um eine unterrichtlich relevante Praxis, aber nicht um eine *unterrichtende* Praxis im engeren Sinn. Auf unser Modell bezogen heißt das, dass hier weder die fachliche noch die didaktische Expertise aufgerufen ist. Wir befinden uns vielmehr in einer genuin und dominant *pädagogischen* Handlungspraxis.[15]

Auch wenn eine Hochsprunganlage nicht zu denjenigen Objekten gehört, die in der alltäglichen Lebenswelt anzutreffen sind, können Auf- und Abbau kaum als expertisierte Praxis qualifiziert werden. Um dies zu bewerkstelligen, reicht eine grafisch gestaltete Anleitung, vergleichbar der Anleitung zur Selbstmontage eines Möbelstücks. Eine gewisse Schwierigkeit ergibt sich aus der Anleitung und Koordination einer kollektiven Handlungspraxis. Aber wenn wir einigermaßen kooperationsfähige Schüler:innen voraussetzen, die einen Sinn für elementare technisch-dingliche Zusammenhänge haben (bevor die Träger der Querstange entfernt werden, muss die Querstange entfernt werden) und einen Sinn für elementare Praktiken der Kooperation (z. B. an welcher Stelle braucht es meine Mithilfe, an welcher Stelle nicht), liegt kein nennenswertes Problem vor. Im Gegensatz zur Durchführung des Hochsprungunterrichts könnten Auf- und Abbau auch von dem Hausmeister oder von anwesenden Praktikant:innen angeleitet werden.

---

14 Dem Unterrichtstranskript ist zu entnehmen, dass es sich um einen Lehramtsstudierenden „in der Praktikumsphase" handelt und dass wir uns in der Sekundarstufe I befinden.
15 Diese Aussage steht nicht in Widerspruch zu der Tatsache, dass sich die sportdidaktische Ausbildung auch dem Auf- und Abbau von Anlagen widmet. Unsere Aussage besagt lediglich, dass dieses Thema, auch wenn sich die Didaktik ihm annimmt, sowohl ausbildungslogisch als auch berufspraktisch *primär pädagogische Aspekte* involviert.

Wahrscheinlich bräuchte es nicht einmal eine detaillierte kommunikative Steuerung der Praxis. Wahrscheinlich würde es genügen, die Abbauanweisung als solche zu erteilen und ggf. für Nachfragen (*Wo kommen die Matten hin?*) zur Verfügung zu stehen.

Professionalisierungstheoretisch folgenreich sind diese Überlegungen deshalb, weil sie die protokollierte Handlungspraxis als Teil einer beruflichen Handlungspraxis ausweisen, die prinzipiell mit den Bordmitteln alltagsweltlicher sozialer Fähigkeiten und lebenspraktischer, berufsunspezifischer Erfahrungen zu bewältigen ist. Anders als der Sportunterricht, in dem die Schüler:innen offenbar Hochsprung lernen sollen, stellt die Anleitung zum Abbau der Anlage für den Laien keine Überforderung dar. Wir haben es also mit einem Bestandteil des beruflichen Handelns zu tun, der einerseits keine berufliche Expertise voraussetzt, der andererseits in verschärfter Weise das Problem der *Laienhaftigkeit pädagogischen Handelns* auf den Plan ruft. Angesichts der konkreten Situation des „Abbaus der Hochsprunganlage" liegt es nahe, dieses Problem in zwei Teilfragen zu differenzieren: (1) Wird in einer solchen Situation überhaupt eine ‚Distinktion' zwischen einer laienhaften und einer professionellen Handlungspraxis angestrebt? (2) Worin könnte diese Distinktion bestehen?

Eine erste, intuitive Fallstrukturhypothese

Ein erster Rezeptionseindruck der knapp dreiminütigen Videosequenz als Ganze kommt zu dem Schluss, dass die erste Teilfrage ziemlich eindeutig verneint werden muss. Das pädagogische Handeln, das hier protokolliert ist, strebt nicht an, eine gegenüber dem Laienhandeln distinktive Praxis zu sein. Die Sprechakte des Lehrers könnten allen erdenklichen Kontexten der Anleitung einer Gruppe von Jugendlichen, in denen es um eine kollektiv zu bewältigende praktische Aufgabe geht, entstammen. Der Eindruck der Laienhaftigkeit resultiert u. a. aus einem Verzicht der minutiösen Koordination der Gesamthandlung. Zwar gibt der Lehrer einzelne Handlungsanweisungen. Aber weder koordiniert er die Gesamthandlung noch bedarf die Gesamthandlung der Koordination. Die meisten Schüler:innen handeln jenseits der Anweisungen. Sie beteiligen sich, wo sie es für sinnvoll erachten. Sie bleiben untätig, wo es nichts zu tun gibt. So beginnt ein Schüler (rote Hose, weißes Trikot mit roten Längsstreifen; 0:35-0:45) irgendwann damit, Hütchen aufzusammeln, die den Laufweg zum Absprung markieren. Das tut er unaufgefordert. Und soweit das im Video zu sehen ist, tut er auch nicht viel mehr. Er hat seinen individuellen Beitrag zum Abbau geleistet und damit ist es auch gut. Das stört den Lehrer ebenso wenig wie der Umstand, dass sich zwischendurch einige Schüler:innen mit dem Oberkörper auf die Sprungmatte (Weichmatte) legen oder andere unbeteiligt in der Turnhalle herumspazieren. Die Ähnlichkeit zu einer Laiensituation rührt offensichtlich daher, dass die primäre Handlungsorientierung dem erfolgreichen Abbau der Anlage gilt und sich keine darüber hinaus gehenden pädagogischen Ansprüche zeigen. Die Schüler:innen sollen an der Handlungspraxis des gemeinsamen Abbaus, so wie sie hier vollzogen wird, nichts lernen. Sie sollen diese Praxis lediglich in einer hinsichtlich des Handlungsresultats akzeptablen Weise erfolgreich durchführen. Insofern sind wir Zeuge einer überraschend *unpädagogischen* Praxis. Wir wissen nicht, wie der Lehrer sich zu Handlungsproblemen verhalten würden, die das Handlungsziel des Abbaus der Hochsprunganlage gefährden würden. Aber sofern dieses Handlungsproblem nicht vorliegt, liegt auch keine Situation vor, die eine gegenüber der laienhaften Anleitung und Beaufsichtigung gesteigerte pädagogische Intervention notwendig werden lässt.

Erste Sequenzanalyse

> L: O. K., kommt mal zusammen. Kommt mal hier zusammen. Weil, wir haben nicht ewig Zeit. Kommt mal her. Kommt mal alle her. SO. [Wir bauen jetzt in umgekehrter Reihenfolge wieder ab. Wie eben.] [die gesamte Sequenz ist laut rufend gesprochen]

Die ersten Sequenzstränge – *O. K., kommt mal zusammen. Kommt mal hier zusammen [...] kommt mal her. Kommt mal alle her* – entsprechen eindeutig dem hier vorliegenden Kontext der Anleitung eines Kollektivs bzw. einer Kollektivhandlung. Und sie verweisen insofern schon auf einen pädagogischen Kontext, als das eingeklagte *Zusammenkommen* sich nicht von selbst herstellt. Würde so etwa ein Reiseleiter (um z. B. Eintrittskarten für ein Museum zu verteilen) oder ein Museumsführer sprechen, läge eine Infantilisierung der Adressat:innen vor. Dagegen haben wir keine Schwierigkeiten, uns einen Fußballtrainer, eine Erzieherin an der Bushaltestelle oder Eltern bei der Organisation eines Spiels auf einem Kindergeburtstag vorzustellen.

Das bestätigt den intuitiv am Gesamtprotokoll gewonnenen Eindruck. Der Lehrer verzichtet darauf, eine kommunikative Differenz zwischen einer beruflich-pädagogischen Adressierung und einer außerberuflichen zu installieren. Er spricht so, als würde er sich auf einem Trainingsplatz befinden oder als würde er als Vater ein Kindergeburtstagsspiel anleiten. In bemerkenswerter Weise spricht er insofern weder *professionell* noch *pädagogisch* noch *lehrerhaft*.

Bemerkenswert ist auch der Kommentar: *Weil, wir haben nicht ewig Zeit*. Für das Zusammenrufen der Schüler:innen ist er nicht notwendig. Aber seine Überschüssigkeit nimmt eine interessante Situationsdefinition vor. Denn diese Adressierung setzt voraus, dass der Sprechakt in der Situation eines Müßiggangs erfolgt, der als solcher auch als legitim angesehen wird, der aber nun ein Ende finden muss. Würden etwa Kinder am Morgen der Abfahrt aus einem schönen Strandurlaub darum bitten, noch einmal zum Strand gehen zu dürfen, könnte man sich die

Antwort vorstellen: *Ja, aber bleibt nicht so lang, wir haben nicht ewig Zeit.* Man könnte sich auch vorstellen, dass ein Elternteil zum Strand geht und ruft: *Kommt mal zurück, wir haben nicht ewig Zeit.*

Das Eigentümliche an dieser Interpretation ist, dass sie eine vorgängige, pädagogisch unbeaufsichtigte und unkontrollierte Zeit voraussetzt; als wären die Schüler:innen vor dem Aufruf des Lehrers irgendwelchen individuellen Beschäftigungen nachgegangen, denen nun (leider) ein Ende gesetzt werden muss. Schon diese sinnstrukturelle Unterstellung ist kaum mit dem Bild von Unterricht als einer kollektiv disziplinierten Praxis vereinbar. Noch weniger vereinbar mit der Vorstellung einer pädagogischen Disziplinaranstalt ist die unausgesprochene, aber implizit zum Ausdruck gebrachte *Positivität der unkontrollierten Situation*, die vor dem Aufruf bestanden hat. Das bedeutet sinnstrukturell, dass vorher (also inmitten des Unterrichts!) ein „unterrichtsfreier" Raum bestanden hat und dass dieser Raum nicht auf ein pädagogisches Versäumnis hinweist, sondern als wohlwollend akzeptiertes Eigenrecht der Schüler:innen angesehen wird.

Zwischenresümee

Die erste, sehr abgekürzt vorgenommene Sequenzanalyse bestätigt den in der flächigen Betrachtung gewonnenen intuitiven Befund eines fallstrukturell typischen Verzichts auf den kommunikativen bzw. sprechaktlogischen Ausweis einer gegenüber der Alltags- und Laienwelt gesteigerten pädagogischen Praxis. Gegenüber der Normalerwartung an eine einigermaßen disziplinierte unterrichtliche Gesamtsituation ist dieser Verzicht geradezu provozierend.

Diese Aussage wirft die Frage auf, wie denn eine nicht-laienhafte, gleichsam pädagogisch-professionell vorgenommene Kollektivanleitung aussehen würde. Unsere bisherigen Befunde ermöglichen eine gedankenexperimentelle Positivbestimmung derjenigen pädagogischen Praxis, auf die im konkreten Fall verzichtet wird.

Bezüglich der intuitiv vorgenommenen Fallstrukturhypothese fällt auf, dass der Verzicht auf eine dezidiert pädagogische Direktive mit einer Zielorientierung des Kollektivhandelns einhergeht. Es geht ausschließlich um den erfolgreichen Abbau der Hochsprunganlage. Darüber hinaus sind keine pädagogischen Ansprüche sichtbar. Ein idealtypisch – das heißt gedanklich gesteigertes und vereinseitigtes – Gegenmodell bestünde darin, die anzuleitende Praxis als ein ‚Lehrstück' zu konzipieren, in dem es gar nicht primär um den Abbau geht, sondern um den Anspruch, dass die Schüler:innen im Vollzug der kollektiven Praxis etwas Übergreifendes lernen. Im Extremfall könnte man sich vorstellen, dass eine Unterrichtseinheit darin besteht, eine Hochsprunganlage auf- und abzubauen, ohne sie überhaupt zu benutzen. Dann würde man beispielsweise die Bestandteile der Anlage säuberlich aufreihen, den vollständigen Ablauf für alle detailliert darstellen, sicherheitsrelevante Aspekte thematisieren, Gruppen bilden, die für die Einzelteile zuständig sind usw. Diese Praxis zeichnete sich durch ein hohes Maß an Kontrolle der Einzelaktivitäten aus und durch den Anspruch ihrer *exemplarischen* Bedeutung. Dieser bestünde etwa darin, das Prinzip der Arbeitsteiligkeit vor Augen zu führen, die Vorzüge eines kollektiven Planungsprozesses zu veranschaulichen oder eine disziplinierte Haltung einzuüben.

Der letzte Aspekt scheint mir der entscheidende zu sein. Die Differenz zwischen der laienhaften Orientierung an der Zielerreichung und der pädagogischen Orientierung an einem übergeordneten Ziel besteht in der Differenz zum Anspruch der *Disziplinierung*. In dem ersten Fall wird auf Disziplinierung verzichtet, in dem zweiten Fall steht Disziplinierung im Zentrum. Und in gewisser Weise scheint das Verhalten des Lehrers genau deshalb als *unpädagogisch, weil es nicht disziplinierend ist*.

Dieser Eindruck wird durch die Sequenzanalyse bestätigt. Das wiederholte Zusammenrufen der Schüler:innen ist Ausdruck der Ordnungsmacht des Lehrers. Er ist befugt, Handlungsanweisungen zu geben und er macht von dieser Befugnis unbefangen und unverhohlen Gebrauch. In der interpretierten Sequenz finden wir keine Spur einer verleugnenden Hemmung direktiver Sprechakte. Aber über das Handlungsziel des Abbaus der Hochsprunganlage hinaus findet sich kein Impuls der Situationskontrolle. Die direktiven Sprechakte sind überwiegend diesem Ziel verpflichtet. Sie sind insofern nicht disziplinierend, als sie kein über dieses Handlungsziel hinausweisendes *Disziplinierungsanliegen* zum Ausdruck bringen. Sie sind Ausdruck einer zugleich *nichtdisziplinierenden und undisziplinierten pädagogischen Autorität*.

Das Desinteresse an Disziplinierung *als* Disziplinierung lässt sich auch an dem *wir haben nicht ewig Zeit* ablesen. Die Disziplinierung, die diesem Sprechakt innewohnt, wird von der Notwendigkeit diktiert. Außerhalb dieser Notwendigkeit besteht kein Disziplinierungsanspruch. Außerhalb sind die Schüler:innen sich selbst überlassen.

In Anlehnung an Max Webers Argumentation in der „Protestantischen Ethik" (Weber 1904/05) kann die Beschränkung der Disziplinierung auf das Notwendige als Fehlen einer *Ethik der Disziplin* interpretiert werden. Denn die kapitalistische Leistungsethik wird von Weber explizit *nicht* auf die Notwendigkeit des Gelderwerbs zurückgeführt, sondern auf die Herausbildung eines *Habitus* der „methodisch kontrollierten Lebensführung", dem die Bereitschaft zur Leistungserbringung zum „Selbstzweck" wird. Erst wenn die methodisch kontrollierte Lebensführung zum Selbstzweck geworden ist, erhält sie eine ethische Qualität.

Der Mattenwagen

Im Kontext des Disziplinierungsthemas wollen wir noch eine zweite Sequenz etwas eingehender betrachten. Sie betrifft den Teilaspekt des Abbaus, der darin besteht, sieben Matten auf einen Mattenwagen zu legen, sodass alle Matten auf dem Wagen in den Geräteraum geschoben werden können.

Diese Aufgabe wird durch die Konstruktion des Mattenwagens erschwert. Er verfügt zwar über eine waagerechte Auflagefläche. Aber diese Fläche ist etwas kleiner als die der Matten (die Mattenwölbung überragt die Auflagefläche), sodass sich die korrekte Auflage nicht aus der Passung der Ränder ergibt und sich optisch schwer kontrollieren lässt. Darüber hinaus fehlen senkrechte Begrenzungsstangen, die für eine korrekte Aufnahme (wenigstens der unteren) Matten sorgen, sodass man die Matten nur ‚hineinlegen' müsste.[16] Will man einen einigermaßen exakten Mattenstapel erzielen, ist es notwendig, die ersten Matten möglichst korrekt auszurichten, um dann mit jeder weiteren Matte den Stapel gleichmäßig anwachsen zu lassen. Das gelingt den Schüler:innen nicht. Es entsteht ein Stapel, in dem die Matten kreuz und quer liegen (s. Abb. 5).

Damit ist die Frage der pädagogischen Intervention aufgeworfen. Offensichtlich lässt sich der Wagen bewegen und offensichtlich ‚hält' der Stapel (rutschen keine Matten herunter). In Breite und Länge nimmt der Mattenwagen eine Fläche in Anspruch, die deutlich die Mattenfläche übersteigt. Insofern stellt sich vielleicht die Frage, ob die Stellfläche im Geräteraum groß genug ist, um den so beladenen Mattenwagen aufzunehmen.

Aber selbst wenn das der Fall wäre, stellte der so gestapelte Wagen eine Kränkung des Ordnungssinns dar. Als Handlungsprotokoll einer Aktivität von Erwachsenen wäre man einigermaßen sprachlos. Als Handlungsprotokoll einer Aktivität von Jugendlichen entspricht der Mattenwagen einer Normalitätserwartung. Er drückt eine gewisse jugendliche Unbekümmertheit, aber auch eine gewisse Provokation aus. Natürlich wissen die Jugendlichen um das Ideal eines exakt gestapelten Mattenwagens. Aber einerseits kümmert es sie wenig; andererseits kümmert sie auch nicht die zu erwartende Kritik der Erwachsenen. Wären sie unbeaufsichtigt, würden sie den Wagen genauso beladen, wie sie es getan haben.

Nach der bisherigen Fallrekonstruktion könnte man erwarten, dass der Lehrer, sofern der unordentlich gestapelte Wagen in den Geräteraum passt, keinen Anstoß an der Unordnung nimmt. Das würde dem rekonstruierten Habitus einer zweckgerichteten Disziplinierung und dem Fehlen einer *Ethik der Disziplin* entsprechen. Wenn sich überhaupt eine pädagogisch verantwortliche Person vorstel-

---

16 In gewisser Weise ruft die technische Konstruktion des Mattenwagens das Problem einer disziplinierenden Intervention erst auf den Plan und es ist vielleicht kein uninteressantes Unterfangen, nach dem „latenten pädagogischen Sinn" dieser Konstruktion zu fragen.

Abb. 5: Mattenwagen 1

len lässt, der der unordentliche Stapel kein Dorn im Auge wäre, dann wäre es unser Sportlehrer.

Aber selbst ihm ist das zu viel:

L: Was ist denn das für ein Gestapel hier? Macht das mal richtig!
S: Sollen wir die Zettel mal (unv.) machen?
L: Los. Häh?
S: (unv.)
L: Nimmt die Zettel (unv.)
S: THERESA
L: Los! Was iss'n das hier? Macht das mal ordentlich! Den kann man so nicht reinfahren.

Die Schüler:innen beim Mattenwagen machen sich daran die Matten etwas ordentlicher zu stapeln, während die Lehrkraft sich an die Schüler:innen wendet, die hinter und auf der Weichbodenmatte warten, und dabei mit dem mittlerweile zusammengerollten Blatt Papier in seiner Hand auf den Mattenwagen zeigt:

L: [...]. LOS HELFT MAL HIERHER! Macht mal den Mattenwagen ordentlich! Vorher wird hier nicht weggeschoben. LOS! LOS! (genervt) Hallo? Guckt mal! **Macht die obe-**

ren vier runter![17] Helft mal jetzt hier! Los! Los! Helfen! Geht mal helfen! Guckt mal den Mattenwagen an, den kann man so nicht wegschieben.

Offensichtlich liegt eine aufrichtige Empörung über das unordentliche *Gestapel* vor:

- Was ist denn das für ein Gestapel hier? Macht das mal richtig!
- Was iss'n das hier? Macht das mal ordentlich!
- LOS HELFT MAL HIERHER! Macht mal den Mattenwagen ordentlich!

Auffällig ist aber auch, dass der Lehrer keine konkreten Anweisungen zur Behebung des „Problems" gibt. Natürlich sind die Aufforderungen, *macht das mal ordentlich, macht mal den Mattenwagen ordentlich* (usw.), selbstevident. Worin die eingeforderte Ordnung besteht, ist den Schüler:innen klar. Und es ist auch klar, wie diese Ordnung herzustellen wäre: Alle Matten müssten heruntergenommen werden und das Stapeln müsste von vorn beginnen. Insofern könnte man dem Lehrer zugutehalten, dass er – wie beim Abbau der Anlage insgesamt – davon ausgeht, dass die Schüler:innen schon selbst wissen, was zu tun ist. Schauen wir auf das Ergebnis, dann sehen wir, dass die Schüler:innen so *nicht* verfahren sind (s. Abb. 6).

Sie haben das Chaos der oberen vier Matten recht gut beseitigt. Diese liegen nun zwar nicht akkurat, aber doch *ordentlich* gestapelt übereinander. Das zeigt zumindest, dass die Schüler:innen das Konzept von *richtig/ordentlich*, das der Lehrer in seiner Rüge in Anschlag bringt, teilen und dass sie sich aufgeschlossen und kooperativ zeigen. Im Video sieht man auch, dass sie sich wirklich engagiert bemühen, eine Ordnung herzustellen. Allerdings gehen sie dabei so vor, dass keine einzige Matte vom Wagen heruntergehoben wird. Die Matten werden lediglich gemeinsam hochgehoben,[18] sodass die unter den angehobenen liegenden Matten geradegerückt werden können und die hochgehobenen exakter abgelegt werden können. Diese Strategie führt aber dazu, dass die Schieflage der untersten Matten nicht korrigiert wird.

Wenn wir uns fragen, warum die Schüler:innen nicht von sich aus die Strategie eines vollständigen Neuaufbaus des Stapels verfolgen – sie wäre gegenüber der gewählten Strategie nicht mit einem Mehraufwand verbunden –, fällt auf, dass es dazu einer anweisenden Stimme bedurft hätte. Jemand aus dem Kreis der Schüler:innen hätte sagen müssen: *Lasst uns alle Matten runternehmen und neu anfan-*

---

17 Abweichend zu dem zur Verfügung gestellten Transkript.
18 Es ist dem Protokoll nicht zu entnehmen, ob die Schüler:innen dabei auf die Aufforderung des Lehrers, *macht die oberen vier runter*, reagieren. Tatsächlich heben sie vier Matten an. Aber die Lehreraufforderung ist auch nicht direkt an die Mattengruppe adressiert (übrigens auch nicht an die Weichmattengruppe; er schaut dabei weder die eine noch die andere Gruppe eindeutig an). Und die Schüler:innen *machen die oberen vier* tatsächlich *nicht runter*.

Abb. 6: Mattenwagen 2

gen. Jemand hätte sich also als für den Mattenstapel verantwortlich und zuständig exponieren müssen. Dass dies nicht erfolgt ist, kann als Ausdruck einer gemeinschaftlich solidarischen Haltung unter den Schüler:innen interpretiert werden.

Diese solidarische Haltung findet sich auch in der Intervention des Lehrers wieder. Obwohl schon sieben Schüler:innen an dem Mattenwagen „arbeiten", wendet er sich an eine andere Schüler:innengruppe (die sich untätig an der Weichbodenmatte im Hintergrund des Bildes befindet):

> LOS HELFT MAL HIERHER! Macht mal den Mattenwagen ordentlich! Vorher wird hier nicht weggeschoben. LOS! LOS! (genervt) Hallo? Guckt mal! Macht die oberen vier runter! Helft mal jetzt hier! Los! Los! Helfen! Geht mal helfen! Guckt mal den Mattenwagen an, den kann man so nicht wegschieben.

Bemerkenswert daran scheint mir der Aspekt zu sein, dass er die mit dem Mattenwagen beschäftigten Schüler:innen nicht für das Stapelchaos verantwortlich macht und darauf verpflichtet, die Sache in Ordnung zu bringen. Das Problem, das entstanden ist, soll durch die Hilfe der anderen gelöst werden. Sinnvoll wäre es dagegen gewesen, sich an die sieben Schüler:innen, die mit dem Mattenwagen beschäftigt sind, zu wenden und sie zu einem disziplinierten Vorgehen aufzufordern: *Nehmt die mal alle wieder runter und legt sie ordentlich aufeinander!*

Was den praktischen Arbeitsvollzug anbelangt, ist die Hilfeaufforderung völlig absurd. An dem Mattenwagen ist eh schon kein Platz mehr für helfende Hände. Und tatsächlich helfen die angesprochenen Schüler:innen auch nicht. Sie gehen lediglich in Richtung des Mattenwagens und versammeln sich um ihn. Sie vollziehen damit eine gleichsam symbolisch-solidarische Bewegung.

Bezüglich unserer bisherigen Fallstrukturrekonstruktion sind die Hinweise auf die *Notwendigkeit* der Ordnung beachtenswert:

- Den kann man so nicht reinfahren.
- Vorher wird hier nicht weggeschoben.
- Den kann man so nicht wegschieben.

Diese Formulierungen berufen sich auf die Notwendigkeit der Konvention. Die Unmöglichkeit, *den Wagen so reinzufahren* oder *wegzuschieben*, beruht nicht auf einer praktisch-technischen Unmöglichkeit, sondern auf einer Unmöglichkeit bezüglich einer Konvention. Die Behauptung der Unmöglichkeit (*du kannst nicht*) stellt ein Urteil der Unangemessenheit dar: *So kannst Du nicht zu dem Bewerbungsgespräch gehen.*

In diesen Äußerungen zeigt sich eine *Spannung* zwischen einer zweckförmigen und einer zweckfreien Orientierung. Auf den ersten Blick klingt es so, als könne der unordentlich bestückte Wagen weder *geschoben* noch *reingefahren* werden. Er lässt sich also weder unproblematisch zum Geräteraum bewegen noch passt er dort an den für ihn vorgesehenen Platz. Aber offensichtlich kann man ihn ja fahren. Und die Verbesserung, die vorgenommen wird, ist nicht so markant, als dass sie ein ‚Gamechanger' bezüglich des Platzproblems sein könnte.

Interessant ist, dass der Sprecher sich damit nicht zum Statthalter der Konvention macht, sondern zu einem Mahner und Berater bezüglich dieser Konvention. Die Statthalterschaft klingt lediglich in dem *Vorher wird hier nicht weggeschoben* an. Wer seinem Kind sagt, *Bevor das Zimmer nicht aufgeräumt ist, gehen wir nicht ins Kino*, stellt sich eindeutig hinter die Konvention der in Anspruch genommen Ordnung. Die Sprechakte *Den kann man so nicht reinfahren/Den kann man so nicht wegschieben* vertreten nicht die Konvention, sondern sie weisen auf die Konvention hin bzw. mahnen sie an. Die Sprechakte verhalten sich zur Konvention *extrinsisch*: *Wenn wir den so wegschieben, gibt es Ärger.*

Diese Interpretation ermöglicht eine wichtige Präzisierung unserer Fallstrukturhypothese. Am Beispiel der Konvention eines ordentlichen Stapels wird sichtbar, dass der Lehrer nicht als pädagogischer Repräsentant der Geltung der Konvention spricht. Die Unordnung des Mattenwagens stört ihn eigentlich nur, weil er um die Konvention und ihre Geltung weiß; nicht, weil ihm die Unordnung als solche als inakzeptabel und unerträglich erscheint. Die Ordnungskonvention ist ihm weder ein intrinsisches noch ein ethisches Anliegen. Seine pädagogische Verantwortung wird nicht durch ein von ihm repräsentiertes Ordnungsethos gespeist, sondern durch eine Orientierung an der Vermittlung von Anpassungsnotwendigkeiten. Seine pädagogische Haltung beruht nicht auf dem „vorbildlichen" Glauben an die Richtigkeit der Ordnung. Sie beruht auf einer Anpassungsethik der Vermeidung negativer Folgen der Unordnung. Hier schließt sich der Kreis zum Disziplinierungsthema. Denn die Undiszipliniertheit und Ungerichtetheit seiner pädagogischen Interventionen ist auch Ausdruck einer inneren Distanz zum Disziplinierungsauftrag.

6 Abschließende Bemerkungen: Pädagogik im Zeichen des Anspruchs gesteigerter Disziplinierung

Abschließend wollen wir versuchen, unsere professionalisierungstheoretischen Vorüberlegungen in Beziehung zu setzen zu den Befunden der Fallrekonstruktion. Wir sind von einem handlungslogisch-strukturtheoretischen Modell professionellen Handelns ausgegangen und von der grundlegenden Unterscheidung beruflicher Expertise und professioneller Handlungslogik. Diese Unterscheidung hat für das schulpädagogische Handeln dazu geführt, die berufliche Expertise auf der Seite der fachwissenschaftlichen und didaktischen Handlungsanteile zu verorten und in den genuin pädagogischen Dimensionen das professionalisierungsrelevante Handlungsproblem zu sehen.

Diese Theoriekonzeption ruft das Problem der Frage der Differenz zwischen einer professionellen und einer laienhaften pädagogischen Handlungspraxis auf den Plan. Denn das Pädagogische als professionalisierungsindikativer Handlungsanteil kann seine exklusive Zuständigkeit nicht in jener Weise reklamieren, in der dies den beruflich expertisierten Handlungsdimensionen möglich ist.

Die zu interpretierende Unterrichtsszene – Abbau der Hochsprunganlage – wirft dieses Problem insofern verschärft auf, als hier ein Handlungsablauf protokolliert ist, der bezüglich der zu bewältigenden Aufgabe keine berufliche Expertise aufruft. Die Anleitung des Abbaus als solche liegt im Rahmen einer alltäglichen, laienhaften Handlungspraxis. Sie erzwingt aus sich heraus keine beruflich expertisierte Praxis. Umso interessanter ist es empirisch zu beobachten, ob eine solche Steigerung angestrebt wird bzw. verallgemeinert die Frage aufzuwerfen, worin eine solche Steigerung im Sinne einer *Distinktion* der beruflichen Praxis (gegenüber der laienhaften) bestehen könnte.

Unsere Fallrekonstruktion hat auf einen überraschenden Aspekt einer gesteigerten pädagogischen Praxis aufmerksam gemacht. Die Fallstrukturhypothese einer *undisziplinierten Disziplinierung*, auf die wir in der Analyse der Handlungslogik des Lehrers gestoßen sind und die zugleich als ein weitestgehender Verzicht auf eine pädagogisch gesteigerte Praxis interpretiert werden konnte, verweist typologisch auf ein Modell pädagogischen Handelns, das als *gesteigerte Form einer disziplinierten Praxis* verstanden werden kann. Denn der Eindruck des *Laien-*

haften, des *Unlehrerhaften* und des *Unpädagogischen*, den wir an der Art und Weise der (Nicht-)Organisation der Gesamthandlung und der Interventionen des Lehrers gewonnen haben, beruht ja wesentlich auf der *Undiszipliniertheit* der Gesamtsituation und an einem Desinteresse an Disziplinierung.

Stellen wir uns die vorliegende Praxis im Modus eines pädagogisch gesteigerten Berufshandelns vor, sind wir unweigerlich auf Praktiken der Disziplinierung verwiesen. In einem pädagogisch anspruchsvoll orchestrierten Abbau der Hochsprunganlage wüsste idealiter jede/r Schüler:in zu jedem Zeitpunkt, was er/sie zu tun hat. Der Ablauf der Gesamthandlung wäre detailliert geplant und die Rollen präzise verteilt. Niemand würde in der Turnhalle untätig oder gelangweilt herumlaufen. Und es bräuchte entsprechend keine ständigen, lauten Zwischenrufe des Lehrers (auf die eh kaum jemand hört). Und nicht zuletzt wären in einer pädagogisch disziplinierten Praxis die Matten vorbildlich gestapelt.[19]

So macht uns das Interaktionsprotokoll auf den Aspekt der Disziplinierung als wesentliches Moment pädagogischen Handelns aufmerksam. Aus der Perspektive der Fallrekonstruktion stellt die gegenüber dem Alltag gesteigerte pädagogische Berufspraxis eine Steigerung an Disziplinierung dar, wobei wir unter Disziplinierung hier nicht den erzieherischen Akt der Maßregelung verstehen (wie wir ihn in dem obigen Beispiel der Aufforderung, das Zimmer aufzuräumen, antreffen), sondern die treuhänderische Anleitung einer disziplinierten Praxis als solche. Treuhänderisch ist diese pädagogische Praxis deshalb, weil sie in Statthalterschaft gesellschaftlicher Normen erfolgt. Die Disziplin, die die gesteigerte pädagogische Berufspraxis repräsentiert, ist eine *gesellschaftliche Disziplin*. Bei aller Variationsbreite der individuellen Haltungen zu gesellschaftlichen Normen bringt das Urteil der Unordnung des Mattenwagens keine idiosynkratische Haltung, sondern eine gesellschaftliche Norm zum Ausdruck.

Auf das Moment der Steigerung sind wir in unserer empirischen Analyse *ex negativo* gestoßen. Es liegt in dem hier protokollierten pädagogischen Handeln *nicht* vor. Genau dieses *Nicht* verweist auf eine Professionalisierungsbedürftigkeit. Denn wir sind ja nur insofern berechtigt, von einer beruflichen Anstrengung und Herausforderung zu sprechen, als wir uns von der Annahme leiten lassen, dass die alltägliche pädagogische Praxis – vor allem natürlich die familiale – sich der Anforderung der Disziplinierung entzieht. Erst die Annahme einer „a-pädagogischen Haltung" familialer Erziehung (Maiwald 2020) begründet die zentrale gesellschaftliche Bedeutung der Disziplinierung, die dem beruflichen pädagogischen Handeln zukommt, und zugleich die Herausforderung ihrer Realisierung.

Wir haben bei unseren vorangegangenen Überlegungen die Tatsache, dass es sich bei der Lehrperson (die wir durchgängig als „Lehrer" bezeichnet haben) um

---

19 Das gilt natürlich auch für die Variante der Delegation der Orchestrierung an die Schüler:innen. Sie entspräche der Transformation der Disziplinierungstechnik hin zu einer Selbstdisziplinierung. Vgl. dazu Foucault 1977.

einen lehramtsstudierenden Praktikanten handelt, unberücksichtigt gelassen. Dieses Kontextwissen ist für unsere professionalisierungstheoretischen Verortungen und fallrekonstruktiven Befunde auch belanglos. Allerdings ruft diese Information die Frage der beruflichen Erfahrung auf. Könnte es sein, dass der Stil der undisziplinierten Disziplinierung, den wir rekonstruiert haben, auf eine mangelnde Berufserfahrung zurückzuführen ist?

Diese Annahme scheint mir nicht gerechtfertigt zu sein. Denn sie setzte voraus, dass die Lehrerfahrung als solche und gleichsam aus sich heraus einen anderen Typus der Disziplinierung hervorbringen könnte. Die undisziplinierte Adressierung der Schüler:innen stellte dann einen ‚Anfängerfehler' dar, der mit zunehmender Berufserfahrung eine Korrektur erfahren würde. Davon kann nicht ausgegangen werden. Denn die pädagogische Handlungsstrategie des Praktikanten stößt auf keinen handlungspraktischen Widerstand, der eine Korrektur veranlassen könnte. Allenfalls könnte ihn die Erfahrung mit einer weniger kooperative Schüler:innenschaft zu einer Anpassung seines Stil bewegen. Und sicherlich wäre es fahrlässig und selbstschädigend, in einer Lehrprobe im Vorbereitungsdienst in der hier protokollierten Art und Weise zu verfahren. Aber aus der Perspektive der pädagogischen Handlungspraxis als solcher stellt das Vorgehen des Praktikanten kein Problem dar. Es weist lediglich auf die Problemdimension der Disziplinierung pädagogischen Handelns hin und dokumentiert einen konkret vorliegenden Typus der Bearbeitung dieses Problems.

Die Annahme, dass dieser Handlungstypus und Handlungsstil als Ergebnis einer außerberuflichen sozialisatorischen Habitusbildung verstanden werden kann, scheint mir hingegen naheliegend. Diese Annahme stützt die Vermutung der Unwahrscheinlichkeit einer Transformation. Im Kontext pädagogischen Handelns verweist sie auf ein (im Vergleich zu den expertisierten Handlungsanteilen des Lehrer:innenberufs) außerordentliches Hineinragen der vorberuflichen Sozialisation in die professionelle. Darin spiegelt sich das Problem der Differenzmarkierung zwischen der laienhaften und der professionellen pädagogischen Praxis wider. Die innere Distanz zum pädagogischen Disziplinierungsauftrag, die wir am Fall herausgearbeitet haben, wird sich nicht durch das Studium, nicht durch Praktika, nicht durch den Vorbereitungsdienst und auch nicht durch berufliche Erfahrung und ihre Reflexion auflösen.

Dieser hypothetische Befund ist hinsichtlich der disziplinierenden Funktion pädagogischen Handelns nicht besorgniserregend. Das gesellschaftliche und schulische Disziplinierungsinteresse wird seine Durchsetzungskraft durch die habituelle ‚Disziplinierungsunlust' einzelner pädagogischer Akteure kaum bedroht sehen. Auf den Mikrokosmos unseres Unterrichtsausschnitts bezogen: Die disziplinierende Kraft des Unterrichts im Allgemeinen und des Mattenwagens im Besonderen ist eh ungleich größer zu veranschlagen als die disziplinierende Kraft der singulären pädagogischen Intervention. Besorgniserregend ist unser hypothetischer Befund allerdings für den Anspruch einer habitusbildenden –

und das heißt natürlich auch und vor allem: einer habitustransformierenden – Kraft der pädagogischen Ausbildung im Sinne einer Professionalisierung. Wahrscheinlich ist dieser Anspruch *als Anspruch* für die Lehrer:innenbildung und alle an ihr Beteiligten unverzichtbar. Aber je lauter der Anspruch erhoben wird, desto größer wird die Dissonanz zu seiner Nichteinlösung.

Literaturverzeichnis

Durkheim, Emile (1902/03): Erziehung, Moral und Gesellschaft. Vorlesungen an der Sorbonne 1902/1903. Mit einer Einleitung von Paul Fauconnet. Frankfurt a. M.: Suhrkamp.

Etzioni, Amitai (1969): The Semi-Professions and their Organization: Teachers, Nurses, and Social Workers. New York: Free Press.

Flitner, Elisabeth (1991): Auf der Suche nach ihrer Praxis – Zum Gegensatz von „ermutigender Pädagogik" und „enttäuschender Erziehungswissenschaft". In: ZfPäd. 27, Beiheft: Pädagogisches Wissen. Herausgegeben von J. Oelkers und H.-E. Tenorth, S. 93–108.

Foucault, Michel (1977): Überwachen und Strafen. Die Geburt des Gefängnisses. Frankfurt a. M.: Suhrkamp.

Helsper, Werner (2021): Professionalität und Professionalisierung pädagogischen Handelns: Eine Einführung. Opladen, Toronto: Barbara Budrich.

Kunze, Katharina (2018): Erziehungswissenschaft – Lehrerinnen und Lehrerbildung – Kasuistik: Verhältnisbestimmungen im Widerstreit. In: Böhme, Jeanette/Cramer, Colin/Bressler, Christoph (Hrsg): Erziehungswissenschaft und Lehrerbildung im Widerstreit? Verhältnisbestimmungen, Herausforderungen und Perspektiven. Bad Heilbrunn: Klinkhardt, S. 186–200.

Luhmann, Niklas/Schorr, Karl Eberhard (1982): Das Technologiedefizit der Erziehung und die Pädagogik. In: Dies. (Hrsg.): Zwischen Technologie und Selbstreferenz. Fragen an die Pädagogik. Frankfurt a. M.: Suhrkamp, S. 11–40.

Maiwald, Kai-Olaf (2020): Der Zwang zur Erziehung und die a-pädagogische Haltung moderner Eltern. Eine exemplarische Fallrekonstruktion zur Spannung von Asymmetrie und Symmetrie in Eltern-Kind-Beziehungen. In: Funcke, Dorett (Hrsg.): Rekonstruktive Paar- und Familienforschung. Springer VS: Wiesbaden, S. 181–210.

Oevermann, Ulrich (1996): Theoretische Skizze einer revidierten Theorie professionalisierten Handelns. In: Combe, Arno/Helsper, Werner (Hrsg.): Pädagogische Professionalität: Untersuchungen zum Typus pädagogischen Handelns. Frankfurt a. M.: Suhrkamp, S. 70–182.

Oevermann, Ulrich (2002a): Professionalisierungsbedürftigkeit und Professionalisiertheit pädagogischen Handelns. In: Kraul, Margret/Marotzki, Winfried/Schweppe, Cornelia (Hrsg.): Biographie und Profession. Bad Heilbrunn: Klinkhardt, S. 19–63.

Oevermann, Ulrich (2002b): Klinische Soziologie auf der Basis der Methodologie der objektiven Hermeneutik – Manifest der objektiv hermeneutischen Sozialforschung. https://www.ihsk.de/publikationen/Ulrich_Oevermann-Manifest_der_objektiv_hermeneutischen_Sozialforschung.pdf.

Parsons, Talcott (1951): The Social System. London: Routledge.

Schmeiser, Martin (2006): Soziologische Ansätze der Analyse von Professionen, der Professionalisierung und des professionellen Handelns. In: Soziale Welt 57, H. 3, S. 295–318.

Weber, Max (1904/05): Die protestantische Ethik und der Geist des Kapitalismus. In: Ders.: Gesammelte Aufsätze zur Religionssoziologie I. Tübingen 1986, S. 17–206.

Wenzl, Thomas (2021): Der Fall als *Reflexionsübung*? Oder: Die erziehungswissenschaftliche Kasuistik im Lichte der Fallarbeit im Studium der Jurisprudenz und der Medizin. In: Wittek, Doris/Rabe, Thorid/Ritter, Michael (Hrsg.) (2021): Kasuistik in Forschung und Lehre. Erziehungswissenschaftliche und fachdidaktische Ordnungsversuche. Bad Heilbrunn: Klinkhardt, S. 281–298.

Wernet, Andreas (1997): Professioneller Habitus im Recht: Untersuchungen zur Professionalisierungsbedürftigkeit der Strafrechtspflege und zum Professionshabitus von Strafverteidigern. Berlin: Edition Sigma.
Wittek, Doris/Rabe, Thorid/Ritter, Michael (Hrsg.) (2021): Kasuistik in Forschung und Lehre. Erziehungswissenschaftliche und fachdidaktische Ordnungsversuche. Bad Heilbrunn: Klinkhardt.

Matten, Matten, Matten!
Fallarbeit aus praxistheoretischer Perspektive

Sarah Drechsel, Hedda Bennewitz

1 Einführung

Schulisches und unterrichtliches Handeln findet in einem von Komplexität und Kontingenz geprägten Feld statt. Sowohl regelhafte Routinen in Form automatisiert ablaufender Handlungen als auch bestimmte Deutungsroutinen zur Erfassung des Alltags antworten auf diese vorliegenden Strukturen (vgl. de Boer 2012, S. 302). Als *professionell* kann dieses Handeln bezeichnet werden, wenn ein „Wechselspiel von Einlassung auf Erfahrung, Reflexion auf Erfahrung und Rückübersetzung in neues Handeln und Erfahren" stattfindet (Neuweg 2005, S. 220). Daran anknüpfend kann Professionalität folgendermaßen gerahmt werden: „Professionell ist ein Lehrer in dieser Perspektive dann weder aufgrund seines Wissens noch auf Grund des schlichten Ausmaßes seiner Erfahrung, sondern erst, wenn er zudem einen analytischen Habitus ausgeprägt hat, also bereit ist, Handlungspraxis regelmäßig zu analysieren, zu evaluieren und gegebenenfalls zu verändern" (ebd.).

Gerade in Bewährungs- oder Drucksituationen wird das Handeln vor allem von implizitem Wissen gesteuert und theoretische Bezüge sowie resultierende Handlungsalternativen sind kaum verfügbar (Wahl 1991). Aus diesem Grund sieht Neuweg (2005) eine Notwendigkeit darin, dass sich Lehrkräfte mit den eigenen Erfahrungen, aber auch dem eigenen Erleben auseinandersetzen (vgl. ebd., S. 222). Nötig ist dafür sowohl „eine Kultur der Einlassung" auf Praxis als auch eine „Kultur der Distanzierung" (ebd.). Während erstere durch Offenheit für Neues und Irritationen charakterisiert ist, geht es bei letzterer darum, in Distanz zu der Praxis zu treten und das Handeln zu reflektieren (vgl. ebd.). Genau hier setzt (Video-)Fallarbeit an, mit der die handlungsleitende Bedeutung impliziten bzw. praktischen Wissens durch Beobachtung und Analyse rekonstruiert und reflektiert werden kann, und die sowohl eine Kultur der Einlassung als auch der Distanzierung ermöglicht.

Einer praxistheoretisch angelegten Fallarbeit, wie wir sie in diesem Beitrag vertreten, geht es darum, die soziale Praxis und das darin rekonstruierbare implizite und handlungsleitende Wissen sichtbar zu machen. Die Rekonstruktionen lokal situierter Handlungsvollzüge zielen damit nicht auf das Erleben, nicht auf die Wahrnehmung, auf Motive oder auf Intentionen der Akteur:innen, die nicht als individuelle Subjekte konzipiert werden, sondern als Teilhabende an einer sozialen Praxis (vgl. kritisch dazu Alkemeyer/Buschmann 2016). Entsprechend spielt in praxistheoretischen Denkarchitekturen der Begriff der Erfahrung insofern eine Rolle, als diese sich in Routinen und praktischem Handlungswissen zeigt, die erst durch eine wiederholte körperlich-praktische Teilhabe am sozialen Geschehen erworben werden können. Erfahrungen werden also nicht als Eigenschaft eines Individuums gedacht, sondern sie zeigen sich im Tun und sind damit für eine Analyse zugänglich (vgl. Rosenberger 2018, S. 95).

Im Sinne einer „Kultur der Einlassung" und einer „Kultur der Distanzierung" (Neuweg 2005, S. 222) scheint für uns eine zweistufige Reflexion sinnvoll. In einem ersten Schritt kann insbesondere an fremden Fällen (zur Problematik der Selbstreflexion vgl. Drechsel/Bennewitz 2022) das implizite Handlungswissen und seine Bedeutung für die pädagogische Praxis rekonstruiert werden, um in einem zweiten Schritt individuelle, biographische Erfahrungen zu thematisieren.

In unserem Beitrag werden wir die schon angesprochene Perspektive einer Theorie sozialer Praktiken und insbesondere das implizite praktische Wissen vorstellen, um sie anschließend in den Kontext der Professionalisierung von (angehenden) Lehrpersonen zu setzen. Im dritten Kapitel widmen wir uns ausgewählten Aspekten der Analyse des Videofallbeispiels und schließen mit einem Fazit, in dem die Bedeutung der praxistheoretischen Perspektive in Bezug auf Professionalisierung nochmals dargestellt wird.

2 Praxistheoretische Perspektive im Kontext von Erfahrung und Professionalisierung

2.1 Soziale Praxis – praxistheoretische Perspektive

Mit dem Begriff der Praxistheorien wird auf unterschiedliche Traditionslinien verwiesen, die mit einer begrifflichen Vielfalt einhergehen (Praktik, Wissen, Routine, Ordnung, Materialität, Artefakt, kultureller Code, Feld, Diskurs, Subjektivierung, Habitus) (vgl. Reckwitz 2003, S. 283). Vertreter:innen des *practical turn* (Schatzki/Knorr-Cetina/von Savigny 2000; Schatzki 1996, 2002; Reckwitz 2003, 2006) betonen immer wieder, dass nicht von ‚der' Praxistheorie die Rede sein kann, wird doch unter dem Begriff der Praxistheorien ein Bündel an Theoriefamilien subsumiert.

Doch was verbindet nun diese ähnlichen, aber dennoch differenten Traditionslinien? In einer praxistheoretischen Perspektive rückt die soziale Praxis der Akteur:innen und ihre Hervorbringung in den Blick. Folgt man Reckwitz, wird mit Praxistheorien die *implizite Logik* bzw. der soziale Sinn der Praktiken erforscht, durch eine „Kombination von exakter ethnografischer Beschreibung

– was wird getan und wie wird es getan, wenn ein ‚doing gender', ein ‚doing organization' und so weiter betrieben wird? – und einer indirekten Rekonstruktion von praktischen Wissensbeständen – was wird implizit vorausgesetzt, was wird gewusst, wenn x betrieben wird?" (2009, S. 173). Vier Ebenen gelte es dabei zu unterscheiden: die eben schon benannte Ebene *sozialer Praktiken*, die *Materialisierung*, die *Subjektivierung* und die *kulturellen Codes*.

Soziale Praktiken werden als „nexus of doings and sayings" (Schatzki 1996, S. 89) verstanden – sie gelten als „'kleinste Einheit' des Sozialen" (Reckwitz 2003, S. 290). Die sozialen Akteur:innen sind dabei als Träger:innen sozialer Praktiken konzipiert. Von Interesse sind weder deren Handlungsmotive noch deren Intentionen, sondern vielmehr das beobachtbare Handeln, welches als *wissensbasierte Tätigkeit* aufgefasst wird, „als Aktivität, in der ein praktisches Wissen, ein Können im Sinne eines ‚know how' und eines praktischen Verstehens zum Einsatz kommt" (ebd., S. 292). Über die Teilnahme an der Ausführung der Praktiken kann das inkorporierte Wissen angeeignet werden, denn Praktiken sind in ihrem Vollzug beobachtbar, da sie performativ sind bzw. an der Oberfläche liegen (vgl. ebd., S. 290). Soziale Praktiken können als routinisierte Handlungsmuster aufgefasst werden, die eine „Doppelstruktur eines regelmäßigen, gekonnten Komplexes von Bewegungen und eines Korpus impliziter Schemata des Wissens" (Reckwitz 2009, S. 173) aufweisen. Hier zeigt sich eine Analogie zum Erfahrungsbegriff wie er z. B. in der phänomenologischen Erziehungswissenschaft gefasst wird: Durch die Teilnahme an der Praxis erlangt man Erfahrung, man „sammelt" und verfestigt sie im Tun (vgl. Brinkmann/Kubac/Rödel 2015, S. 2).

Praktiken sind ebenso wie Erfahrungen material verankert, diese *Materialisierung* zeigt sich im Umgang mit Dingen, Körpern und Räumen – es geht nicht nur um Bewegungen, sondern auch um die damit verbundene Körperlichkeit und den Umgang mit Artefakten (vgl. Reckwitz 2009, S. 175). Im Rahmen der Ausführung der Praktiken spielen einerseits Körper als Träger der Praktiken eine Rolle, gleichzeitig findet eine *Subjektproduktion* statt, in der „Muster der Unterscheidung zwischen ausgeschlossener, undenkbarer oder problematischer Subjektivität und erstrebenswerter, normaler oder attraktiver Subjektivität inbegriffen" (ebd.) sind. Im Vollzug der Praktiken wird das Subjekt als ein bestimmtes hervorgebracht (bzw. bringt sich als ein bestimmtes hervor). Die vierte Analyseebene nach Reckwitz verweist auf die *Kulturellen Codes*, d. h. „auf die Widersprüchlichkeit, Heterogenität und Selbsttransformationsfähigkeit der Wissensordnungen in ihrer immanenten Struktur" (Reckwitz 2009, S. 174), zu verstehen als ein „Netz von sinnhaften Unterscheidungen" (Reckwitz 2003, S. 293) oder als normative – implizite – Kriterien der Angemessenheit bestimmter Praktiken in einem Praktikenkomplex (vgl. ebd.).

Die praxistheoretische Perspektive will ergründen, wie Erfahrung – verstanden als implizites praktisches Handlungswissen – in den Praktiken (den *doings* und *sayings*) zum Tragen kommt und worauf sie sich bezieht. Dies tut die Perspektive mit dem Mittel der Beobachtung und Protokollierung von Praxis sowie auf analytischer Ebene der Rekonstruktion dieser erfassten sozialen Realität. Es ist explizit nicht ihr Anspruch, im Rahmen der Lehrer:innenbildung Motive, Ziele, Wirkungen, Kompetenzen oder Methoden mittels Testverfahren, Strukturvergleichen oder Befragungen zu rekonstruieren (vgl. Bennewitz 2020, S. 193). Vielmehr wird die Lehrer:innenbildung als „eine sich vollziehende Praxis, in der sich Praktiken aneinanderreihen und eine spezifische Wirklichkeit erzeugen", (Hillebrandt 2015, S. 429) verstanden. Dabei geht es der Beschreibung von Wirk- und Funktionsweisen sozialen Handelns nicht um die Bewertung dieser Praxis in Bezug auf ihre „gute" oder „schlechte" Qualität. Denn „der empirische Zugriff auf die lehrerinnen- und lehrerbildnerische Alltagspraxis distanziert sich von vorab festgelegten Gütekriterien oder Deutungs- und Ursachenzuschreibungen, von normativen Ordnungen und (pädagogischen) Intentionen" (Bennewitz 2020, S. 193).

2.2 Praxistheorien im Kontext von Professionalisierung

Auch wenn in den letzten Jahren empirische Beiträge immer mehr zunehmen, die sich als praxistheoretisch bzw. praxeologisch grundiert verstehen und sowohl in Unterrichts- als auch Professionsforschung zu finden sind (u. a. Bennewitz 2014; Bennewitz 2015; Budde et al. 2018; Budde / Eckermann 2021; Kramer / Idel / Schierz 2018; Leonhard / Košinár / Reintjes 2018; Corsten et al. 2020), kann nicht von einer praxistheoretischen Professionstheorie gesprochen werden (vgl. Bennewitz 2020, S. 193). Eine praxistheoretische Perspektivierung stellt keine eigenständige Theorie von Profession dar, wie es die strukturtheoretische oder die kompetenztheoretische Professionstheorie tun. Sie bietet ein Forschungsprogramm, mit dem Professionen und Professionalisierungsprozesse untersucht werden können, die sich in diesem Verständnis als eine bestimmte etablierte soziale Praxis darstellen (vgl. Wrana 2012, S. 204). Damit wird ein spezifischer analytischer Blick auf die Lehrer:innenbildung ermöglicht, wobei verschiedene Situationen und ihre Vollzugslogiken in den Fokus genommen werden können „und danach befragt werden, was dort wie getan wird: Welche Praktiken lassen sich in den einzelnen sozialen Feldern – etwa der Universität, dem Referendariat, den Praktika, aber auch im persönlichen Bereich – lokalisieren?" (Bennewitz 2020, S. 191). Der Blick kann selbstredend ebenso auf die Berufstätigkeit von Lehrer:innen als auch auf Unterricht bzw. auf Schule gerichtet sein, um dort soziale Praktiken zu untersuchen. Praxistheoretische Analysen leisten damit auch einen Beitrag zur *Professionalisierung* der angehenden Lehrkräfte – etwa, wenn in kasuistisch orientierten Lehrveranstaltungsformaten soziale Praktiken im Feld der Schule sichtbar gemacht und im Hinblick auf ihre Funktionen und Wirkweisen analysiert werden. Die Arbeit an einem Fall erscheint – über verschiedene Konzepte und professionstheoretische Zugänge hinaus – als ein geeignetes Format der

Lehrerbildung, um Professionalisierung anzubahnen (zum Überblick vgl. etwa bei Schmidt/Wittek 2021). Dabei verstehen wir unter Professionalisierung den Prozess des Erlangens von Handlungsfähigkeit im pädagogischen Feld, die sich – auf der Grundlage von (wissenschaftlichem) Wissen und mit Neuweg (2005, S. 15) gesprochen – durch einen analytischen Habitus auszeichnet. Gerade die Ungewissheit pädagogischen Handelns in der späteren Unterrichtspraxis erfordert eben nicht nur den Erwerb von Wissen und handlungsentlastenden Routinen, sondern auch von Flexibilität und Fallverstehen. Hierfür ist es erforderlich, pädagogische Situationen immer als spezifische Einzelfälle zu betrachten, in denen verallgemeinerbare Wissensbestände entdeckt, zum Vorschein gebracht und mit individuellen Erfahrungen konfrontiert werden können (vgl. Helsper 2021). Eigene Erfahrungen, die mit und in Schule gemacht wurden und die sich aus unserer Sicht als implizites Handlungswissen niederschlagen, gelten als entscheidend für den Verlauf individueller Bildungsprozesse (vgl. Helsper 2014). Dabei wird mit Blick auf Professionalisierung immer wieder gemahnt, dass implizites Wissen zum Handeln „wider besseren Wissens" (Kuckeland 2020) beiträgt. Fallarbeit kann dem entgegentreten und zwar durch Reflexion fremder oder eigener Erfahrung, die sich in der beobachtbaren Praxis zeigen.

Werden Fälle nun explizit mit einer praxistheoretischen Perspektive betrachtet, kann auch von rekonstruktiver Kasuistik (vgl. Schmidt/Wittek 2021, S. 180) gesprochen werden, die es vermag, implizite Wissensbestände offenzulegen und einen Zugang zu (eigenen) Erfahrungen zu ermöglichen. Damit liegt ein Potenzial dieser Perspektive darin „eingeschliffene Bahnen der Wahrnehmung und Erklärung zu verlassen und den Alltag von Lehrerinnen- und Lehrerbildung jenseits von didaktischen, pädagogisch-normativen oder professionstheoretischen Zuschreibungen zu untersuchen" (Bennewitz 2020, S. 192). Hierbei können unterschiedliche Zieldimensionen unterschieden werden: Fallarbeit soll die Reflexivität über die eigene Person und die eigenen Vorstellungen von Unterricht, Schule, Lehrer:in-Sein anregen, aber auch eine Sensibilisierung in Bezug auf die Wahrnehmung pädagogischer Situationen und die Komplexität von Unterricht fördern. Damit scheint auch die immer wieder geforderte Anbahnung eines reflexiven (vgl. Helsper 2001) oder analytischen (vgl. Neuweg 2005) Habitus angesprochen.

Praxistheoretische Zugänge im Kontext der Lehrer:innenbildungsforschung erheben nicht den Anspruch, das vielfach diskutierte Verhältnis zwischen Theorie und Praxis (vgl. Rothland 2020) in den Blick zu nehmen. Sie stellen jedoch insofern einen Bezug zwischen Praxis und Theorie her, als dass sie eine sozialwissenschaftliche Theorie der untersuchten Praxis bieten (vgl. Bennewitz 2020, S. 190). Soll die Praxis der Lehrer:innenbildung selbst als Komplex von Praktiken in den Blick geraten, dann müssen diese in ihrem Vollzug beobachtet und analysiert werden, um zu verstehen, was passiert, wenn im Rahmen der ersten oder zweiten Phase (z. B. im Rahmen kasuistisch orientierter Lehrveranstaltungen) Professionalisierungsprozesse angebahnt werden sollen (vgl. Drechsel/Bennewitz 2022). Eine praxistheoretische Perspektivierung spricht im Hinblick auf Professionalisierung demnach zwei Momente an: Als rekonstruktive Kasuistik kann sie individuelle Professionalisierungsprozesse anregen und als Forschungswerkzeug eben jene Prozesse untersuchen.

3 Das Fallbeispiel „Matten, Matten, Matten" aus praxistheoretischer Perspektive

Der Videoausschnitt zeigt vermutlich einen Studenten im Praktikum am Ende einer Unterrichtsstunde in der Sporthalle. Die Frage einer Schülerin nach dem Namen lässt zumindest darauf schließen, dass es sich bei dem jungen Mann um eine Person handelt, die die Schüler:innen nicht gut kennen, wie einen Praktikanten, der erst seit Kurzem die Klasse unterrichtet. Für die Annahme einer noch unerfahrenen ‚Lehrperson' könnte auch das zusammengerollte Papier sprechen, das er in der Hand hält. Die offenbar ebenfalls erwachsenen Personen, die hinten auf einer Bank sitzend zu sehen sind, könnten weitere Forscher:innen, aber auch andere Student:innen, Referandar:innen oder Lehrpersonen sein und als teilnehmende Beobachter:innen, Mentor:innen oder Prüfer:innen dem Unterricht beiwohnen. All diese Umstände sprechen dafür, dass die aufgezeichnete Situation für den jungen Mann eine Herausforderung und einen besonderen Bewährungsdruck darstellt.

In der Szene geht es nun darum, die aufgebauten Sportgeräte abzubauen. Unsere Befunde, die wir mit Unterstützung einer Interpretationsgruppe[1] erarbeitet haben, zielen darauf ab, die Hervorbringung einer spezifischen Praxis und die darin eingelassenen (fehlenden) Handlungsroutinen sichtbar zu machen. In der Gruppe war uns allen – trotz einer Altersdifferenz von annährend 30 Jahren – das gezeigte Geschehen vor allem aus der Schüler:innenperspektive vertraut. Was der Ausschnitt zeigt, entspricht unseren Erfahrungen mit Sportunterricht, dem Abbau von Geräten und Praktikant:innen. Umso interessanter erschien es uns, mit einer offenen, ethnografischen Grundhaltung einen „neuen Blick" auf bekanntes Terrain zu versuchen (vgl. Breidenstein 2010).

In der ganzen Sequenz um den Abbau der Hochsprunganlage geht es insbesondere um *Artefakte* des Sportunterrichts: Matten, Stangen und Kisten. In der Phase des Abbaus sollen die Dinge von den Schüler:innen wieder an den Ort gebracht werden, an dem sie nach ihrer Funktion als Sportgeräte platziert sind, bis sie wieder hervorgeholt und in Gebrauch genommen werden. Dabei ist eine spezi-

---

[1] An dieser Stelle möchten wir den Mitgliedern danken: Ramona Breithaupt, Theresa Klene, Ann-Kathrin Kopp, Carolin Mantel-Görner, Max Remmert und Jochen Schwarz.

fische Reihenfolge des Abbaus – zumindest in der Vorstellung des Praktikanten – einzuhalten, die sich aus der umgekehrten Reihenfolge des Aufbaus ergibt. Während im Verlauf der Szene die Stangen, Kästen und die Hütchen eher reibungslos abgebaut werden und schon bald nicht mehr zu sehen sind, treten andere Artefakte in der Sequenz besonders zum Vorschein: die Matten! Dies zeigt sich auch verbalsprachlich deutlich und auffällig, da der Praktikant häufig nachdrücklich und mit hoher Lautstärke immer wieder auf „die Matten" fokussiert. Eine Steigerung findet das Geschehen zum Ende der Sequenz mit dem Auftauchen des Mattenwagens – dem Artefakt, auf dem nun alle kleineren Matten gesammelt werden sollen. Das Beladen des Wagens erweist sich als anspruchsvolles Vorhaben. Die Matten müssen zum Wagen bzw. der Wagen zu den Matten gebracht werden, dann sind sie ordentlich übereinanderzustapeln. Dies gelingt nicht sofort, es muss nachjustiert werden. Auch gibt es unterschiedliche Varianten, wie die Matten bewegt werden können und wie viele Schüler:innen dafür nötig sind. Im Verlauf der Situation wird eine Matte von einem Jungen durch den vorderen Bildbereich weggeschleift, eine andere von zwei Schüler:innen getragen und eine weitere von bis zu vier Personen.

Noch ein weiteres Artefakt hat unsere Aufmerksamkeit auf sich gezogen. In den Händen des Praktikanten befindet sich die ganze Zeit ein zusammengerolltes Blatt Papier. Er hält es fest und legt es erst zum Schluss ab, als er beide Hände benötigt, um das Tor aufzudrücken. Auffällig ist dies auch deswegen, da im Sportunterricht genau dieses Artefakt eher selten auftaucht. Worum mag es sich hier handeln? Eine Unterrichtsverlaufsplanung, eine Namensliste, die Ergebnisse aus dem Hochsprung? Und welche Funktion erfüllt das Artefakt in seiner Hand? In der Szene bleibt das Papier ungelesen und eingerollt. Es wird aber als eine Art von Zeigestock genutzt – vor allem, als der Mattenwagen auf dem Bild erscheint und der Praktikant ermahnt, die Matten nochmal ordentlich zu stapeln.

Neben den Artefakten gehören auch die *Körper* zur Materialität sozialer Praxis. Im Fallbeispiel interessierte uns insbesondere die *Bewegung* der Körper in der Sporthalle. Im ersten Moment ist die Sequenz als ein großes Durcheinander zu charakterisieren, die Bewegung des Praktikanten und der Schüler:innen erscheinen unkoordiniert und chaotisch. Zu Beginn laufen letztere durch den vorderen Bildbereich, andere stehen im hinteren Bereich an die Wand gelehnt, als warten sie auf etwas. Dann fordert der Praktikant zum Abbau auf. Einige Schüler:innen bewegen sich in Richtung der Hochsprunganlage und greifen sich allein oder zu zweit verschiedene Artefakte, um sie an die jeweils vorgesehene Stelle zu transportieren. Die Gegenstände verschwinden aus dem Sichtfeld der Kamera und der Mattenwagen füllt sich – allerdings etwas mühselig – Stück für Stück. Wer wofür verantwortlich ist, scheint sich situativ zu entscheiden: Wer in der Nähe steht, fasst (mit) an. Am Ende bleibt die große Matte übrig, hinter der sich schon mehrere Schüler:innen versammelt haben und zu warten scheinen. Das Wegräumen der großen Matte kann offenbar erst dann beginnen, wenn alle anderen Gegenstände verstaut worden sind. Die Schüler:innen bringen sich also in Position und bereiten sich auf den letzten großen Transport, das Finale des Abbaus, vor.

Auffällig ist, dass einige Schüler:innen nichts in der Hand haben, sich aber trotzdem geschäftig durch den Raum bewegen. Beobachtet man das genauer, wird die Praktik des „Sich-beteiligt-sein-Zeigens" sichtbar. Das bloße Zuschauen oder untätige Herumstehen wird vermieden, vielmehr zeigt man sich beschäftigt, arbeitsam und kooperativ. Insofern es nicht genug für alle zu tun gibt – es befinden sich deutlich mehr Schüler:innen im Raum, als Matten, Stangen oder Kisten zu tragen wären – stellt sich diese Praxis als ebenso herausfordernd wie sinnvoll dar. An dieser Beobachtung zeigt sich, dass die Nichtbeteiligung am Aufräumen ein regelhaftes und routinisiertes Handeln darstellt: Durch Bewegung im Raum wird Aktivität gezeigt und (potenzielle) Beschäftigung kann vorgespielt werden. Damit kann auf eine implizite oder auch explizite Regel geschlossen werden, die lauten mag: Alle Schüler:innen beteiligen sich am Abbau der Sportgeräte. Verfolgt man die Bewegungen der Schüler:innen, die nichts transportieren, genauer, dann werden allerdings auch Suchbewegungen sichtbar: Z. B. bewegt sich ein Schüler von der rechten Seite der Hochsprunganlage durch den vorderen Bildbereich auf die andere Seite; er wirkt mit den Händen in den Hosentaschen schlendernd und eher entspannt. Ein paar Sekunden später schleift er allein eine Matte in Richtung der Sportgerätelager. Ähnlich verhält es sich bei dem Schüler, der die Hütchen einsammelt. Eine andere Strategie scheint darin zu bestehen, mit dem Praktikanten Kontakt aufzunehmen und ihn in ein (Fach-)Gespräch zu verwickeln, wie es eine Gruppe von Mädchen versucht. So kann ebenfalls Engagement und Interesse am Aufräumen zur Schau gestellt werden. Das Video erweckt den Eindruck, dass die Schüler:innen genau wissen, was zu tun ist und wie die Dinge verräumt und abgebaut werden müssen und wie sie mit der mangelnden „Arbeit" umzugehen haben. Eine Irritation kommt erst zustande, als der Praktikant die Anweisung gibt, die Kästen an eine andere Stelle als üblich zu bringen. Ein Schüler kommt mit dem Kasten zurück, um explizit nachzufragen, wo er hingestellt werden soll. Schließlich werden die Kästen wie gewünscht an die andere Stelle gebracht. Letztlich zeigen sich die im ersten Moment chaotisch anmutenden Bewegungen der Köper im Raum als routinisiert und funktional. Die Schüler:innen folgen einigen wenigen Regeln, die die Existenz von Handlungsroutinen – und damit von Erfahrungswissen – bestätigen.

Als der Praktikant den Start zum Abbau gibt und die Hochsprungstange an die andere Seite der Turnhalle bringt, scheinen die Schüler:innen wie auf ‚Autopilot' gestellt. Als er wieder zum Geschehen zurückkehrt, hat das wuselige Wegräumen schon begonnen. Der Fokus des Praktikanten liegt in der ganzen Sequenz auf den Matten, „Zuerst die Matten!" – selbst, als bereits alle anderen Geräte weggeräumt sind. Immer wieder versucht der Praktikant die Gruppe der Lernenden durch sein lautes, ermahnendes, sehr bestimmtes und zum Teil genervtes (siehe Transkript)

Sprechen zu dirigieren und so das selbstläufige Geschehen zu kontrollieren. Dabei sind die Bewegungen des Praktikanten im Raum deutlich unkoordinierter als die der Schüler:innen. Er scheint überall und nirgends zu sein sowie zu versuchen, die Lage im Blick zu behalten und diese mittels Bewegung und Sprache zu koordinieren.

Zu hören ist eine Tonlage, die eher an einen ‚Kasernenhof', denn an ein modernes (sport)pädagogisches Setting erinnert. Den (namenlosen) Schüler:innen werden Befehle übermittelt und sie werden als Kollektiv adressiert. Auf das Gesprächsangebot oder Ablenkungsmanöver der Mädchen – etwas ist „voll dumm" – reagiert der Praktikant kurz, aber beiläufig. Zu sehr scheint das Geschehen um die Matten seine Aufmerksamkeit zu binden. Die Schüler:innen tun derweil, was sie vermutlich immer tun, und halten sich nicht an die Vorgabe, zuerst die kleinen Matten wegzuräumen. Auch wenn er mit einem eingerollten Blatt Papier in der Hand als Zeigestock oder Dirigentenstab immer wieder auf die Matten insistiert, zeigen sich die Schüler:innen unbeeindruckt von der schroffen Ansprache und lassen sich nicht beirren. Sie räumen weiter fleißig alles um die große Matte in der Mitte herum beiseite. Dass die Schüler:innen über Wissen und Routinen beim Abbau verfügen, bleibt dem Praktikanten in dieser Situation wohl verborgen, denn er lässt nicht nach, das selbstläufige Geschehen dirigieren zu wollen. Die Sequenz vermittelt vielmehr den Eindruck, dass die Schüler:innen den Praktikanten gewähren lassen. Dass der Schüler mit dem Kasten seiner Anweisung folgt, auch wenn sie ihm vermutlich nicht plausibel erscheint, spricht dafür. Dem Schüler ist es egal – am Ende geht es wohl vor allem darum, die Turnhalle (schnell) verlassen zu dürfen.

Die Versuche des Praktikanten, den Abbau nach seinen Vorstellungen zu organisieren und die Aktivitäten zu orchestrieren, „scheitern" in mehrfacher Hinsicht. Die gesamte Sequenz erweckt nicht den Eindruck, dass hier einem didaktischen Konzept gefolgt wird. Allerdings – und das macht die Szene interessant – sieht der Abbau genauso aus, wie er offenbar seit Jahrzehnten im Sportunterricht praktiziert wird. Dem hochfunktionalen ‚Rumgewusel' der Schüler:innen versucht der Praktikant dabei mit Strenge und Autorität zu begegnen. Womöglich, weil das Abbaugeschehen zu routiniert und selbstläufig ist, oder auch weil der „neue Praktikant" mit keinerlei Macht und Autorität ausgestattet ist, „verpuffen" seine kasernenhofartigen Ansagen.

In der herausfordernden Situation und unter Bewährungsdruck stehend, dürfte der Praktikant so sehr mit dem Abbau und sich selbst beschäftigt sein, dass er keinen Blick auf die Schüler:innen und ihre Routinen werfen und darauf reagieren kann. Folgt man weiter der Annahme, dass vor allem unter Bewährungsdruck auf implizites, handlungsleitendes Wissen (s. o. Wahl 1991; Neuweg 2005) zurückgegriffen wird, dann kann geschlussfolgert werden, dass der Praktikant hier zur Aufführung bringt, was gang und gäbe ist und er „nachspielt", was er kennt. Die Lehrperson, die der Praktikant verkörpert, zeichnet sich durch (unpraktische) Aufgabenstellungen aus (Reihenfolge des Wegräumens), sie sichert empfindliche Dinge (Hochsprungstange zu Beginn), sorgt für Ordnung (Mattenwagen muss neu gestapelt werden) und sie versucht durch Ortswechsel und strenge Anweisungen das Geschehen zu überblicken, zu kontrollieren und zu dominieren.

Dass sich womöglich auf dem Papier in seinen Händen ein ganz anderer Plan verbirgt, ist allerdings nicht auszuschließen. Wahrscheinlicher scheint uns jedoch, dass dem Abbau in der Regel kein besonderes Augenmerk geschenkt wird, denn „irgendwie baut sich das schon ab". Dabei ist deutlich geworden, dass eine Regel, wie „alle helfen mit", mit dem Tatbestand konfligiert, dass es gar nicht genug Arbeit für alle gibt. Ist dies einmal erkannt, können verschiedene Möglichkeiten ersonnen werden, die Arbeit im Vorfeld einzuteilen oder mit den Schüler:innen einen Plan zu schmieden, wer, wann, was und wie abbaut. Alternativ könnte man es als Lehrperson aber auch „einfach laufen lassen" und sich in Ruhe neben das Geschehen stellen, zuschauen und abwarten.

4 Fazit

Was macht eine praxistheoretische Perspektive in Bezug auf das Videofallbeispiel sichtbar? Ausgehend von der beobachtbaren sozialen Praxis zeigt sich, wie selbstläufig die Unterrichtssituation ist. Den verfestigten Routinen der Schüler:innen stehen dabei die fehlenden Routinen des Praktikanten gegenüber. In dieser Videosequenz hat sich der Blick auf die Körperlichkeit und die Materialität der sozialen Praxis als bedeutsam erwiesen. Die Schüler:innen positionieren sich (auch) durch ihre Bewegungen als Expert:innen des Abbaus, während der von uns als Praktikant identifizierte Akteur wenig erfahren, d.h. wenig koordiniert und „handlungswirksam" agiert. Der Blick auf die Körperlichkeit der Praktiken ist nicht nur hier, sondern generell bedeutsam, weil Lernen als Erfahrungsprozess immer auch körperlich-praktisch vermittelt wird und die Subjekte so befähigt werden, an den Praktiken nicht nur teilzunehmen, sondern sich diesen auch reflexiv und kritisch zuzuwenden (vgl. Alkemeyer/Brümmer 2020). Wie problematisch der Praktikant:innenstatus ist, deutet sich in dieser Szene ebenfalls an: Der Abbau der Sportgeräte findet eher *trotz* des Praktikanten statt. Die Schüler:innen lassen ihn gewähren und integrieren seine Anwesenheit in ihre eingeschliffenen Abläufe.

Eine Analyse des Videofalls im Kontext einer kasuistischen Lehrer:innenbildung könnte dazu beitragen, vor allem die Grenzen der Praktikant:innenrolle zu reflektieren, die Perspektive auf die Schüler:innen und ihre Fähigkeiten zu richten, fachdidaktische Expertise zu erwerben sowie die eigene Haltung, das Adressierungsgeschehen und das eigene pädagogische Handeln kritisch zu hinterfragen. Im Spiegel der eigenen Erfahrungen können im Rahmen der Analyse theoretische Anknüpfungspunkte eröffnet und diese an der beobachteten Praxis reflektiert werden.

So wie wir, blicken letztlich auch Studierende mit ihren Erfahrungen, mit ihrem impliziten Wissen über die beobachtete Praxis auf den Fall. In der *gemeinsamen* Analyse kann dieses *implizite* Wissen nun zugänglich gemacht werden. Nicht, um es zu bewerten und durch ein kollektiv oder institutionell anerkanntes Wissen zu ersetzen, sondern um genau das auszulösen, was Neuweg als Ausprägung eines *analytischen Habitus* beschrieben hat (2005, S. 15). Interessant erschiene uns eine vertiefende Analyse des Subjektivationsgeschehens im vorliegenden Fall. Mithilfe der Adressierungsanalyse nach Reh und Ricken (2012) könnte dies noch genauer in den Blick genommen werden. Wenn verstanden wird, dass hier keine Lehrperson agiert, sondern die Subjektposition des Praktikanten situativ hervorgebracht wird, dann gelingt es vielleicht, die Hybris der Praxiserfahrungen zu entzaubern und in Distanz zu den eigenen schulischen Erfahrungen zu gehen.

Mit einer praxistheoretischen Perspektive auf schulische Praxis zu schauen, bedeutet Einlassung und Distanz: Dann gerät die konkrete soziale Realität in den Fokus, der analytische Blick zwingt dann zur Entfremdung, indem die Vollzugslogiken der Praktiken rekonstruiert werden. Diese Entdeckungsprozesse und damit das Verlassen der eingeschliffenen Bahnen der Wahrnehmung und Erklärung (vgl. Bennewitz 2020, S. 192) bergen das Potenzial, nicht nur die Praxis reflexiv zu durchdringen, sondern auch den eigenen Blick auf diese Praxis, der durch spezifische Erfahrungen geprägt ist. Die Konfrontation mit der Praxis erzeugt dann nicht nur ein Verstehen ebendieser, sondern trägt zum Aufbau einer pädagogischen, professionellen Haltung bei.

Literaturverzeichnis

Alkemeyer, Thomas / Brümmer, Kristina (2020): Körper und informelles Lernen. Weinheim, Basel: Beltz Juventa. https://doi.org/10.3262/EEO23200432

Alkemeyer, Thomas / Buschmann, Nikolaus (2016): Praktiken der Subjektivierung — Subjektivierung als Praxis. In: Schäfer, Hilmar (Hrsg.): Praxistheorie: Ein soziologisches Forschungsprogramm. Bielefeld: transcript, S. 115–136. https://doi.org/10.1515/9783839424049-006

Bennewitz, Hedda (2014): „doing teacher" – Forschung zum Lehrerberuf in kulturtheoretischer Perspektive. In: Terhart, E. / Bennewitz, H. / Rothland, M. (Hrsg.): Handbuch der Forschung zum Lehrerberuf. 2. Aufl. Münster: Waxmann, S. 192–213.

Bennewitz, Hedda (2015): „Doing School". Akteure, Unterricht und Organisation in praxistheoretischer Perspektive. In: Bräu, Karin / Schlickum, Christine (Hrsg.): Soziale Konstruktionen im Kontext von Schule und Unterricht. Zu den Kategorien Leistung, Migration, Geschlecht, Behinderung, Soziale Herkunft und deren Interdependenzen. Leverkusen: Budrich, S. 35–48.

Bennewitz, Hedda (2020): Praxistheoretische Perspektiven auf die Lehrerinnen- und Lehrerbildung. In: Cramer, Colin / König, Johannes / Rothland, Martin / Blömeke, Sigrid (Hrsg.): Handbuch Lehrerinnen- und Lehrerbildung. Bad Heilbrunn: Klinkhardt, S. 188–195.

de Boer, Heike (2012): Beobachtung und Professionalisierung In: de Boer, Heike / Reh, Sabine (Hrsg.): Beobachten in der Schule – Beobachten lernen. Wiesbaden: Springer VS Verlag für Sozialwissenschaften, S. 301–311. https://doi.org/10.1007/978-3-531-18938-3_17

Breidenstein, Georg (2010): Einen neuen Blick auf schulischen Unterricht entwickeln: Strategien der Befremdung. In: Heinzel, Friederike / Thole, Werner / Cloos, Peter / Köngeter, Stefan (Hrsg.): „Auf unsicherem Terrain". Ethnographische Forschung im Kontext des Bildungs- und Sozialwesens. Wiesbaden: VS Verlag, S. 205–216. https://doi.org/10.1007/978-3-531-92138-9_16

Brinkmann, Malte / Kubac, Richard / Rödel, Severin Sales (2015): Pädagogische Erfahrung. Theoretische und empirische Perspektiven. Wiesbaden: Springer. https://doi.org/10.36198/9783838555942

Budde, Jürgen / Bittner, Martin / Bodden, Andrea / Rißler, Georg (Hrsg.) (2018): Konturen praxistheoretischer Erziehungswissenschaft. Weinheim, Basel: Beltz Juventa.

Budde, Jürgen / Eckermann, Torsten (2021): Studienbuch pädagogische Praktiken. Bad Heilbrunn: Klinkhardt.

Corsten, Michael / Pierburg, Melanie / Wolff, Dennis / Hauenschild, Katrin / Schmidt-Thieme, Barbara / Schütte, Ulrike / Zourelidis, Sabrina (Hrsg.) (2020): Qualitative Videoanalyse in Schule und Unterricht. Weinheim, Basel: Beltz Juventa.

Drechsel, Sarah / Bennewitz, Hedda (2022): Doing Reflexivität? Von der (un)möglichen Aufforderung zur Selbstreflexion in der Lehrerbildung. In: Lehrerbildung auf dem Prüfstand 15, H. 1, S. 5–20.

Helsper, Werner (2001): Praxis und Reflexion. Die Notwendigkeit einer „doppelten Professionalisierung" des Lehrers. In: Journal für Lehrerinnen- und Lehrerbildung, H.3, S. 7–15.

Helsper, Werner (2014): Habitusbildung, Krise, Ontogenese und die Bedeutung der Schule – Strukturtheoretische Überlegungen. In: Helsper, Werner / Kramer, Rolf-Torsten / Thiersch, Sven (Hrsg.): Schülerhabitus – Theoretische und empirische Analysen zum Bourdieuschen Theorem der kulturellen Passung. Wiesbaden: Springer VS, S. 125–158. https://doi.org/10.1007/978-3-658-00495-8_6

Helsper, Werner (2021): Der Fall in der wissenschaftlichen Erkenntnisbildung: Ein Ordnungsversuch und Konsequenzen für die Lehrerprofessionalisierung. In: Wittek, Doris / Rabe, Thorid / Ritter, Michael (Hrsg.): Kasuistik in Forschung und Lehre. Erziehungswissenschaftliche und fachdidaktische Ordnungsversuche. Bad Heilbrunn: Klinkhardt, S. 151–168. https://doi.org/10.35468/5870-08

Hillebrandt, Frank (2015): Praxistheorie und Schulkultur. Identifikation und Analyse schulischer Praktiken. In: Böhme, Jeanette / Hummrich, Merle / Kramer, Rolf-Torsten (Hrsg.): Schulkultur. Theoriebildung im Diskurs. Wiesbaden, S. 429–444. https://doi.org/10.1007/978-3-658-03537-2_19

Kramer, Rolf-Torsten / Idel, Till-Sebastian / Schierz, Matthias (2018): Habitus und Berufskultur von Lehrkräften. Kulturtheoretische und praxeologische Zugänge. Ein Basisbeitrag zur Einführung. In: Kramer, Rolf-Torsten / Idel, Till-Sebastian / Schierz, Matthias (Hrsg.): Berufskultur und Lehrersein. Kulturtheoretische Zugänge in der Lehrerforschung. Zeitschrift für interpretative Schul- und Unterrichtsforschung, 7, S. 3–36. https://doi.org/10.3224/zisu.v7i1.01

Kuckeland, Heidi (2020): Handeln wider besseres Wissen im Körperpflegeunterricht. Pflegedidaktisches Professionswissen und Professionshandeln von Lehrenden in der Pflegeausbildung. Münster: Waxmann. https://doi.org/10.1024/1861-6186/a000615

Leonhard, Tobias / Košinár, Julia / Reintjes, Christian (Hrsg.) (2018): Praktiken und Orientierungen in der Lehrerbildung. Potentiale und Grenzen der Professionalisierung. Bad Heilbrunn: Klinkhardt.

Neuweg, Georg Hans (2005): Emergenzbedingungen pädagogischer Könnerschaft. In: Heid, Helmut / Harteis, Christian (Hrsg.): Verwertbarkeit. Ein Qualitätskriterium (erziehungs-)wissenschaftlichen Wissens? Wiesbaden: Springer VS, S. 205–228. https://doi.org/10.1007/978-3-663-07736-7_10

Reckwitz, Andreas (2003): Grundelemente einer Theorie sozialer Praktiken. Eine sozialtheoretische Perspektive. In: Zeitschrift für Soziologie 32, H. 4, S. 282–301. https://doi.org/10.1515/zfsoz-2003-0401

Reckwitz, Andreas (2006): Das hybride Subjekt. Eine Theorie der Subjektkulturen von der bürgerlichen Moderne zur Postmoderne. Weilerswist: Velbrück Wissenschaft.

Reckwitz, Andreas (2009): Praktiken der Reflexivität. Eine kulturtheoretische Perspektive auf hochmodernes Handeln. In: Böhle, Fritz/Weihrich, Margit (Hrsg.): Handeln unter Unsicherheit. Wiesbaden: Springer VS, S. 169–182. https://doi.org/10.1007/978-3-531-91674-3_11

Reh, Sabine/Ricken, Norbert (2012): Das Konzept der Adressierung. Zur Methodologie einer qualitativ-empirischen Erforschung von Subjektivation. In: Miethe, Ingrid/Müller, Hans-Rüdiger (Hrsg.): Qualitative Bildungsforschung und Bildungstheorie. Opladen, Berlin, Toronto: Budrich, S. 35–56. https://doi.org/10.2307/j.ctvd7w919.5

Rosenberger, Katharina (2018): Reflexionspraktiken im Lehramtsstudium – Partizipation und Praxiseinübung. In Leonhard, T./Košinár, J./Reintjes, C. (Hrsg.): Praktiken und Orientierungen in der Lehrerbildung. Potentiale und Grenzen der Professionalisierung. Bad Heilbrunn: Klinkhardt, S. 93–102.

Rothland, Martin (2020): Theorie-Praxis-Verhältnis in der Lehrerinnen- und Lehrerbildung. In: Cramer, Colin/König, Johannes/Rothland, Martin/Blömeke, Sigrid (Hrsg.): Handbuch Lehrerinnen- und Lehrerbildung. Bad Heilbrunn: Klinkhardt, S. 133–140. https://doi.org/10.35468/hblb2020-015.

Schatzki, Theodore (1996): Social Practices. A Wittgensteinian Approach to Human Activity and the Social. Cambridge: Cambridge University Press.

Schatzki, Theodore (2002): The Site of the Social. A Philosophical Account of the Constitution of Social Life and Change. University Park: Penn State University Press.

Schatzki, Theodore/Knorr-Cetina, Karin/von Savigny, Eike (Hrsg.) (2000): The Practice Turn in Contemporary Theory. London: Routledge. https://doi.org/10.4324/9780203977453

Schmidt, Richard/Wittek, Doris (2021): Ziele und Modi von Fallarbeit in der universitären Lehre. In: Wittek, Doris/Rabe, Thorid/Ritter, Michael (Hrsg.): Kasuistik in Forschung und Lehre. Erziehungswissenschaftliche und fachdidaktische Ordnungsversuche. Bad Heilbrunn: Klinkhardt, S. 171–190. https://doi.org/10.35468/5870-09

Wahl, Diethelm (1991): Handeln unter Druck. Der weite Weg vom Wissen zum Handeln bei Lehrern, Hochschullehrern und Erwachsenenbildnern. Weinheim: Deutscher Studien Verlag.

Wrana, Daniel (2012): Theoretische und methodologische Grundlagen der Analyse diskursiver Praktiken. In: Wrana, Daniel/Maier Reinhard, Christiane (Hrsg.): Professionalisierung in Lernberatungsgesprächen. Theoretische Grundlegungen und empirische Untersuchungen. Opladen u. a.: Budrich, S. 195–214.

Professionalisierung als Prozess biographischer Erfahrungsbildung – die Perspektive des (berufs-)biographischen Professionsansatzes

Janina Bernshausen, Melanie Fabel-Lamla, Franziska Piva-Scholz

Professionstheoretische Ansätze und ihr jeweiliges Verständnis von Professionalität und Professionalisierung werden mit Blick auf pädagogisches Handeln seit den 1990er-Jahren intensiv diskutiert (vgl. Combe/Helsper 1996; Helsper 2021). In der Professionsforschung zum Lehrer:innenberuf dominieren aktuell der kompetenzorientierte und der strukturtheoretische Ansatz, doch zunehmend wird auch auf den (berufs-)biographischen Ansatz Bezug genommen (vgl. z. B. Terhart 2011; Keller-Schneider/Hericks 2014; Cramer 2020). Dieser richtet den Blick auf individuelle Professionalisierungsprozesse und untersucht pädagogische Professionalität aus einer (gesamt-)biographischen Entwicklungsperspektive. Im Folgenden geben wir zunächst einen kurzen Überblick über verschiedene Forschungslinien im Kontext des (berufs-)biographischen Professionsansatzes (1). Da *Erfahrung* einem (berufs-)biographischen Professionsverständnis zwar grundsätzlich immanent, aber bisher kaum systematisch ausbuchstabiert worden ist, werden Konzeptualisierungen von Erfahrung innerhalb der sozial- und erziehungswissenschaftlichen Biographieforschung sowie in ausgewählten Studien der biographischen Lehrer:innenprofessionsforschung beleuchtet (2). Im Anschluss erfolgt die Betrachtung der hier vorliegenden Videosequenz aus dem Sportunterricht eines Lehramtsstudierenden unter der Fragestellung, welche spezifischen Perspektiven der (berufs-)biographische Professionsansatz hier eröffnet (3). Mit Überlegungen zu möglichen Konsequenzen für die Lehrer:innenbildung schließen wir den Beitrag (4).

1 Zum (berufs-)biographischen Professionsansatz in der Lehrer:innenforschung

In der Forschung zum Lehrer:innenberuf lässt sich eine Vielzahl an Arbeiten ausmachen, die sich im weitesten Sinne mit Fragen der individuellen Professionalisierung, der Berufslaufbahn bzw. der Biographie von (angehenden) Lehrkräften befassen und die damit die Person des Professionellen als *biographischen Akteur* in das Zentrum rücken. Von einem scharf umrissenen (berufs-)biographischen Professionsansatz kann allerdings nicht gesprochen werden, denn unter dem Begriff (Berufs-)Biographie wird im Diskurs Unterschiedliches verstanden und eine klare Definition des Ansatzes sowie eine gemeinsame theoretische Grundlegung fehlen. Als zentraler Bezugspunkt der verschiedenen Zugänge lässt sich jedoch die folgende, von Terhart formulierte Einsicht ausmachen, die sowohl in der (berufs-)biographischen Lehrer:innenforschung als auch in der Lehrer:innenbildung wirkmächtig geworden ist: „Professionalität ist als berufsbiographisches Entwicklungsproblem zu sehen" (Terhart 1995b, S. 238). Der Prozess des Lehrer:in-Werdens ist also nicht nach Studienabschluss und Vorbereitungsdienst abgeschlossen, sondern das Lehrer:in-Werden und Lehrer:in-Sein wird als eine lebenslange Entwicklungsaufgabe und als ein „individualbiographisch sehr unterschiedlich verlaufender Lern- und Entwicklungsprozeß" (Terhart 1995a, S. 228) verstanden.

Das Erkenntnisinteresse des (berufs-)biographischen Professionsansatzes richtet sich „auf Lebensläufe und Berufsbiographien von Lehrpersonen in ihrer institutionellen, organisationalen wie auch individuell-biografischen Kontextualisierung" (Wittek/Jacob 2020, S. 196). Im Rahmen des (berufs-)biographischen Professionsansatzes lassen sich zwei Forschungslinien unterscheiden (vgl. Fabel-Lamla 2018): (1) Studien, die der ersten Forschungslinie zugerechnet werden können, fokussieren die *Berufsbiographien* von Lehrpersonen und wenden sich den Entwicklungsprozessen während der eigentlichen Berufsphase beginnend mit dem Berufseinstieg (oder auch Studium bzw. Vorbereitungsdienst) zu. Verknüpfungen mit der gesamten Biographie spielen nur eine untergeordnete Rolle. Häufig wird hierbei auf quantitative Erhebungsverfahren, wie Fragebogenerhebungen oder standardisierte Interviews, zurückgegriffen, um z. B. Phasen und Stufen des Aufbaus unterrichtlicher Handlungskompetenz bzw. der beruflichen Entwicklung zu untersuchen (vgl. Terhart 1991; Herzog/Sandmeier/Terhart 2021). (2) Die zweite Linie schließt an theoretische und methodologische Grundlagen der sozial- bzw. erziehungswissenschaftlichen Biographieforschung an und zielt auf die gesamte *Lebensbiographie* und die Rekonstruktion von subjektiven Bildungs-, Entwicklungs- und Lerngeschichten von Lehrkräften ab. Sie berücksichtigt also vorgelagerte biographische Ressourcen und Dispositionen und verknüpft berufliche Entwicklungen mit der Gesamtbiographie. Dabei wird vor allem auf Forschungsmethoden der qualitativ-rekonstruktiven Sozialforschung zurückgegriffen, um über die Rekonstruktion der subjektiven Sinnzuschreibungen der Befragten hinaus auch jene objektiven Bedingungen mit zu berücksichtigen, in welche die (berufs-)biographischen Handlungsmöglichkeiten eingebunden sind (vgl. Krüger/Deppe 2010). Vorliegende Studien zeigen, dass Professionalisierungsprozesse eng mit der gesamten Biographie verwoben sind und pädagogische Professionalität demnach als ein je individuell sich vollziehender biographischer Entwicklungs- und Lernprozess zu verstehen ist (vgl. als Überblick Reh/Schelle 2006; Kunze/Stelmaszyk 2008).

Querliegend zu diesen beiden Forschungslinien hat sich der *Entwicklungsaufgabenansatz* auf Grundlage der Bildungsgangtheorie etabliert (vgl. Hericks/ Keller-Schneider/Bonnet 2018). Ausgangspunkt ist die Annahme, dass sich Professionalität in den individuellen Formen der Bearbeitung von objektiven Anforderungen (sog. *Entwicklungsaufgaben*) des Lehrer:innenberufs herausbildet. Für die Phase des Berufseinstieges von Lehrkräften haben Keller-Schneider und Hericks (2014) vier Entwicklungsaufgaben (Rollenfindung, Vermittlung, Anerkennung, Kooperation) herausgearbeitet. Daran schließen neuere Forschungen zum *Lehrerhabitus* (z. B. Kramer/Pallesen 2019) an, nach denen die Herausbildung eines (professionellen) Lehrer:innenhabitus auf herkunfts- und ausbildungsbezogenen Sozialisationserfahrungen beruht, die wiederum als implizite Wissensbestände und innere Dispositionen das berufliche Handeln von Lehrkräften präfigurieren (vgl. Helsper 2018).

2 Erfahrung als Bezugspunkt bildungstheoretischer und professionsbezogener Biographieforschung

2.1 Erfahrung als konstitutives Element der Biographieforschung

Ein Schwerpunkt der sozial- und erziehungswissenschaftlichen Biographieforschung ist die Untersuchung von „individuelle(n) Formen der Verarbeitung gesellschaftlicher und milieuspezifischer Erfahrung" (Marotzki 2000, S. 176), die sich in spezifischer Form in narrativen Ereignisdarstellungen niederschlagen. Somit ist Erfahrung als konstitutives Element für die Biographieforschung anzusehen. Der Erfahrungsbegriff weist eine Doppeldeutung auf, denn es ist zu unterscheiden zwischen Erfahrung *haben* bzw. *besitzen* und Erfahrung *machen* (vgl. Alheit/ Hoerning 1989, S. 8; Hoerning 1989, S. 154). Während der Besitz von Erfahrungen anzeigt, dass eine Person über Deutungs- und Wissensbestände verfügt, verweist ‚Erfahrung machen' auf den Prozess der Aneignung der „für die Entwicklung der Lebensgeschichte relevanten ‚Realitäten'" (Hoerning 1989, S. 154). Dabei ist unser Erfahrungsvorrat nicht als die Summe einer Anhäufung verschiedener Erlebnisse zu verstehen, sondern vielmehr Abbild eines systematischen Prozesses des Aufbaus einer biographischen Wissensstruktur, in der die verschiedenen Erfahrungen miteinander verknüpft und in einen Sinnzusammenhang gebracht werden. Bereits bestehende Erfahrungen bilden auf diese Weise Sinnhorizonte für die Aneignung künftiger Erfahrungen und neue, individuell bedeutsame Erlebnisse werden in diese bestehenden Erfahrungsschemata eingeordnet (vgl. Schütz

2004, S. 192). Durch diesen Prozess der fortlaufenden Deutung und Verknüpfung von Erfahrungen bildet sich in lebenszeitlicher Perspektive ein *biographisches Wissen* heraus, das Orientierungs- und Deutungsschemata bietet, an denen das eigene Handeln ausgerichtet wird (vgl. Schwendowius 2015, S. 85) und das im Zuge neuer Erfahrungen fortlaufend überarbeitet, erweitert oder modifiziert wird (vgl. Alheit/Hoerning 1989; Hoerning 2000).

Der bildungstheoretisch orientierte Ansatz der Biographieforschung (vgl. Marotzki 1990, 2000; Koller 2016) konzipiert den Prozess der Erfahrungsbildung als *Bildungs- und Lernprozess*. In Anknüpfung an Dilthey bestimmt Marotzki Biographie „als ein vom Subjekt hervorgebrachtes Konstrukt [...], das als eine Einheit die Fülle von Erfahrungen und Ereignissen des gelebten Lebens zu einem Zusammenhang organisiert" (Marotzki 2000, S. 179). Subjekte stellen einen solchen Zusammenhang her, indem sie vergangenen Ereignissen und Erfahrungen eine Bedeutung zuschreiben und diese in einen sinnhaften Gesamtzusammenhang ihrer Lebensgeschichte einbetten. In diesen Prozessen der Bedeutungs- und Sinnerzeugung werden fortwährend Bezüge zum eigenen Selbst und zur Welt hergestellt. Dabei kann es durch neue Erfahrungen zu einer Erweiterung bzw. Umstrukturierung des aufgeschichteten Erfahrungs- und Wissensbestands und damit auch zu Veränderungen des Welt- und Selbstbezugs kommen. Solche Veränderungen können nach Marotzki (1990, 2000) in Anschluss an Humboldt als Lern- bzw. Bildungsprozesse aufgefasst werden: Während sich bei *Lernprozessen* neue Erfahrungen und Wissensbestände widerspruchsfrei in gegebene Welt- und Selbstentwürfe einordnen lassen, werden bei *Bildungsprozessen* grundlegende Änderungen bzw. Transformationen der vorhandenen Orientierungsrahmen erforderlich, was ein verändertes Selbst- und Weltverhältnis hervorbringen kann. Potenzielle Auslöser für solche *transformatorischen Bildungsprozesse* im Kontext lebensgeschichtlicher Entwicklungen sind Situationen und Problemlagen, die sich innerhalb der bestehenden Selbst- und Welthaltungen nicht bearbeiten und bewältigen lassen und daher zunächst zu Irritationen und Krisen führen (vgl. Marotzki 2000; Koller 2016).

Wie biographisch bedeutsame Lern- und Verstehensprozesse, die als „Resultat der Verarbeitung von Erfahrungskrisen" (Combe 2004, S. 50) zu verstehen sind, ablaufen, untersuchen Combe und Gebhard (2007, 2009) in ihrer *Theorie des Erfahrungslernens*. Sie richten den Fokus auf *sinnhafte, persönlichkeitswirksame Lernprozesse*, in denen eine vertiefte Auseinandersetzung mit einem Lerngegenstand erfolgt und sich der „Verständnishorizont, mit dem wir der Welt und uns selbst begegnen, erweitern oder auch grundsätzlich verändern kann" (Combe/Gebhard 2012, S. 15).[1] In Anknüpfung an Dewey beleuchten sie die *prozessuale Struktur des Erfahrungslernens*, wobei sie mehrere Phasen identifizieren: Am Anfang eines

---

1   Eine klare definitorische Unterscheidung zwischen Bildung und Lernen lässt sich bei Combe und Gebhard (2007, 2009, 2012) nicht erkennen. So gehen sie davon aus, dass *biographisch be-*

Erfahrungsprozesses steht entsprechend eine „krisenhafte, irritierende Ausgangskonstellation" (Combe/Gebhard 2009, S. 551), in der das Subjekt über keine tragfähigen Routinen zur handlungspraktischen Bewältigung oder sinnstiftenden gedanklichen Einordnung einer Situation verfügt. Daran schließt sich als weiteres Strukturelement das „Sich-Einlassen" (ebd., S. 555) auf die irritierende Situation und damit die Anerkennung der Krise an, was keineswegs zwingend erfolgen muss, wenn z. B. die Anforderung als nicht bedeutsam oder bewältigbar eingeordnet wird. Mit der Akzeptanz und Bereitschaft, die mit der Krisenbearbeitung verbundenen Anforderungen anzunehmen, beginnt die dritte Phase. Diese umfasst die (gedanken-)experimentelle Suche nach „realitätsgerechten Krisenlösungen" (ebd.), die entworfen, ggfs. erprobt und evaluiert werden. Es folgt der für die Erfahrungskrisenbearbeitung konstitutive Prozess der Sprachschöpfung und Reflexion, in dessen Zuge eine Verbegrifflichung des zunächst vorsprachlich gelagerten persönlichen Erlebens gesucht wird, auch um im sozialen Austausch mit anderen die Erfahrung abzusichern (vgl. Combe/Gebhard 2009; Combe 2010; Schmid/Košinár 2021). Damit legen Combe und Gebhard ein theoretisches Verlaufsmodell des Erfahrungslernens vor, das für die Rekonstruktion der „Tiefenstrukturen" (Košinár 2014, S. 100) von Lern-, Bildungs- und Professionalisierungsprozessen herangezogen werden kann.

Dass krisenhafte Erlebnisse und Problemlagen bisherige Orientierungen irritieren, in Frage stellen und in Bildungsprozesse münden können, die einen Umbau bestehender Wahrnehmungs-, Denk- und Handlungsweisen bewirken, ist – wie auch die beiden skizzierten Ansätze zeigen – eine verbreitete Vorstellung. Den krisenhaften, irritierenden Erfahrungen wird dabei eine produktive, zum Teil gar konstitutive Bedeutung für Lern- und Bildungsprozesse zugesprochen (vgl. Lipkina 2021, S. 103 f.). Positive Erfahrungen und ihre Wirksamkeit für Bildungsprozesse spielen hingegen im bisherigen Diskurs eine untergeordnete Rolle. In Anknüpfung an das Identitäts- und Artikulationsverständnis von Charles Taylor zeigt Lipkina (2021), dass jedoch auch positive Erfahrungen zu einer Veränderung von Selbst- und Weltverhältnissen führen und damit bildungswirksam werden können. Wenn im Zuge von Artikulation handlungsleitender Werte, Identifikationen und Ideale, welche unsere personale Identität bestimmen, diese Selbstentwürfe von anderen anerkannt und bestätigt werden, kann das als persönliche Bestärkung, also positive Erfahrung erlebt werden. Und indem wir unsere Wertungen, Empfindungen und Motive sprachlich artikulieren und uns diese damit reflektierend vergegenwärtigen, erschließen wir komplexere und neue Weisen, uns auf uns selbst und die Welt zu beziehen. Solche Bildungsprozesse durch Artikulation verlaufen nicht zwingend in Form dramatischer Prozesse, die die bestehenden Selbst- und Weltverhältnisse radikal

---

deutsame Lernprozesse auch zu einer Transformation von Selbst- und Weltverhältnissen führen können, was eher an den Bildungsbegriff erinnert.

verändern, sondern auch als kleine Entwicklungs(-fort-)schritte, die von außen eher subtil erscheinen können (vgl. ebd., S. 112f.). Perspektivisch erscheint es also weiterführend, nicht nur negativen Erfahrungen eine Bildungswirksamkeit zuzuschreiben, sondern von verschiedenen erfahrungsbasierten Vollzugsmodi von Bildung auszugehen.

2.2 Erfahrungsbezüge in qualitativ-rekonstruktiven Studien der biographischen Professionsforschung

Exemplarisch werden im Folgenden einzelne qualitativ-rekonstruktive Studien vorgestellt, die der zweiten Forschungslinie des (berufs-)biographischen Professionsansatzes bzw. dem Entwicklungsaufgabenansatz (s. Kapitel 1) zuzuordnen sind. In den hier ausgewählten Arbeiten, in denen Zusammenhänge von (Berufs-)Biographie und Professionalisierungsprozessen von (angehenden) Lehrer:innen vielfach in Einzelfallstudien untersucht werden, findet der Erfahrungsbegriff in unterschiedlicher Perspektivierung Verwendung.

Für die qualitativ-rekonstruktiv angelegte Fallstudie „Professionalisierungspfade ostdeutscher Lehrer" von Fabel-Lamla (2004) ist kennzeichnend, dass die gesamte bisherige Lebensgeschichte erfasst wird und damit *verschiedene Erfahrungsräume* in den Blick kommen. Hierzu gehören zunächst die biographischen Vorerfahrungen in der Herkunftsfamilie und in Bezug auf die soziale Integration in das DDR-System; es schließen sich die berufsbiographischen Erfahrungen in der Ausbildung und im schulischen Feld an; daneben werden die biographischen Krisen- und Diskontinuitätserfahrungen im gesellschaftlichen Umbruchprozess der Wendezeit sowie die fallspezifischen Bearbeitungsmuster angesichts grundlegend veränderter gesellschaftlicher und beruflicher Rahmenbedingungen beleuchtet. Biographischen Erfahrungen und ihren konstitutiven Auswirkungen auf die Herausbildung und Entwicklung professioneller Deutungs- und Handlungsmuster wird also auf unterschiedlichen sozialen Aggregationsebenen nachgegangen und es wird aufgezeigt, wie individuelle Professionalisierungspfade durch gesamtbiographische Prozesse mitstrukturiert werden.

Die Studie „Professionalisierung als biographisches Projekt" von Kunze (2011) knüpft an das Konzept der *biographischen Ressourcen* (vgl. Bartmann 2005) an und untersucht deren Einfluss auf professionelle Deutungsmuster von Waldorflehrer:innen. Biographische Ressourcen werden als im Zuge der primären und sekundären Sozialisationsprozesse erworbene Modi der Sinn- und Bedeutungserzeugung gefasst. Auf der Basis verschiedener Fallstudien zeigt Kunze, wie biographische Ressourcen einen Verweisungszusammenhang von „erfahrungsbasierten, lebenspraktisch bewährten und subjektiv immer schon vorhandenen Zugangsweisen und Bewältigungsstrategien" (Kunze 2011, S. 347) bilden und die professionellen Orientierungs- und Deutungsmuster von Waldorflehrer:innen maßgeblich prägen.

Eine etwas andere Akzentuierung nimmt Hörnlein (2020) in ihrer Studie vor. Ausgehend von einer bildungstheoretisch orientierten Konzeption des Verhältnisses von Biographie und Professionalisierung zeigt sie anhand ihrer Fallstudien, dass die individuelle Bearbeitung biographischer Erfahrungsaufschichtungen, also *biographische Arbeit* im Sinne sich vollziehender Bildungsprozesse, einen zentralen Aspekt für die Entwicklung professionellen beruflichen Handelns bei Lehrkräften darstellt. Durch Nicht-Bearbeitung oder Ausblendung lebensweltlicher Reflexionsanforderungen können biographische Risiken entstehen, die sich wiederum in der Berufsbiographie fortsetzen und Professionalisierungsprozesse hemmen (vgl. ebd., S. 227 ff.).

Es liegen auch biographische Studien zu Sportlehrer:innen vor, in denen mit dem Fokus auf Fachlehrkräfte und Fachkultur weitere Erfahrungsräume in den Blick kommen. So wendet sich Volkmann (2008) in ihrer Untersuchung dem *biographischen Wissen* von Sportlehrkräften zu und fragt nach dem Einfluss lebensgeschichtlicher Erfahrungen auf das berufliche Feld im Fach Sport. Die Fallanalysen zeigen, dass Habitualisierungsprozesse im Sinne einer Grundhaltung zum Sport und seiner ‚adäquaten' Ausübung bereits in der Primärsozialisation und in außerberuflichen Phasen angebahnt werden. Insbesondere jene Erfahrungen, die mit einem starken emotionalen Erleben verbunden werden oder sich in biographischen Entscheidungssituationen als bewährt erweisen, werden in berufsrelevante biographische Wissensbestände transformiert. Dieses erfahrungsbiographisch generierte Wissen hat nicht nur maßgeblichen Einfluss auf die Einstellung zu Schule und Sportunterricht, sondern auch auf die eigene pädagogische Praxis, die Reflexion und damit auf Professionalisierungsprozesse von Sportlehrkräften.

Ernst (2018), der in einer Längsschnittstudie den Abschnitt zwischen Berufseinstieg und mittlerer Berufsphase bei Sportlehrkräften untersucht und sich dabei insbesondere *biographischen Erfahrungskrisen* zuwendet, zeigt auf, dass – neben der hohen Relevanz vorberuflicher Erfahrungen – die berufsbiographische Einsozialisation in dominante pädagogische Orientierungen sowie in symbolische Ordnungen der Fach- und Berufskultur in Studium und Berufspraxis zur Herausbildung eines (Sport-)Lehrer:innenhabitus beiträgt (vgl. Ernst 2018, S. 379 f.). Diese berufsbiographisch erworbenen und kollektiv geteilten, habituellen Wissensbestände scheinen sich eher restriktiv als förderlich für individuelle Professionalisierungsprozesse zu erweisen, denn im Umgang der befragten Sportlehrkräfte mit den rekonstruierten Erfahrungskrisen zeigt sich, „dass kaum Transformationen der etablierten, fachkulturell eingebundenen Denk- und Handlungsschemata vollzogen werden" (ebd., S. 400).

Abschließend sei auf die längsschnittlich angelegten Studien von Košinár (2014; Košinár/Laros 2018) zu Professionalisierungsverläufen von Studierenden im Praktikum, Referendar:innen und Berufseinsteigenden verwiesen, die an das Entwicklungsaufgabenkonzept (s. Kapitel 1) anschließen und den Fokus auf phasenspezifische Anforderungsstrukturen richten. Anknüpfend an die Theorie des Erfahrungslernens nach Combe und Gebhard (s. Kapitel 2.1) entwickelt Košinár das theoretische Verlaufsmodell „Professionalisierungsprozess während der Bearbeitung einer Erfahrungskrise" (2014, S. 101). Die Ergebnisse der Interviewanalysen von Entwicklungsverläufen bei der Bearbeitung krisenhafter Erfahrungen zeigen, dass, nur wenn Anforderungen als bedeutsam und/oder bewältigbar eingeschätzt und als Herausforderung aufgegriffen werden, sich der Prozess des Erfahrungslernens und damit ein Potenzial für Professionalisierung entfalten kann (vgl. Košinár/Schmid/Diebold 2016, S. 142). Für Studierende in den schulpraktischen Studien wurden fünf Entwicklungsaufgaben herausgearbeitet, die spezifische Anforderungen mit sich bringen, welche wiederum unterschiedlich wahrgenommen und bearbeitet werden (vgl. Leineweber/Billich-Knapp/Košinár 2021, S. 482): „Entwicklung eines beruflichen Selbstverständnisses", „Adressatenbezogene Vermittlung", „Anerkennende Klassenführung", „Zusammenarbeit mit verschiedenen schulischen Akteur:innen", „Sich in Ausbildung befinden". Auf diese phasenspezifischen Anforderungen für Studierende in den schulpraktischen Studien werden wir für das Videobeispiel (s. Kapitel 3) zurückkommen.

2.3 Professionalisierung auf der Grundlage (berufs-)biographischer Erfahrungen – ein Zwischenfazit

Der (berufs-)biographische Professionsansatz geht davon aus, dass sich Professionalisierungsverläufe individuell im Rahmen biographischer Prozesse entwickeln und sich auf der Grundlage (berufs-)biographischer Erfahrungen vollziehen (vgl. Bastian/Helsper 2000, S. 176). Er wendet sich daher den Erfahrungen in der Lebens- bzw. Berufspraxis und deren reflexiver Bearbeitung durch (angehende) Lehrpersonen zu, die z. B. über biographische Erzählungen in Interviews erschlossen werden können. Ziel ist es, gesamt- bzw. berufsbiographische Erfahrungen in ihrer Bedeutung für die Entwicklung von pädagogischer Professionalität bzw. Verknüpfungen beruflicher Entwicklungen mit der Gesamtbiographie zu rekonstruieren. Die vorgestellten Studien zeigen, dass hier unterschiedliche Perspektivierungen vorgenommen werden können. Mit Blick auf vorberufliche Sozialisationsphasen wird z. B. gefragt, wie sich fallspezifisch aufgeschichtete biographische Erfahrungen und deren Verarbeitung (z. B. Schulerfahrungen als Schüler:in, Erfahrungen als Sportler:in) als grundlegende Orientierungen manifestieren und auf professionelle Entwicklungsprozesse bei Lehrkräften auswirken, oder es wird die erfahrungsbiographische Verarbeitung von Wechselwirkungen lebensbiographischer und professioneller Entwicklung untersucht. Häufig werden auch einzelne Phasen im berufsbiographischen Verlauf (z. B. Referendariat, Berufseinstieg) fokussiert, um die berufsbiographische Entwicklung und Professionalisierungsprozesse vor dem Hintergrund phasenspezifischer Anforderungen zu rekonstruieren. Dabei werden Professionalisierungsprozesse als individuelle Bildungs-, Entwicklungs- und Lernprozesse aufgefasst, die insbesondere durch krisenhafte Ereignisse und Irritationen initiiert werden. Die bildungstheoretisch orientierte Biographieforschung sowie die Theorie des Erfahrungslernens zeigen, wie solche Erfahrungskrisen und Prozesse der Erfahrungsbildung verlaufen und zu einer veränderten Selbst- und Weltsicht von Professionellen führen können, was wiederum veränderte identitäts- und orientierungsstiftende Sinnbezüge eröffnet und neue Handlungsmuster ermöglicht. Dabei werden vor allem die *Akzeptanz* der Erfahrungskrise als eine professionelle Herausforderung sowie die Bedeutung einer *aktiven, produktiven und reflexiven Verarbeitung und Aneignung von Erfahrungen* als notwendig herausgestellt (vgl. Combe/Gebhard 2009; Košinár 2014).

Der (berufs-)biographische Professionalisierungsansatz unterscheidet sich von anderen Ansätzen, da nicht im fachlichen Wissens- und Kompetenzerwerb, Training, Modelllernen oder in der Einübung beruflicher Routinen das „die professionelle Entwicklung befördernde Moment" (Terhart 2013, S. 78) gesehen wird, sondern in der berufsbiographischen Erfahrungsbildung und reflexiven Bearbeitung von Erfahrungskrisen. Hierfür ist ein „selbstbezüglich-biographisches Wissen" (Combe/Kolbe 2008, S. 860) aufzubauen, um die eigenen biographischen Anteile im professionellen Handeln reflektieren zu können.

3 Gestaltung von Sportunterricht als Erfahrungskrise? Annäherungen an die videographierte Sportunterrichtsszene aus Perspektive des (berufs-)biographischen Professionalisierungsansatzes

Zunächst muss einschränkend vorweggeschickt werden, dass (berufs-)biographische Forschung zu Bildungs-, Entwicklungs- und Professionalisierungsprozessen von Lehrkräften auf einen *subjektiven Zugang* angewiesen ist, z. B. aufgezeichnete narrative Interviews, Selbsteinschätzungen in Fragebögen oder andere Formen der auditiven oder schriftlichen Fixierung berufsbiographischer Erzählungen und Reflexionen (wie Audiomemo, Lerntagebuch, Praktikumsbericht, Portfolio). Visuelle Datenerhebungsformate wie Unterrichtsvideographien können allenfalls ergänzend hinzugezogen werden. Insofern eignet sich die videographierte Sportunterrichtsszene, auf welche Bezug genommen werden soll, nur bedingt, um die Spezifik des (berufs-)biographischen Professionalisierungsansatzes aufzuzeigen und herauszuarbeiten, wie Erfahrung hier zum Tragen kommt. Im Folgenden werden wir daher nicht Analyseergebnisse präsentieren können, sondern stattdessen verschiedene Perspektiven und Fragen entwickeln, die sich aus der Videosequenz ergeben, wenn man diese mit der Brille des (berufs-)biographischen Professionalisierungsansatzes betrachtet.

Kontextinformationen zur Videosequenz „Abbauen, Organisieren – Hochsprung" ist zu entnehmen, dass es sich um eine *Ausbildungssituation eines Sportstudierenden* handelt. Der Student steht im Rahmen des Schulpraktikums vor der Anforderung, eine Unterrichtsstunde im Fach Sport zu gestalten, die zum Zweck der Unterrichtsnachbesprechung und Reflexion videographiert wird. Aus Perspektive des (berufs-)biographischen Professionalisierungsansatzes kommt *Erfahrung* in dieser Situation zweifach zum Tragen (s. Kapitel 2.1): als *biographisches Wissen* im Sinne von sozialisatorisch bzw. erfahrungsbiographisch angeeigneten (pädagogisch-professionellen) Wahrnehmungs-, Denk- und Handlungsmustern und als *Ermöglichungsraum*, um im schulischen Feld mit Blick auf den eigenen individuellen Professionalisierungsprozess *Erfahrungen zu machen*.

Die vorliegende Videosequenz kann also a) dahingehend befragt werden, auf welche biographischen Erfahrungen, die der Student in der Herkunftsfamilie, weiteren sozialisatorischen Kontexten sowie auch im Feld der Universität und Lehrer:innenbildung erworben hat, er möglicherweise zurückgreift, und es kann b) ausgehend vom Konzept der Anforderungen und Entwicklungsaufgaben von Studierenden in schulpraktischen Studien (s. Kapitel 2.2) ausgelotet werden, wie der Student die sich ihm in dieser Situation stellenden Anforderungsbereiche bearbeitet und welche (krisenhaften) Erfahrungen er diesbezüglich möglicherweise macht. Da zur Beantwortung dieser Fragen die subjektive Perspektive des Studierenden zentral ist, wäre es nötig, diese über ein narratives Interview oder z. B. über einen Praktikumsbericht mit entsprechenden selbstreflexiv-biographischen Passagen einzuholen. An der Videosequenz selbst können wir lediglich erste ‚Spuren' in Bezug auf relevante Themen sowie Interpretationslinien identifizieren:

a) Die berufsbiographische Sportlehrer:innenforschung hat wiederholt aufgezeigt, dass in Bezug auf das Fach Sport davon auszugehen ist, dass über sportpraktische Erfahrungen in Freizeit, Schule oder Verein körpergebundene soziale Praktiken des Sports eingeübt sowie Orientierungen erworben werden, die maßgeblich das berufliche Fach- und Selbstverständnis bestimmen (vgl. Volkmann 2008; Ernst 2018, S. 142 ff.). Die Reflexion der eigenen (Sportler:in-)Biographie könnte also ein wichtiger Gegenstand im Rahmen eines Interviews sein; darüber hinaus auch Fragen zu herausfordernden Situationen im Studium bzw. während der Praktika sowie der Umgang damit. Weitere Fragen könnten sich auf subjektiv bedeutsame Themen wie Studienwahl, Zusammenarbeit mit den verschiedenen Beteiligten der Lehrer:innenbildung, Studienverlauf und wahrgenommene eigene Bildungs- und Entwicklungsprozesse, Erwartungshaltungen, genutzte Unterstützungsstrukturen etc. beziehen, um darüber einen Einblick in vorhandene bzw. wahrgenommene Ressourcen, Belastungen, Deutungsmuster und Entwicklungsverläufe zu erhalten. Anhand des Videoausschnitts lässt sich vermuten, dass subjektiv bedeutsame Themen des Studenten Herstellung sozialer Ordnung, pädagogische Autorität, Disziplin und Hierarchie sowie soziale Beziehungsstrukturen sind. Der Student greift in der videographierten Situation auf spezifische Handlungsmuster zurück, wie ‚die Stimme erheben' bis hin zum Schreien, wiederholte Appelle an die Lerngruppe im ‚Kommando-Ton', Versuche mit dirigistischen Anweisungen, die sich diffus in den Raum richten, Handlungsabläufe zu strukturieren sowie die Schüler:innen zur Mithilfe zu motivieren. Insofern lässt sich hier die Frage anschließen, inwieweit solche Formen der Kommunikation zum Erfahrungshorizont des Studenten gehören. Der Student agiert in der dreiminütigen Sequenz vor allem in der Rolle des ‚Wächters', dessen Aufgabe darin besteht, die Lerngruppe so zu steuern, dass die ursprüngliche Ordnung des Raumes und der Materialien wiederhergestellt und dabei körperliche Gefährdungen verhindert werden. Inwieweit manifestiert sich hier ein spezifisches eigenes Verständnis von sich als Sportlehrperson und auf welche biographischen Vorerfahrungen wird dabei zurückgegriffen?

b) Die von Leineweber, Billich-Knapp und Košinár (2021) aufgezeigten Entwicklungsaufgaben und Anforderungsbereiche in den berufspraktischen Studien kommen in der hier vorliegenden videographierten Handlungssituation unterschiedlich zum Tragen. Der Student steht vor der Anforderung, eine von ihm (möglicherweise in Zusammenarbeit mit einer Praxislehrperson) geplante Unterrichtsstunde im Fach Sport zu gestalten (dies wäre die Entwicklungsaufgabe „Adressatengerechte Vermittlung" (ebd., S. 483)). In der Videosequenz, die die Anleitung des Abbaus der Hochsprunganlage am Ende der Unterrichtsstunde zeigt, wird vor allem die Entwicklungsaufgabe „Anerkennende Klassenführung" (ebd., S. 484) virulent, die die Anforderungsbereiche umfasst, für eine effektive Klassenführung zu sorgen, mit herausforderndem Verhalten von Schüler:innen umzugehen und eine vertrauensvolle Beziehung zu den Schüler:innen zu gestalten.

Das zu beobachtende Geschehen lässt sich als ein wiederholter Versuch des Studenten beschreiben, einen geregelten Ablauf des Abbaus der Geräte im Sportunterricht durch die Schüler:innen zu etablieren und damit eine soziale Ordnung in der Sportunterrichtssituation herzustellen. Die mehrfach sich zum Teil wortwörtlich wiederholenden Appelle und Anweisungen an die Schüler:innen, die zunehmend lauter artikuliert und diffus in den Raum gerichtet werden, deuten an, dass sich der Student hier mit einem drohenden Kontrollverlust über die Gesamtsituation konfrontiert sieht. Ihm scheinen keine alternativen Handlungsroutinen für die Bearbeitung der Situation zur Verfügung zu stehen, so dass er es mit einem ‚Mehr des Selben' versucht. Deutlich erschwert wird diese Sportunterrichtssituation für den Praktikanten dadurch, dass der Student die Klasse nicht zu kennen scheint, darauf verweist zumindest die an ihn gerichtete Frage einer Schülerin, wie er denn heiße. Der Student konnte also zu den Schüler:innen weder eine tragfähige Beziehung aufbauen noch kann er auf die in der Klasse etablierten Regelsysteme, Rituale und Routinen, die für die Gestaltung einer effektiven Klassenführung grundlegend wären, zurückgreifen. Vor diesem Hintergrund ist es denkbar, dass der Student nun diese Sportunterrichtssituation als persönliche Erfahrungskrise erlebt.

Gesteigert bzw. spezifisch konturiert wird diese mögliche Erfahrungskrise durch den strukturellen Kontext der Ausbildungssituation (Entwicklungsaufgabe „Sich in Ausbildung befinden" (ebd., S. 486). Denn bei seinem Unterrichtsversuch im Rahmen des Schulpraktikums ist der Student einer Bewährungssituation ausgesetzt, die nicht nur vom Publikum im Raum (die Praxislehrperson sowie möglicherweise auch Kommiliton:innen) beobachtet, sondern zudem von einer Videokamera aufgezeichnet wird. Der Student muss sich in diese Ausbildungsstruktur einfügen, die vorsieht, dass der Unterrichtsversuch videographiert wird, um das studentische pädagogische Handeln im Nachgang einer Analyse und Reflexion zugänglich zu machen, und zwar auch als exemplarischer Fall für zukünftige Ausbildungssituationen. Je nach Gestaltung der sicherlich folgenden Unterrichtsnachbesprechung kann diese für die möglicherweise vorliegende Krisenerfahrung einen Reflexions- und Bearbeitungsrahmen und damit ein Potenzial für die Lernentwicklung und Professionalisierung des Studenten bieten oder aber Vermeidungsstrategien bzw. das Ziehen problematischer, voreiliger Schlussfolgerungen in Bezug auf diese ‚Misserfolgserfahrung' begünstigen. Anknüpfend an diese Hinweise zu Reflexionsräumen sollen abschließend Perspektiven des (berufs-)biographischen Professionsansatzes für die Lehrer:innenbildung aufgezeigt werden.

4 Perspektiven des (berufs-)biographischen Professionsansatzes für die Lehrer:innenbildung

Der (berufs-)biographische Ansatz hat den theoretischen und empirischen Blick der Professionalisierungsforschung auf den Lehrer:innenberuf in den letzten Jahrzehnten verändert und erweitert (vgl. Wittek/Jacob 2020). Auch in der Diskussion um Reformen der Lehrer:innenbildung auf programmatischer Ebene lassen sich inzwischen Hinweise finden, die die Bedeutung einer berufsbiographischen Perspektive auf den Lehrerberuf hervorheben. Insbesondere das Diktum von Terhart, „Professionalität ist als berufsbiographisches Entwicklungsproblem zu sehen" (Terhart 1995b, S. 238), hat seit Beginn der 2000er-Jahren als

Leitidee für die verschiedenen Phasen der Lehrer:innenbildung Eingang in konzeptionelle Überlegungen gefunden. So werden in den von der KMK (2004/2022) herausgegebenen „Standards für die Lehrerbildung: Bildungswissenschaften" für die Vermittlung bildungswissenschaftlicher Inhalte u. a. „biographisch-reflexive Ansätze" (KMK 2022, S. 6) vorgeschlagen, und es findet sich der Hinweis, dass die Kompetenzentwicklung u. a. durch „die Analyse und Reflexion der eigenen *biographischen Lernerfahrungen* mit Hilfe der theoretischen Konzepte" (ebd.) gefördert werden könne. Die GEW fordert in ihren „Leitlinien für eine innovative Lehrer_innenbildung" (GEW 2017), dass die Lehrer:innenbildung phasenübergreifend, also während der gesamten Lernbiographie und Berufstätigkeit Möglichkeiten für eine kritische Selbstreflexion des eigenen Lern- und Sozialisationsprozesses bieten sollte, um die Entwicklung einer professionellen Haltung zu fördern.

Der Blick auf die erste Phase der Lehrer:innenbildung und dortige Lehrangebote zeigt jedoch, dass Konzepte, die dezidiert auf die Auseinandersetzung mit den eigenen biographischen Erfahrungen und habitualisierten Orientierungen abzielen, bisher kaum systematisch verankert sind (vgl. Fabel-Lamla 2018; Beier/ Piva 2021). Punktuell werden z. B. in einführenden Lehrveranstaltungen eigene (schul-)biographische Erfahrungen oder Fragen der Berufswahlmotivation aufgegriffen und reflektiert. Breiter etabliert haben sich Ansätze, die auf einen reflexiven Zugang zum eigenen Kompetenzaufbau und professionellen Selbstverständnis zielen, so z. B. Fallarbeit (vgl. Heinzel 2020; für die Sportlehrer:innenbildung Lüsebrink/Messmer/Volkmann 2014) bzw. Kasuistik als Format, das je nach Ausrichtung auch darauf zielen kann, „eigene, alltagsweltlich bzw. biographisch bewährte Orientierungsmuster und Deutungsroutinen zu erkennen und einer reflexiven Auseinandersetzung zugänglich zu machen" (Kunze 2020, S. 686).

Im Rahmen des (berufs-)biographischen Ansatzes wird argumentiert, dass es bereits in der ersten Phase der Lehrer:innenbildung wichtig sei, neben professionellem Wissen auch die Bereitschaft und Fähigkeit zum kontinuierlichen Weiterlernen im Beruf zu vermitteln (vgl. Terhart 2000). Vor dem Hintergrund der Ergebnisse der erziehungswissenschaftlichen qualitativen Biographieforschung lässt sich plausibilisieren, dass schon beginnend im Studium und fortlaufend während der gesamten Berufsbiographie eine selbstreflexive Auseinandersetzung mit der eigenen Biographie unterstützt werden sollte, um die eigenen biographischen Anteile am professionellen Handeln reflektieren und biographische Ressourcen nutzbar machen zu können (vgl. Kraul/Marotzki/ Schweppe 2002; Helsper 2002; Fabel/Tiefel 2004). Erste Vorschläge für Settings zur biographischen Reflexion im Studium liegen vor: Wittek und Jacob (2020) regen an, dass Studierende angehalten werden könnten, sich mit den von Keller-Schneider und Hericks (2014) herausgearbeiteten Entwicklungsaufgaben zu befassen, um sie auf die Beanspruchung durch diese vorzubereiten. Schmid und Košinár (2021) setzen das von ihnen entwickelte theoretische Verlaufsmodell (s. Kapitel 2.2) als Reflexionsfolie für Studierende ein, die auf dieser Grundlage persönlich herausfordernde Situationen im Rahmen des Praktikums als Erfahrungskrisen analysieren sollen. Miethe (2021) zeigt auf, wie Konzepte der Biographiearbeit aus benachbarten erziehungswissenschaftlichen Teildisziplinen für die Lehrer:innenbildung herangezogen werden könnten. Beier und Piva (2021) stellen verschiedene Konzepte zum Biographischen Lernen in der Lehrer:innenbildung vor, die sich darin unterscheiden, ob das jeweilige Konzept eher auf die persönliche Erinnerungsarbeit oder die Forschungsmethodik ausgerichtet ist. Sie loten das Potenzial biographieforschenden Lernens aus, diskutieren aber auch die Gefahren der Entgrenzung biographischer Arbeit im Studium. Insgesamt ergibt sich der Eindruck, dass weitere Anstrengungen unternommen werden müssen, um aufzuzeigen, wie die Reflexion biographischer Erfahrungen, die Befassung mit Forschungsergebnissen des (berufs-)biographischen Professionalisierungsansatzes sowie möglicherweise auch eigene biographische Forschung weiter gefördert werden können und welche Potenziale sich daraus für die Professionalisierung von Lehramtsstudierenden ergeben.

Literaturverzeichnis

Alheit, Peter/Hoerning, Erika M. (1989): Biographie und Erfahrung: Eine Einleitung. In: Alheit, Peter/Hoerning, Erika M. (Hrsg.): Biographisches Wissen: Beiträge zu einer Theorie lebensgeschichtlicher Erfahrung. Frankfurt a. M./New York: Campus, S. 8–23.

Bartmann, Sylke (2005): Ressourcenbildung im Biographieverlauf. In: Zeitschrift für qualitative Bildungs-, Beratungs- und Sozialforschung 6, H. 1, S. 23–42.

Bastian, Johannes/Helsper, Werner (2000): Professionalisierung im Lehrerberuf – Bilanzierung und Perspektiven. In: Bastian, Johannes/Helsper, Werner/Reh, Sabine/Schelle, Carla (Hrsg.): Professionalisierung im Lehrerberuf. Von der Kritik der Lehrerrolle zur pädagogischen Professionalität. Opladen: Leske + Budrich, S. 167–192.

Beier, Frank/Piva, Franziska (2021): Biographiearbeit und Arbeit an und mit Biographien in der Lehrerbildung. In: Klomfaß, Sabine/Epp, André (Hrsg.): Auf neuen Wegen zum Lehrerberuf. Bildungsbiographien nicht-traditioneller Lehramtsstudierender und biographisches Lernen in der Lehrerbildung. Weinheim, Basel: Beltz Juventa, S. 201–215.

Combe, Arno (2004): Brauchen wir eine Bildungsgangforschung? In: Trautmann, Matthias (Hrsg.): Entwicklungsaufgaben im Bildungsgang. Wiesbaden: VS Verlag, S. 48–68.

Combe, Arno (2010): Wie lassen sich in der Schule Erfahrungen machen? Lernen aus der Sicht der Erfahrungstheorie. In: Pädagogik 62, H. 7/8, S. 72–77.

Combe, Arno/Gebhard, Ulrich (2007): Sinn und Erfahrung. Zum Verständnis fachlicher Lernprozesse in der Schule. Opladen: Barbara Budrich.

Combe, Arno/Gebhard, Ulrich (2009): Irritation und Phantasie. Zur Möglichkeit von Erfahrungen in schulischen Lernprozessen. In: Zeitschrift für Erziehungswissenschaft 12, S. 549–571. https://doi.org/10.1007/s11618-009-0083-1

Combe, Arno/Gebhard, Ulrich (2012): Verstehen im Unterricht. Die Rolle von Phantasie und Erfahrung. Wiesbaden: Springer VS. https://doi.org/10.1007/978-3-531-94281-0

Combe, Arno/Helsper, Werner (Hrsg.) (1996): Pädagogische Professionalität. Untersuchungen zum Typus pädagogischen Handelns. Frankfurt a. M.: Suhrkamp.

Combe, Arno/Kolbe, Fritz-Ulrich (2008): Lehrerprofessionalität: Wissen, Können, Handeln. In: Helsper, Werner/Böhme, Jeanette (Hrsg.): Handbuch der Schulforschung. 2. Auflage. Wiesbaden: VS Verlag, S. 857–875. https://doi.org/10.1007/978-3-531-91095-6_35

Cramer, Colin (2020): Professionstheorien. Überblick, Entwicklung und Kritik. In: Harant, Martin/Thomas, Philipp/Küchler, Uwe (Hrsg.): Theorien! Horizonte für die Lehrerinnen- und Lehrerbildung. Tübingen: Tübingen University Press, S. 111–128. https://doi.org/10.15496/publikation-45602

Ernst, Christian (2018): Professionalisierung, Bildung und Fachkultur im Lehrerberuf. Rekonstruktionen zur biographischen Entwicklung von Sportlehrkräften. Wiesbaden: Springer VS. https://doi.org/10.1007/978-3-658-20401-3

Fabel, Melanie/Tiefel, Sandra (2004): Biographie als Schlüsselkategorie qualitativer Professionsforschung – eine Einleitung. In: Fabel, Melanie/Tiefel, Sandra (Hrsg.): Biographische Risiken und neue professionelle Herausforderungen. Biographie und Profession. Wiesbaden: VS Verlag, S. 11–40. https://doi.org/10.1007/978-3-322-80919-3_2

Fabel-Lamla, Melanie (2004): Professionalisierungspfade ostdeutscher Lehrer. Biographische Verläufe und Professionalisierung im doppelten Modernisierungsprozess. Wiesbaden: VS Verlag. https://doi.org/10.1007/978-3-322-80920-9

Fabel-Lamla, Melanie (2018): Der (berufs-)biographische Professionsansatz zum Lehrerberuf. Zur Relevanz einer biographischen Perspektive in der Lehrerbildung. In: Böhme, Jeanette/Cramer, Colin/Bressler, Christoph (Hrsg.): Erziehungswissenschaft und Lehrerbildung im Widerstreit!? Verhältnisbestimmungen, Herausforderungen und Perspektiven. Bad Heilbrunn: Klinkhardt, S. 82–100.

GEW (2017): Leitlinien für eine innovative Lehrer_innenbildung. www.gew-saarland.de/images/pdf/GEW-Bund/Leitlinien_Lehrerbildung.pdf (Abfrage: 14.08.2022).

Heinzel, Friederike (2020): Falldarstellungen in der Lehrerinnen- und Lehrerbildung. In: Cramer, Colin/König, Johannes/Rothland, Martin/Blömeke, Sigrid (Hrsg.): Handbuch Lehrerinnen- und Lehrerbildung. Bad Heilbrunn: Klinkhardt, S. 700–705. https://doi.org/10.35468/hblb2020-084

Helsper, Werner (2002): Lehrerprofessionalität als antinomische Handlungsstruktur. In: Kraul, Margret/Marotzki, Winfried/Schweppe, Cornelia (Hrsg.): Biographie und Profession. Bad Heilbrunn: Klinkhardt, S. 64–102.

Helsper, Werner (2018): Lehrerhabitus. Lehrer zwischen Herkunft, Milieu und Profession. In: Paseka, Angelika/Keller-Schneider, Manuela/Combe, Arno (Hrsg.): Ungewissheit als Herausforderung für pädagogisches Handeln. Wiesbaden: Springer VS, S. 105–140.

Helsper, Werner (2021): Professionalität und Professionalisierung pädagogischen Handelns. Eine Einführung. Opladen: Barbara Budrich, UTB.

Hericks, Uwe/Keller-Schneider, Manuela/Bonnet, Andreas (2018): Professionalität von Lehrerinnen und Lehrern in berufsbiographischer Perspektive. In: Harring, Marius/Rohlfs, Carsten/Gläser-Zikuda, Michaela (Hrsg.): Handbuch Schulpädagogik. Münster: Waxmann, S. 606–616. https://doi.org/10.36198/9783838587967

Herzog, Silvio/Sandmeier, Anita/Terhart, Ewald (2021): Berufliche Biographien und berufliche Mobilität von Lehrpersonen. In: Hascher, Tina/Idel, Till-Sebastian/Helsper, Werner (Hrsg.): Handbuch Schulforschung. Neuausgabe. Wiesbaden: Springer. online first: 23.5.2021 https://link.springer.com/referenceworkentry/10.1007%2F978-3-658-24734-8_60-1

Hoerning, Erika M. (1989): Erfahrungen als biographische Ressource. In: Alheit, Peter/Hoerning, Erika M. (Hrsg.): Biographisches Wissen. Beiträge zu einer Theorie lebensgeschichtlicher Erfahrung. Frankfurt a. M./New York: Campus Verlag, S. 148–164.

Hoerning, Erika M. (2000): Biographische Sozialisation. Theoretische und forschungspraktische Verankerung. In: Hoerning, Erika M. (Hrsg.): Biographische Sozialisation. Stuttgart: Lucius & Lucius, S. 1–20.

Hörnlein, Miriam (2020): Professionalisierungsprozesse von Lehrerinnen und Lehrern. Biographische Arbeit als Schlüsselqualifikation. Wiesbaden: Springer VS. https://doi.org/10.1007/978-3-658-27254-8

Keller-Schneider, Manuela / Hericks, Uwe (2014): Forschungen zum Berufseinstieg. Übergang von der Ausbildung in den Beruf. In: Terhart, Ewald / Bennewitz, Hedda / Rothland, Martin (Hrsg.): Handbuch der Forschung zum Lehrerberuf. 2. Aufl. Münster: Waxmann, S. 386–407.

KMK (2004/2022): Standards für die Lehrerbildung: Bildungswissenschaften (Beschluss der Kultusministerkonferenz vom 16.12.2004 i. d. F. vom 07.10.2022). Berlin. www.kmk.org/fileadmin/veroeffentlichungen_beschluesse/2004/2004_12_16-Standards-Lehrerbildung-Bildungswissenschaften.pdf (Abfrage: 15.07.2023).

Koller, Hans-Christoph (2016): Bildung und Biografie. Probleme und Perspektiven bildungstheoretisch orientierter Biografieforschung. In: Zeitschrift für Pädagogik 62, H. 2, S. 172–184. https://doi.org/10.25656/01:16750

Košinár, Julia (2014): Professionalisierungsverläufe in der Lehrerausbildung. Anforderungsbearbeitung und Kompetenzentwicklung im Referendariat. Opladen: Barbara Budrich.

Košinár, Julia / Laros, Anna (2018): Zwischen Einlassung und Vermeidung. Studentische Orientierungen im Umgang mit lehrberuflichen Anforderungen im Spiegel von Professionalität. In: Leonhard, Tobias / Košinár, Julia / Reintjes, Christian (Hrsg.): Praktiken und Orientierungen in der Lehrerbildung. Bad Heilbrunn: Klinkhardt, S. 157–174.

Košinár, Julia / Schmid, Emanuel / Diebold, Nicole (2016): Anforderungswahrnehmung und -bearbeitung Studierender in den Berufspraktischen Studien. In: Košinár, Julia / Leineweber, Sabine / Schmid, Emanuel (Hrsg.): Professionalisierungsprozesse angehender Lehrpersonen in den berufspraktischen Studien. Münster: Waxmann, S. 139–154.

Kramer, Rolf-Torsten / Pallesen, Hilke (2019) (Hrsg.): Lehrerhabitus. Theoretische und empirische Beiträge zu einer Praxeologie des Lehrerberufs. Bad Heilbrunn: Klinkhardt.

Kraul, Margret / Marotzki, Winfried / Schweppe, Cornelia (2002): Biographie und Profession. Eine Einleitung. In: Kraul, Margret / Marotzki, Winfried / Schweppe, Cornelia (Hrsg.): Biographie und Profession. Bad Heilbrunn: Klinkhardt, S. 7–16.

Krüger, Heinz-Hermann / Deppe, Ulrike (2010): Erziehungswissenschaftliche Biografieforschung. In: Friebertshäuser, Barbara / Langer, Antje / Prengel, Annedore (Hrsg.): Handbuch qualitative Forschungsmethoden in der Erziehungswissenschaft. 3., vollständig überarbeitete Auflage. Weinheim, München: Juventa, S. 61–72.

Kunze, Katharina (2011): Professionalisierung als biographisches Projekt. Professionelle Deutungsmuster und biographische Ressourcen von Waldorflehrerinnen und -lehrern. Wiesbaden: VS Verlag. https://doi.org/10.1007/978-3-531-94008-3

Kunze, Katharina (2020): Kasuistische Lehrerinnen- und Lehrerbildung. In: Cramer, Colin / König, Johannes / Rothland, Martin / Blömeke, Sigrid (Hrsg.): Handbuch Lehrerinnen- und Lehrerbildung. Bad Heilbrunn: Klinkhardt, S. 681–690. https://doi.org/10.36198/9783838554730

Kunze, Katharina / Stelmaszyk, Bernhard (2008): Biographien und Berufskarrieren von Lehrerinnen und Lehrern. In: Helsper, Werner / Böhme, Jeanette (Hrsg.): Handbuch der Schulforschung. 2. Aufl. Wiesbaden: VS Verlag, S. 821–838. https://doi.org/10.1007/978-3-531-91095-6_33

Leineweber, Sabine / Billich-Knapp, Melanie / Košinár, Julia (2021): Entwicklungsaufgaben angehender Primarlehrpersonen in Berufspraktischen Studien. In: Zeitschrift für Bildungsforschung 11, S. 475–490. https://doi.org/10.1007/s35834-021-00323-5

Lipkina, Julia (2021): Bildung und Transformation anders denken. Über die Bedeutung positiver Erfahrungen für Bildungsprozesse im Anschluss an Charles Taylor. In: Zeitschrift für Pädagogik 67, H.1, S. 102–119. https://doi.org/10.3262/ZP2101102

Lüsebrink, Ilka / Messmer, Roland / Volkmann, Vera (2014): Zur Bedeutung von Biographie, Erfahrung und Narration für die Fallarbeit in der Sportlehrer/innenausbildung. In: Zeitschrift für sportpädagogische Forschung 2, H. 1, S. 21–40.

Marotzki, Winfried (1990): Entwurf einer strukturalen Bildungstheorie. Biographietheoretische Auslegung von Bildungsprozessen in hochkomplexen Gesellschaften. Weinheim: Deutscher Studienverlag.

Marotzki, Winfried (2000): Qualitative Biographieforschung. In: Flick, Uwe/von Kardorff, Ernst/Steinke, Ines (Hrsg.): Qualitative Forschung. Ein Handbuch. Reinbek bei Hamburg: Rowohlt, S. 175–186.

Miethe, Ingrid (2021): Biographiearbeit und Arbeit an und mit Biographien in der Lehrerbildung. In: Klomfaß, Sabine/Epp, André (Hrsg.): Auf neuen Wegen zum Lehrerberuf. Bildungsbiographien nicht-traditioneller Lehramtsstudierender und biographisches Lernen in der Lehrerbildung. Weinheim, Basel: Beltz Juventa, S. 184–200.

Reh, Sabine/Schelle, Carla (2006): Biographieforschung in der Schulpädagogik. Aspekte biographisch orientierter Lehrerforschung. In: Krüger, Heinz-Hermann/Marotzki, Winfried (Hrsg.): Handbuch erziehungswissenschaftliche Biographieforschung. 2. Aufl. Wiesbaden: VS Verlag, S. 391–411. https://doi.org/10.1007/978-3-531-90010-0

Schmid, Emanuel/Košinár, Julia (2021): Vom Umgang mit Erfahrungskrisen. Ein Theoriemodell als Heuristik und Analysefolie zur Rekonstruktion studentischer Praxiserfahrungen. In: Leonhard, Tobias/Herzmann, Petra/Košinár Julia (Hrsg.): „Grau, theurer Freund, ist alle Theorie"? Theorien und Erkenntniswege Schul- und Berufspraktischer Studien. Münster: Waxmann, S. 263–280. https://doi.org/10.31244/9783830992844

Schütz, Alfred (2004): Der sinnhafte Aufbau der sozialen Welt. Eine Einleitung in die verstehende Soziologie. Alfred Schütz Werkausgabe, Bd. II., hrsg. von Martin Andreß und Joachim Renn. Konstanz: UVK.

Schwendowius, Dorothee (2015): Bildung und Zugehörigkeit in der Migrationsgesellschaft. Biographien von Studierenden des Lehramts und der Pädagogik. Bielefeld: transcript. https://doi.org/10.14361/9783839431948

Terhart, Ewald (Hrsg.) (1991): Unterrichten als Beruf. Neuere amerikanische und englische Arbeiten zur Berufskultur und Berufsbiographie von Lehrern und Lehrerinnen. Köln: Böhlau.

Terhart, Ewald (1995a): Lehrerbiographien. In: König Eckard/Zedler, Peter (Hrsg.): Bilanz qualitativer Forschung, Bd. II: Methoden. Weinheim: Deutscher Studien Verlag, S. 225–264.

Terhart, Ewald (1995b): Lehrerprofessionalität. In: Rolff, Hans-Günter (Hrsg.): Zukunftsfelder von Schulforschung. Weinheim: Deutscher Studien Verlag, S. 225–266.

Terhart, Ewald (Hrsg.) (2000): Perspektiven der Lehrerbildung in Deutschland. Abschlussbericht der von der Kultusministerkonferenz eingesetzten Kommission. Weinheim/Basel: Beltz.

Terhart, Ewald (2011): Lehrerberuf und Professionalität: Gewandeltes Begriffsverständnis – neue Herausforderungen. In: Helsper, Werner/Tippelt, Rudolf (Hrsg.): Pädagogische Professionalität. In: Zeitschrift für Pädagogik 57, Beiheft. Weinheim: Beltz, S. 202–224.

Terhart, Ewald (2013): Erziehungswissenschaft und Lehrerbildung. Münster: Waxmann.

Terhart, Ewald/Bennewitz, Hedda/Rothland, Martin (Hrsg.) (2014): Handbuch der Forschung zum Lehrerberuf. 2. Aufl. Münster: Waxmann.

Volkmann, Vera (2008): Biographisches Wissen von Lehrerinnen und Lehrern. Der Einfluss lebensgeschichtlicher Erfahrungen auf berufliches Handeln und Deuten im Fach Sport. Wiesbaden: VS-Verlag. https://doi.org/10.1007/978-3-531-90892-2

Wittek, Doris/Jacob, Cornelia (2020): (Berufs-)biografischer Ansatz in der Lehrerinnen- und Lehrerbildung. In: Cramer, Colin/König, Johannes/Rothland, Martin/Blömeke, Sigrid (Hrsg.): Handbuch Lehrerinnen- und Lehrerbildung. Bad Heilbrunn: Klinkhardt, S. 196–203. https://doi.org/10.36198/9783838554730

Phänomenologische Ansätze zu Professionalität und Professionalisierung im Lehrberuf: Anders sehen, wahrnehmen und urteilen lernen

Severin Sales Rödel

> **Aufräumen!**
> Nach der Hochsprungübung laufen die Schüler:innen wild durcheinander, einige fangen schon an, die Geräte abzubauen, andere finden sich in Gruppen zusammen, diskutieren lautstark die Übung und lachen. Der Lärmpegel schwillt an und Herr Häßler kann die Anweisungen zum Aufräumen nur noch schreiend vorbringen: „Zuerst die Schnüre, dann die Matten, dann die Kästen und dann die Stangen!" Die Schüler:innen wuseln durcheinander, hantieren mit den langen Hochsprungständern und gefährden sich damit gegenseitig. Der Lehrer wird noch lauter: „ZUERST DIE MATTEN! MATTEN!" Eine kleine Gruppe versucht, die Turnmatten auf den Mattenwagen zu stapeln. Die Schüler:innen zerren an den unhandlichen Matten, gleichzeitig rollt der Wagen weg. Herr Häßler versucht, noch andere Schüler:innen zum Aufräumen am Mattenwagen zu bewegen. Gleichzeitig gibt er den bemühten Schüler:innen am Mattenwagen Kommandos. Dort sind die Matten inzwischen unregelmäßig auf dem Wagen gestapelt, einige hängen auf den Boden. Der Lehrer schreit wieder dazwischen: „STOPP! Was ist denn das für ein Gestapel hier? Macht das mal richtig!" Dann läuft er wieder zu einer anderen Gruppe: hier liegen die Schüler:innen teils auf der großen Hochsprungmatte, teils schieben und zerren sie an der Matte. Herr Häßler macht mit den Armen scheuchende Bewegungen: „Hallo! Guckt mal! Ihr vier hier runter! Helft mal jetzt hier! Los! Los! Helfen!" Einige Schüler:innen setzen sich widerwillig in Bewegung, die anderen schieben weiter an der großen Matte. Plötzlich schreit Herr Häßler: „Schluss hier!" Und dann in einer hohen, quietschenden Tonlage und jede Silbe betont: „MAT-TEN-WA-GEN!" Die Schüler:innen kichern verhalten, einige machen sich auf den Weg zum Mattenwagen, doch als sie dort ankommen, hat die andere Gruppe das Problem bereits gelöst. Der Mattenwagen wird zum Geräteraum gefahren.

1 Einführung

Am Anfang dieses Beitrags – und auch am Anfang jeder phänomenologischen Untersuchung – steht ein Beispiel. Die Arbeit an Beispielen und Beschreibungen gelebter Erfahrung ist in der Phänomenologie zentral und Ansätze phänomenologischer Forschung haben sich in der erziehungswissenschaftlichen Forschung – neben ethnographischen und praxistheoretischen Ansätzen – als ein Mittel der Wahl etabliert, um Praxiserfahrungen differenziert zu erforschen und qualitativ gehaltvoll zu beschreiben (vgl. Brinkmann 2022). Die Frage, was eine phänomenologische Theorie der (Lehr-)Profession, der Professionalität und damit auch der Professionalisierung zu diesem Unterrichtsbeispiel sagen würde, ist allerdings zunächst schwierig zu beantworten, da es *die* phänomenologische Theorie pädagogischer Profession/Professionalität/Professionalisierung nicht gibt.

Zwar gibt es phänomenologische Handlungstheorien (vgl. Schütz 2016), ebenso phänomenologische Bildungs- und Lerntheorien (vgl. Meyer-Drawe 2012a). Die Verbindung aber – eine Handlungstheorie, die spezifisch auf das Ermöglichen pädagogischer Prozesse wie Lernen und Bildung zugeschnitten ist – fehlt, ebenso eine dezidiert phänomenologische Einordnung pädagogischer Berufe und Handlungsfelder, wie sie für eine Theorie der professionsgebundenen Handlungstheorie notwendig wäre. Der vorliegende Beitrag versucht, diese Leerstelle produktiv zu bearbeiten, indem er zuerst allgemeine Überlegungen zum Themenfeld ‚Professionalität' anführt, um Anschlussstellen zu phänomenologischen Diskursen herauszuarbeiten. In einem kurzen Überblick zum phänomenologischen Denken werden dann die Erfahrungsorientierung und die kritisch-reflexive Haltung der phänomenologischen Wahrnehmung als relevant für Professionalitätsdiskurse herausgestellt und in einer detaillierten Betrachtung erläutert. Eine phänomenologische Orientierung, so die These des Beitrags, kann pädagogisches Handeln in doppelter Perspektive erfahrungstheoretisch bestimmen; als Erfahrung des Handelns (d. h. des Lehrens, Erziehens etc.) und als erfahrungsbasiertes Handeln. Der Beitrag schließt mit einem Vorschlag zur Einbindung des Videobeispiels in Professionalisierungskontexte und einem Fazit und Ausblick.

2 Profession, Professionalität und Professionalisierung: Allgemeine Anmerkungen

Theorien der Professionalität sind aufs Engste mit Professionstheorien verklammert, und diese wiederum mit Fragen der Professionalisierung (vgl. Idel/Schütz/Thünemann 2021). Nur wenn umrissen werden kann, was die Profession ausmacht, kann bestimmt werden, welche Formen des Wissens, Denkens und Handelns, welche Eigenschaften und Einstellungen für diese Profession wünschenswert und zielführend sind, was also die Professionalität dieser spezifischen Profession ausmacht. Und nur wenn diese beiden Punkte geklärt sind, kann gefragt werden, wie unter den entsprechenden Bedingungen der Profession zu den ermittelten Professionalitätsformen gelangt werden kann – wie also

Professionalisierung möglich ist. An einem Beispiel lässt sich dies verdeutlichen: Begreift man – wie Helsper und daran angelehnte strukturtheoretische Ansätze – die pädagogischen Professionen und die des Lehrberufs im Besonderen als von „unauflösbaren Widersprüchen" und „pädagogischen Antinomien" durchzogen (Helsper 2021, S. 168), so besteht Professionalität in einem „Habitus der souveränen Routine" sowie einem „reflexiven Habitus" (Idel/Schütz/Thünemann 2021, S. 28). Nur so kann garantiert werden, dass Lehrer:innen den unauflösbaren Antinomien mit Souveränität (und nicht mit Resignation oder Verzweiflung) begegnen und dass sie in einer reflexiven Haltung diese Routinen auch befragen und sich durch Krisen in der pädagogischen Interaktion immer wieder produktiv irritieren lassen. Entsprechend ist auch der Weg der Professionalisierung zweigeteilt: „souveräne Routinen" lassen sich nur in der Praxis aufbauen, der reflexive Habitus – der nicht gleichzusetzen ist mit reinem Theoriewissen – entsteht sozusagen als Nebenprodukt eines ernsthaften wissenschaftlichen Studiums. Dass je nach Fassung der Profession auch die Bestimmung von Professionalität und Professionalisierung anders gelagert ist, lässt sich z. B. in der Debatte zwischen Baumert und Kunter einerseits und Helsper andererseits nachverfolgen (vgl. Baumert/Kunter 2006; Helsper 2007).

Für den vorliegenden Beitrag soll aus dem umfangreichen Diskurs zum Thema Professionalität und den unterschiedlichen Theorieangeboten zum einen das genannte dreistellige Raster Profession/Professionalität/Professionalisierung übernommen werden. Zum anderen sollen drei Überschneidungsbereiche bestehender Professionalitätstheorien ausgewiesen werden, die professionelles Handeln inhaltlich näher bestimmen.

Unstrittig ist, dass zum professionellen Lehrer:innenhandeln ein bestimmtes Wissen hinzugehört; wissenschaftliches Wissen zum Unterrichtsfach, zu pädagogischen und psychologischen Themen sowie zum Berufsfeld (vgl. Idel/Schütz/Thünemann 2021, S. 28). Neben diesen „Wissensbeständen" benötigen Lehrer:innen aber auch praktisches Handlungswissen, das je nach Professionalisierungsansatz als „Routinen" und „implizites Handlungs- und Erfahrungswissen" (ebd., S. 42) gefasst wird, als Kompetenzen, die sich im Lernerfolg der Schüler:innen zeigen (z. B. Unterrichten, Erziehen, Diagnostizieren etc., vgl. dazu Terhart 2011, S. 207), oder als biographisches Wissen über „die angemessenen und üblichen Strategien zur Problemlösung" und eine gewisse „,Urteilsfähigkeit' [bzw.] die Fähigkeit, Probleme richtig einzuschätzen" (Vogel 2019, S. 41). Die phänomenologische Perspektive, die in diesem Beitrag vorgeschlagen wird, knüpft an erfahrungstheoretische Konzepte pädagogischen Handelns an, geht aber davon aus, dass Handeln nicht nur in früheren Erfahrungen (oder sogen. Erfahrungswissen) fundiert ist, sondern selbst eine Erfahrung ist, in der Handelnde mit Neuem und Fremdem konfrontiert werden (vgl. Meyer-Drawe 2012b, S. 190 ff.), und es dann im Sinne professioneller Weiterentwicklung gilt, sensibel mit den eigenen Erfahrungen umzugehen.

Neben diesen beiden Kernbereichen, die man grob mit Wissen und Können umschreiben könnte, gibt es noch ein drittes Kerngebiet der Professionalität: Professionelle Praktiker:innen sollen einen „reflexiven Habitus besitzen" (Idel/Schütz/Thünemann 2021, S. 45), der es ihnen erlaubt, „sich aus [dem Fluss der Praxis] in kritischer Distanzierung und in theoretischer Perspektive herausheben zu können" (ebd., S. 28). Dieses Reflexionswissen erlaubt nicht nur die Beurteilung eigenen Handelns (vor dem Hintergrund bestimmter Vorstellungen guten, professionellen Handelns), sondern auch die Reflexion der „Rahmenbedingungen, Voraussetzungen und Einbindungen des eigenen professionellen Handelns" (Helsper 2021, S. 136), also die Reflexion der Profession. Als „Schlüsselkompetenz von Professionalität" (Combe/Kolbe 2008, S. 859) steht die Reflexivität also gleichberechtigt neben den anderen Bereichen des Wissens und Könnens.[1]

3 Phänomenologische Impulse zur Profession, Professionalität und Professionalisierung

Wie eingangs erwähnt, gibt es keine grundlegende Professionalisierungstheorie phänomenologischer Provenienz. Im Folgenden soll daher kurz in Grundzüge phänomenologischen Denkens eingeführt werden und diese sollen dann in drei Schritten auf die oben ausgewiesenen Bereiche der Profession, Professionalität und Professionalisierung bezogen werden. Dabei wird ein Schwerpunkt auf die Bereiche Professionalität und Professionalisierung gelegt. In diesen Bereichen kann die Phänomenologie wertvolle Anregungen zu Konturen sowie zum Aufbau von professionellem Können und einer reflexiven Haltung einbringen.

3.1 Phänomenologie als Philosophie der Erfahrung

Die Phänomenologie als Wissenschaft und Philosophie von den Erfahrungen (vgl. Brinkmann 2015, S. 33) kann als Zugang oder Weg dienen, mit dem Erfahrungen beschrieben werden können – möglichst konkret und „so wie sie [sind], ohne Rücksicht auf [...] Kausalerklärung" (Merleau-Ponty 1966, S. 3). Phänomenologische Beschreibungen versuchen also, alltägliche Erfahrungen – z. B. die Wahrnehmung von Situationen, Personen, Interaktionen, aber auch konkrete Erfah-

---

1 Reh weist darauf hin, dass das Schlagwort „Professionalität durch Reflexivität" (Reh 2004, S. 363) zur Etablierung von „Bekenntnisstrukturen" (ebd., S. 368) und reinen „biografischen Selbstvergewisserungen" (ebd., S. 364) führen kann. Reflexion, so wie Reh sie versteht, soll zunächst eine sprachliche Verfügbarkeit ermöglichen, das zu fassen, „was sich der Einzelne als Handeln in Geschichten zuschreibt", um dann entsprechende organisatorische Strukturen zu schaffen (vgl. ebd.).

rungen wie etwa das Lernen und Lehren – in ihrer Einbettung in Kontexte zu beschreiben und in ihrer Sinnhaftigkeit aufzuschlüsseln.

Die Phänomenologie geht davon aus, dass uns die Welt in Erfahrungen gegeben ist bzw. dass unsere Wahrnehmung der Welt eine Erfahrungsstruktur besitzt. Was bedeutet dann hier Erfahrung? Erfahrung wird als eine spezifisch menschliche Möglichkeit gesehen, die nicht durch das Denken bestimmt ist, aber auch nicht durch das reine „Erleben" also ein aktives und auf bestimmte Ziele gerichtetes Tun (vgl. Meyer-Drawe 2012b, S. 189). In der Erfahrung werden wir von der Welt überrascht und in Beschlag genommen. Das menschliche Bewusstsein kommt also für den Sinn nicht allein auf, es „erfährt" ihn auch aus der Welt: Das Bewusstsein „antwortet auf einen ihm fremden Anspruch, durch den es wie durch eine Ohrfeige getroffen werden kann. Erfahrung meint damit die Öffnung zu einer Welt, die sich mitunter aufdrängt" (ebd., S. 190). Die Welt kann uns also auch ‚in die Quere kommen' uns überraschen und irritieren. Dies wiederum ist nur möglich aufgrund der zweiten erfahrungstheoretischen Komponente der Phänomenologie: Wir können Erfahrungen nur machen, weil wir bereits Erfahrungen gemacht haben. Nur wenn aufgrund bestehender Erfahrungen ein bestimmtes Verständnis von Welt ausgebildet wurde, haben wir Erwartungen an die Welt, bewegen wir uns in einem Horizont des Vertrauten, der dann in einer neuen Erfahrung in Frage gestellt wird. Die Antizipationen, die wir immer schon gegenüber der Welt haben, basieren auf Erfahrung, werden aber erst in einer (neuen) irritierenden Erfahrung deutlich. Käte Meyer-Drawe fasst dies im Bild des Stolperns zusammen: „Dass die Stufen einer Treppe nicht nach der Norm gestaltet wurden, merke ich, wenn ich stolpere. Erst dann bringe ich in Erfahrung, dass mein Leib mit einer üblichen Treppe gerechnet hat." (ebd.) Erfahrung ist also ein aktiv-passives Geschehen, das zwischen Intentionen und Erwartungen spielt, die vom Subjekt ausgehen und in seiner Geschichte begründet sind, und passivem ‚Widerfahren', also den Überraschungen, Irritation und Widerständigkeiten, die die Welt für uns bereithält.

Ein zweiter Zentralbegriff der Phänomenologie ist die Wahrnehmung[2]. Sie ist eng mit dem Begriff des Phänomens verbunden. Die Phänomenologie nimmt an, dass sich die Dinge und die Welt als Phänomene zeigen, die von Subjekten wahrgenommen werden. Phänomenolog:innen gehen davon aus, dass sich vom Phänomen her etwas zeigt, was zuerst auch so stehengelassen wird (phainomenon = das Erscheinende). Die Phänomenologie versucht bewusst, in der Beschreibung eines Phänomens auf wissenschaftlich-theoretische Erklärungsmodelle zu verzichten. Diese spielen an späterer Stelle in phänomenologischen

---

2 Wahrnehmung und Erfahrung sind in phänomenologischen Ansätzen schwer zu trennen, bzw. kann die Wahrnehmung als Erfahrung gedacht werden (vgl. Rödel 2019, S. 172 ff.). Im Folgenden wird daher in Bezug auf Unterrichtssituationen und Professionalisierungsfragen von Wahrnehmung gesprochen – gemeint ist jeweils eine Wahrnehmung mit Erfahrungsstruktur.

Analysen durchaus eine Rolle, die Phänomenologie ist keine wissenschaftsfreie" Herangehensweise. Das ‚Sich-Zeigen' ist zuerst in einem subjektiven Eindruck begründet, der aber selbst wieder auf einer Verbundenheit mit der Welt und auf vielfältige Relationen zu den Anderen und den Dingen baut. Was sich mir so zeigt, kann sich einer anderen Person in ganz anderer Weise zeigen; die Schülerin, die die Hochsprungständer abbaut, erscheint dem einen als motiviert und vorausschauend, der anderen als übereifrig und den Ermahnungen des Lehrers gegenüber resistent. Die Dinge liegen also nicht einfach nur vor, der/die Betrachter:in spielt eine große Rolle. Hier wird wieder die Erfahrungsstruktur deutlich: (Phänomen-)Wahrnehmung ist eine Erfahrung, da sie sich als zweipoliger Prozess zwischen Aktivität und Passivität entfaltet. Ich nehme passiv etwas wahr (aufnehmen, rezeptiv) und füge dem aktiv einen Sinn hinzu (wahrnehmen *als etwas Bestimmtes*, produktiv). Vorherige, d. h., ‚gemachte' Erfahrung spielt hier eine Rolle, etwa wenn die Schülerin mit dem Hochsprungständer bereits bekannt ist und auch die Schwierigkeit von Umbauphasen geläufig ist. So erscheint die Schülerin (das aktuell wahrgenommene Phänomen) in einem Horizont der Bekanntheit und Bezogenheit. Sie wird *als* eine bestimmte Schülerin wahrgenommen – als eifrige, verlässliche oder als störende, besserwisserische Schülerin. Die Phänomenologie geht davon aus, dass sich Aussagen über die Welt nur aus dieser Doppelstruktur heraus bestimmen lassen, dass also beide Enden der Wahrnehmung befragt werden müssen, wenn wir sagen wollen, was ‚Sache' ist.

Dazu hat die Phänomenologie eine komplexe Methodik erarbeitet, die den Prozess der Wahrnehmung der Welt unter die Lupe nehmen und in seiner Erfahrungsstruktur aufschlüsseln lässt. Damit ist Phänomenologie zuerst eine Erkenntnistheorie, die ermittelt, wie wir überhaupt Zugang zur Welt erlangen und Wissen über Welt generieren können. Zum anderen ist sie eine Methode und ein Forschungsprogramm, das dazu einlädt, sich auf die alltäglichen Phänomene einzulassen und sich von ihnen irritieren zu lassen. In der Phänomenologie wird dies auch „Sehenlassen" (Heidegger 2006, S. 32) genannt, als Zusammenspiel von Aufmerksamkeit auf die Sache und reflexiven Operationen, die immer wieder fragen, wie die jeweilige (subjektive) Aufmerksamkeit auf die Sache zu Stande kommt. Die Phänomenologie setzt daher erstens auf die genaue Beschreibung von Phänomenen bzw. der Dokumentation der Erfahrung mit und an Phänomenen. Eine solche Beschreibung – eine *phänomenologische Deskription* (vgl. Brinkmann 2015) – findet sich zu Anfang des Beitrages. Zweitens sollen in einer sogen. *Reduktion* die in der Beschreibung festgehaltenen, subjektiven Momente (also das Phänomen, wie es sich einer individuellen Person zeigt) auf den Prozess der Wahrnehmung, seine Erfahrungsstruktur und seine Einbettung in intersubjektive Bezüge zurückgeführt werden. Diese Rückführung als eine kritische Betrachtung der eigenen Wahrnehmung kann entweder durch das Einklammern einer Stellungnahme oder eines (Vor-)Urteils über eine Sache stattfinden (vgl. Brinkmann

2021b, S. 44). Man versucht, ein bereits gefälltes Urteil aufzuschieben und sozusagen noch einmal ungültig zu machen, um anders urteilen zu können. Alternativ lässt sich die Rückführung auch durch ein Anhalten erwirken, durch eine Verzögerung und ein Verweilen in der „Erfahrungsbewegung" (ebd.), um sich für etwas Fremdes und Neues zu öffnen. Hierbei geht es dann um eine Haltung der Offenheit und der Besinnung, nicht um eine Bewusstseinsoperation wie beim Einklammern. Im Anschluss an die genannten kritischen Auseinandersetzungen mit der eigenen Wahrnehmung kann erneut formuliert werden, wie sich das Phänomen nun zeigt.

Das so aus den alten Wahrnehmungsgewohnheiten herausgelöste Phänomen kann nun in einem dritten Schritt gezielt aus unterschiedlichen Perspektiven beleuchtet und interpretiert werden, es kann durch unterschiedliche ‚Brillen' betrachtet werden (vgl. Brinkmann 2015). In dieser *Variation* von Hinsichten können dann z. B. auch wissenschaftliche Theorien zum Zuge kommen und so neuer Sinn in Bezug auf das Phänomen oder die beschriebene pädagogische Situation generiert werden.

Die phänomenologische Haltung bedeutet also einerseits eine strikte Sachorientierung, in der Erfahrungen und Wahrnehmungen möglichst genau beschrieben werden, andererseits eine kritische Auseinandersetzung mit (routinisierten) Praxen des Sehens und Wahrnehmens. Im Folgenden soll argumentiert werden, dass diese beiden Kernaussagen zur Phänomenologie anschlussfähig an die oben ausgewiesenen Diskursfelder zur Lehrer:innenprofessionalität sind. Hier stehen v. a. die Felder der Professionalität und der Professionalisierung im Mittelpunkt, ebenso die Reflexivität und die Verbindung von Wissen und Können in der Erfahrung. Dabei müssen die Überlegungen aber vorerst entwurfshaft bleiben; sie stellen ein Novum dar. Denn trotz einer langen Tradition der Phänomenologie in der Erziehungswissenschaft (vgl. Brinkmann 2019) finden sich nach Wissen des Autors kaum Ansätze, die konkret die Frage der Professionalisierung durch phänomenologisches Denken, Forschen oder Wahrnehmen verhandeln. Demgegenüber stehen viele Ansätze der phänomenologischen Erziehungswissenschaft, d. h. Ansätze die sich den Phänomenen Bildung, Lernen und Erziehung aus phänomenologischer Perspektive widmen.[3]

3.2 Profession: Das Phänomen ‚Unterricht'

Beginnen wir mit der Frage, was die Phänomenologie zu einer Theorie der pädagogischen Profession beitragen kann. Hier kommt die Phänomen- und Erfah-

---

3 Vgl. exemplarisch die Studie von Rödel (2019) und auch die Veröffentlichungen in der Reihe „Phänomenologische Erziehungswissenschaft" (herausgegeben von Malte Brinkmann, Wiesbaden: Springer VS, https://www.springer.com/series/13404).

rungsorientierung der Phänomenologie ins Spiel, die sich zuerst an Praxen (des Erziehens, des Lehrens) orientiert und von dort aus die Frage bearbeitet, wie diese Praxen im Sinne einer Profession strukturiert sind. Hier kann nur auf wenige Vorarbeiten zurückgegriffen werden, so etwa auf die Studie von Langeveld, der versucht, eine Theorie der Schule aus einer Phänomenologie der kindlichen Schulerfahrung heraus zu entwickeln (vgl. Langeveld 1968). Dieser frühe Versuch langt in puncto Systematisierung und definitorischem Anspruch nicht an moderne Diskurse um Professionalität heran. Trotzdem finden sich hier sensible und vielschichtige Beschreibungen pädagogischer bzw. schulischer Wirklichkeiten, in die sich in einer tieferen Lektüre auch Bestimmungen der Profession hineinlesen ließen. So kann im Anschluss an Langeveld Schule die Profession des Lehrberufs als „Zwischenglied" zwischen zwei Welten gefasst werden; der Welt des Kindes und der Welt der schulischen Aufgaben. Lehrer:innen sind „Amphibien" (Langeveld 1968, S. 52 ff.), die sich in beiden Welten bewegen müssen und doch in keine recht hineinpassen. Auch in neueren Studien finden sich diese Anknüpfungspunkte, so etwa in Sünkels *Phänomenologie des Unterrichts* (vgl. Sünkel 1996), in der die Akteur:innen und Gegenstände des Unterrichts durch phänomenologische Betrachtungen in ein Geflecht von Interessen und Beziehungen aufgegliedert werden. Oder in einer phänomenologischen Betrachtung der Schule als Institution, deren Aufgabe es ist, „Aufgaben zu stellen und Aufgaben zu bearbeiten, und schließlich […] über die Relevanz und Bedeutung der traditional überlieferten Antworten demokratisch zu entscheiden" (Brinkmann 2017, S. 106). Ebenso finden sich aktuelle Arbeiten, die über eine Phänomenologie schulischer Lernformen (vgl. Brinkmann 2021a; Rödel 2019) auch Eckpunkte der Lehrprofession ausweisen. Den Anspruch, „das Pädagogische" bzw. „das Unterrichtliche", „das Schulische" zu bestimmen, vertreten phänomenologische Ansätze in der Erziehungswissenschaft schon seit ihren Anfängen und auch heute noch (Brinkmann 2019), womit sie zu einem (indirekten) Referenzpunkt für Bestimmungen der Profession werden können. Gerade im Kontext einer wissenschaftlichen Bestimmung von Unterricht, dem Lehrberuf oder der Schule kann Phänomenologie hier aufklären, indem sie das alltäglich Erfahrene aus habituierten Wahrnehmungskontexten herauslöst und z. B. auch über die immer schon mitgängigen Theorien zu Unterricht informiert.

3.3 Professionalität: Pathos, Takt, Ethik und Urteil

In Bezug auf die Frage nach Professionalität oder professionellem Handeln bieten sich mehrere Ansatzpunkte. Sie bauen alle auf der phänomenologischen Annahme, dass zur phänomenologischen Beschreibung eine besondere Art der Wahrnehmung bzw. der Reflexion von Wahrnehmungen gehört, die Erfahrungsstrukturen in der Wahrnehmung aufdeckt.

Einen Ansatzpunkt bieten hier Arbeiten van Manens (vgl. van Manen 2007; van Manen 2014). Er weist als Kernkompetenz professioneller Pädagog:innen die sogenannte „pathic knowledge" aus (van Manen 2007, S. 20) – ein Wissen und Können, das auf die leibliche Sensibilität, die persönliche Präsenz, das Wahrnehmen von Beziehungskonstellationen und „tact for knowing what to say and do in contingent situations" (ebd.) baut. Diese „pathic knowledge" ist in weiten Teilen vor-theoretisch und vor-sprachlich, d. h. implizit, leiblich und handlungsgebunden strukturiert (ebd.). Die „pathic knowledge" verbindet den/die Praktiker:in auf eine bestimmte Art mit der pädagogischen Lebenswelt, sie lässt konkrete Phänomene und Beziehungen in den Vordergrund treten und ermöglicht, pädagogische Situationen ganzheitlich zu verstehen: „pathic knowledge" zu besitzen bedeutet, sensibilisiert zu sein für kontingente Handlungssituationen, Beziehungsgefüge und moralische Dilemmata (ebd.). Damit wird die „pathic knowledge" als eine Voraussetzung für die Entwicklung von pädagogischem Takt gefasst.

Einen anderen Vorschlag machen Agostini und Bube (Agostini/Bube 2021)[4]: Professionelles Lehrer:innenhandeln zeichnet sich durch eine „Haltung der Aufmerksamkeit und Achtsamkeit für fremde Ansprüche aus, [...] eine Hin- oder Zuwendung, ein bestimmtes ‚Ethos der Sinne'" (ebd., S. 65). Dabei stehen auch hier die „pathischen" Anteile des Handelns und Wissens im Mittelpunkt, also diejenigen Strukturen, die Lehrer:innenhandeln immer schon implizit mit- und vorgestalten. Der Fokus auf das Pathische bedeutet dann, auf diese Strukturen aufmerksam und damit auch achtsam gegenüber dem Anderen zu werden – den Schüler:innen oder auch Kolleg:innen (ebd., S. 66). Der ethische Anspruch liegt dabei v. a. in der Wahrnehmung des/der Anderen als Fremdem/n, d. h. dass im Umgang mit dem Anderen „nicht bloß bereits bestehendes Wissen über den Anderen oder die Welt reproduziert wird" und er in gewohnte Schemata eingeordnet wird, sondern dass auf den Anderen „gehört" und „geantwortet" (Agostini 2019, S. 317) wird. Professionalität, die auf einer phänomenologischen Theorie aufbaut, wird so zu einem Ethos „im Sinne einer professionellen Wahrnehmung als sittliche Haltung" (Agostini/Bube 2021, S. 66), die zwar auch im Sinne des Taktes als Voraussetzung für das Fällen von Urteilen über „angemessene" Handlungsmöglichkeiten dienen kann (evb.), die aber hauptsächlich ethisch dimensioniert ist.

Eine dritte Fassung von Professionalität unter phänomenologischen Gesichtspunkten verbindet die beiden oben genannten Ansätze. So schlagen Brinkmann und Rödel vor, Lehrer:innenprofessionalität zwischen einer spezifischen Art des Sehens und Wahrnehmens und einer Fähigkeit zum Umgang mit eigenen Urteilen resp. einer Urteilsfähigkeit einzuordnen (Brinkmann/Rödel 2020, S. 307). In diesem in der Videoanalyse beheimateten Ansatz bedeutet Professionalität dann,

---

[4] Dieser geht weitgehend auf die Arbeit von Agostini (2020) zurück.

Unterrichtssituationen in ihrer Widersprüchlichkeit wahrzunehmen und zu akzeptieren, sich dazu zu positionieren und zu urteilen, diese Positionierungen dann auch begründen zu können und sich ggf. davon zu distanzieren, um Lern- und Innovationsprozesse zu ermöglichen und alternative Möglichkeiten des Urteilens zu erproben (Rödel 2022a, S. 255). Diese Fassung baut auf einer Form der praktischen Reflexivität, die einerseits in der Distanznahme zu eigenen Routinen und Vorerfahrungen, andererseits in einer starken praktischen Orientierung an durch Ambiguität geprägten pädagogischen Situationen und den neuen, überraschenden Anteilen pädagogischer Erfahrung besteht (Brinkmann/Rödel 2021). Damit wird unterstrichen, dass die Offenheit des phänomenologischen Blicks nicht nur eine Offenheit zum Selbstzweck oder aus Gerechtigkeits- und Anerkennungsgründen ist, sondern eine Offenheit, die mit dem Problem der pädagogischen Normativität umgehen lässt. Normativität im pädagogischen Handeln bedeutet, dass Pädagog:innen ihrem Handeln im Alltag im Sinne einer normativen Setzung eine Richtung geben (und geben müssen), da pädagogisches Handeln sich sonst Vorwürfen der Planlosigkeit und der mangelnden Rechtfertigung ausgesetzt sähe (vgl. Rödel 2022b, S. 361 ff.). Diese inhärente Normativität des Pädagogischen kann so zuerst als Faktum aufgeschlüsselt werden, bevor über die Setzungen und Richtungsentscheidungen, die Pädagog:innen vornehmen, geurteilt wird.

Im Kontext der Frage nach Professionalität aus phänomenologischer Perspektive bietet sich an, einen kurzen Blick auf das Videobeispiel zu werfen. Die Frage, ob der Lehrer professionell handelt, ist gekoppelt an die Berücksichtigung der pathischen Dimensionen seiner Praxis. Fraglich wird also, ob er z. B. andere Beziehungen und Adressierungen im Unterrichtsgeschehen erkennt, als diejenigen, die an die Inhalte und Lernziele bzw. die unmittelbar anstehende Aufgabe des Aufräumens und Organisierens gekoppelt sind. Hier kämen z. B. leibliche Dimensionen der Situation in Frage, wie die Dynamik und die räumliche Konstellation der Schüler:innen, die Lautstärke und ggf. auch die körperliche Anstrengung, ebenso aber auch emotionale und stressbedingte Beziehungen zu den Schüler:innen und zu seinen eigenen Ordnungsbemühungen. Diese Dimensionen der „pathic knowledge" können dann wieder mit der Frage des Taktes in Verbindung gebracht werden: Um Takt zu entwickeln, um also zu wissen, was die je spezifische Situation erfordert, müssen die pathischen Dimensionen der eigenen Unterrichtswahrnehmung berücksichtigt werden. Die Frage nach den Urteilsprozessen ist ähnlich ausgerichtet: Der Lehrer fällt ggf. implizit Urteile über das (unerwünschte) Schüler:innenverhalten, über die Wichtigkeit bestimmter Unterrichtsziele, über die Frage des nötigen Maßes an Solidarität und Zusammenarbeit etc. Solange diese Urteile implizit bleiben, kann er sich nicht davon distanzieren und auch keine alternativen Urteile in Erwägung ziehen. Er bleibt in alten Urteilsstrukturen verhaftet, auch wenn diese teils den Unterrichtsverlauf hemmen und

Frust erzeugen – so z. B. das Beharren auf bestimmte Abläufe oder der Versuch, alle Schüler:innen gleichzeitig die gleiche Aufgabe erledigen zu lassen.

Alle drei genannten Ansätze setzen stark auf eine besondere Form der professionellen Wahrnehmung, die im phänomenologischen Denken mit dem Begriff „pathisch" umrissen wird. „Pathisch" bedeutet hier eine Haltung der Offenheit in der Wahrnehmung, ein „Sehen-Lassen" (Heidegger) von Phänomenen und Situationen wie sie sich von sich aus zeigen. Professionalität wird also zu einer Haltungsfrage, bezogen auf die Reflexivität der Wahrnehmung, die in den drei genannten Ansätzen allerdings unterschiedlich gelagert ist: Bei van Manen ist die „pathische" Wahrnehmungs- und Verstehenshaltung eine Voraussetzung für Takt, „for knowing what to say or do" in herausfordernden Situationen. Für Agostini bzw. Agostini und Bube bedeutet die „pathische" Wahrnehmungshaltung im professionellen Handeln v. a. anders wahrzunehmen und dadurch einerseits unter Anerkennungs- und Gerechtigkeitsgesichtspunkten den Anderen ganzheitlicher wahrzunehmen, andererseits habituelle Wahrnehmungsmuster und Vorurteile aufzubrechen. Die phänomenologische Haltung des Sehen-Lassens wird hier also zu einer ethischen Haltung. Bei Brinkmann und Rödel bzw. Rödel dient die Offenheit im Sehen und Wahrnehmen zur Explikation bisheriger Urteile über pädagogische Situationen, zu einer Distanzierung und Reflexion dieser Urteile und damit zur Ermöglichung anderer und neuer Urteilsprozesse im Sinne pädagogischer Normativität.

3.4 Professionalisierung: Anders wahrnehmen lernen

Nach diesem Überblick stellt sich nun die Frage, wie aus phänomenologischer Perspektive die o. g. Merkmale pädagogischer Professionalität erlangt werden können. Im Falle von van Manens „pathic knowledge" werden hier v. a. Übungen im Beschreiben pädagogischer Situationen vorgeschlagen. Durch eine besondere Art des phänomenologischen Schreibens soll die „pathic knowledge" in Worte gefasst und so zum Gegenstand professioneller Reflexion und Entwicklung gemacht werden können (van Manen 2007, S. 22; siehe auch Henriksson 2012; Sipman et al. 2022). Mittel der Wahl sind hier Anekdoten, d. h. kurze Beschreibungen pädagogischer Situationen, die mit literarischen Mitteln Assoziationen und Erfahrungen evozieren (van Manen 2014, 120 f.). Im phänomenologischen Schreiben soll etwas gezeigt werden (eine Situation, ein Phänomen), gleichzeitig soll dokumentiert werden „what we know, and in what way we know what we know" (ebd., S. 127). Das Schreiben distanziert von der unmittelbaren Erfahrung im Klassenzimmer, in der Distanz öffnet sich ein Raum für Reflexionen und damit die Möglichkeit, neu/anders zu sehen: „Writing exercises the ability to see" (ebd., S. 129).

Ein ähnlicher Ansatz findet sich bei Agostini, die auf die Innsbrucker Vignettenforschung (Schratz/Schwarz/Westfall-Greiter 2012) aufbaut: In Professionalisierungskontexten wird hier mit (selbstverfassten oder vorliegenden) Beschreibungen pädagogischer Situationen (sogenannten Vignetten) gearbeitet, die mehrdeutig sind, offen für Assoziationen und die bewusst „häufig vernachlässigte sinnlich-leibliche Erfahrungen" (Agostini 2019, S. 317) thematisieren. Sie legen damit den Lesenden nahe, „sich mit ihren eigenen Wahrnehmungs- und Erfahrungsgewohnheiten auseinander zu setzen" (ebd., S. 317). In einer losen methodischen Programmatik wird dann vorgeschlagen, sogenannte „Vignettenlektüren" (Schratz/Schwarz/Westfall-Greiter 2012, S. 38) durchzuführen, d.h. Lesarten und Deutungen zu formulieren, die an den Aufmerksamkeit erregenden, an den beglückenden oder den irritierenden Leseerfahrungen der Vignette ansetzen und neue Sichtweisen auf den Unterricht und auch die Schule generieren (Agostini 2019, S. 317). Vignettenlektüren können dabei einerseits theoriegeleitet sein, andererseits auch an der „leiblichen Betroffenheit" (ebd., S. 318) der Lesenden oder der in den Vignetten beschriebenen Schüler:innen ansetzen. Sie sind somit zwischen Theorie und Praxiserfahrung angesiedelt und sollen die „Abstandnahme von Gewohntem und eine[n] Umgang [...] mit Unbestimmtheiten und Unwägbarkeiten" (ebd.) ermöglichen. Dies wiederum wird (auch) durch die intersubjektive Ausrichtung der Vignettenforschung versucht zu garantieren: Einerseits soll die Arbeit mit Kolleg:innen an Vignetten plurale Hinsichten erzeugen, andererseits soll die Forscher:innengruppe auch über die Plausibilität von einzelnen Lesarten entscheiden.

Beide genannten Ansätze arbeiten mit Grundannahmen der Phänomenologie: Sie befragen das, was sich in der Wahrnehmung zeigt, auf die Art und Weise wie es sich zeigt (*Reduktion*, siehe Kap. 3.1). Sie pluralisieren Hinsichten auf pädagogisches Geschehen und versuchen damit, dem impliziten, leiblichen Erfahrungswissen und -können pädagogischer Praktiker:innen gerecht zu werden (*Variation*, siehe Kap. 3.1). Damit weisen sie eine starke Orientierung an den ‚Sachen', also den konkreten pädagogischen Situationen und Erfahrungen auf. Sie versuchen gleichfalls, den ‚professionellen Blick' zu schulen und von alten Seh- und Wahrnehmungsgewohnheiten wegzuführen. Die Frage nach der Differenz zwischen Erfahrungen (im Klassenzimmer selbst) und ihrer nachträglichen Aufarbeitung unterscheiden sich jedoch in schriftbasierten Ansätzen (van Manen, Vignettenforschung) stark vom (bewegt-)bildbasierten Ansatz (Brinkmann und Rödel, phänomenologische Videografie). Ebenso unterscheiden sich die Ansätze in Bezug auf die systematische Einbindung phänomenologischer Operationen (siehe oben).

Im Folgenden soll der dritte Ansatz – die Professionalisierung als Distanzahme von alten und Herausbildungen von neuen Formen des Urteilens und die Arbeit an Videos – näher erläutert werden. Damit werden einerseits einige der o.g. Kritikpunkte adressiert, andererseits wird näher auf die Videoarbeit eingegangen, da der Ansatz von Brinkmann und Rödel (Brinkmann/Rödel 2020) dezidiert auf Videobeispiele setzt, um phänomenologische Professionalisierungsprozesse zu unterstützen. In der folgenden Darstellung wird auf das Videobeispiel aus der Anfangssequenz zurückgegriffen.

3.5 Fokus: Phänomenologische Videografie in der Lehrer:innenprofessionalisierung

Videografische Ansätze in der Phänomenologie gehen zuerst davon aus, dass sich in Bildern bzw. Bewegtbildern mehr und anderes zeigt als in Texten. Sie dürfen aber auch nicht als Abbild der Realität verstanden oder mit der Erfahrung der Wirklichkeit gleichgesetzt werden. Bilder besitzen eine „eigene Wirklichkeit", sie spielen zwischen Sichtbarkeit und Unsichtbarkeit (Brinkmann/Rödel 2020, S. 306), zwischen Realität und Fiktion bzw. Konstruktion und animieren so, sie im Rahmen eigener Verständnishorizonte auszudeuten und zu ergänzen (ebd.). Die beispielhaften Situationen, die im Video abgebildet sind, laden dazu ein, sich in die Situation selbst hineinzuversetzen und erzeugen aber gleichsam eine Distanz zur Situation, weil das In-die-Bewegtbilder-Hineinversetzen immer in Kontrast zum eigenen Erleben von Situationen steht. In dieser ‚epistemologischen Lücke' zwischen einer erfahrungsgeleiteten Affizierung und einer durch das Medium erzeugten Distanz können Deutungen und Analysen ansetzen, die Theorie- und Praxiserfahrung produktiv miteinander verbinden.

In einem ersten Schritt, der sogenannten „responsiven Sichtung" (Brinkmann/Rödel 2018, S. 536), werden die Lehrer:innen angeregt, Eindrücke, Emotionen, Assoziationen und Antworten auf das Wahrgenommene zu formulieren. Auf die Situation zu antworten bedeutet dabei nicht dasselbe, wie auf Reize zu reagieren. In einer Theorie des Antwortgeschehens oder der Responsivität wird davon ausgegangen, dass wir schon verstehend von der Situation eingenommen sind und die Antworten auf das Wahrgenommene sich zwischen Betrachtenden und im Video dargestellten Situationen sinnhaft entwickeln. Diese Antworten werden noch nicht bewertet, sondern nur gesammelt. Sie können auch Urteile oder Wertungen beinhalten, solange diese durch genaue und gehaltvolle Beschreibung unterfüttert sind (*Deskription*, siehe Kap. 3.1). Dadurch nähern sich die Lehrkräfte der Situation an und werden aufmerksam darauf, dass sie im Kontext pädagogischer Praxis immer schon (implizite oder explizite) Urteile fällen (Rödel 2022a, S. 258).

Im zweiten Schritt der Videoarbeit wird eine Verzögerung im Sehen (und eine Unterbrechung im Urteilen) angestrebt, die mit Videos auch technisch realisiert werden kann. Dieser Schritt entspricht der o. g. *phänomenologischen Reduktion* (vgl. Kap. 3.1): Wiederholt werden kurze Sequenzen, mit und ohne Ton, angesehen oder die Videos werden in Zeitlupe oder -raffer gesichtet. Dabei gerät in den Blick, was sich aufs Erste nicht zeigt. Dies soll ermöglichen, sich von ersten Urteilen zu distanzieren, sich etwas Neues auffallen zu lassen und normative Vorannahmen kritisch einzuordnen (Rödel 2022a, S. 358). Es geht also um eine Übung im Sehen und Wahrnehmen (vgl. ebd, S. 304).

Im dritten Schritt findet ein diskursiver Austausch mit anderen Lehrer:innen statt. Einzelperspektiven werden mit anderen Perspektiven konfrontiert und v. a. mit den Begründungen, die die Beteiligten für die je eigene Perspektive vorbringen, unterlegt (*Variation*, siehe Kap. 3.1). So geraten auch die Konzepte, Theorien (wissenschaftliche und subjektive), Methoden und Modelle in den Fokus, die für unser Wahrnehmen und Urteilen immer schon leitend sind, die wir aber nicht bemerken und befragen. Im Abgleich mit anderen werden so Seh- und Wahrnehmungsgewohnheiten und normative Begründungsmuster deutlich (vgl. ebd.). In der Distanzierung und im Innehalten kann so mittels Videos auch das Urteilen geübt werden (vgl. Brinkmann/Rödel 2020). Zudem kann hier deutlich werden, dass die zugrunde liegenden Muster und Orientierungen sich teils widersprechen können und dass die Praxis von Ambiguitäten, also Uneindeutigkeiten und Entscheidungen in herausfordernden Situationen durchzogen ist (Rödel et al. 2022). Darüber sind auch Anschlussstellen zu anderen Professionstheorien ausgewiesen.

Zusammengenommen zielen die drei Schritte auf eine professionelle Distanznahme von biographischen Erfahrungen der eigenen Schulzeit und daher rührenden Vorannahmen über die Praxis, von normativen (Vor-)Urteilen und von wissenschaftlichen oder pseudowissenschaftlichen Deutungs- und Erklärungsmustern. Diese Distanzierung wird als Vorbedingung von Reflexivität (Brinkmann/Rödel 2020, S. 304) und als Zugriffsmöglichkeit auf Erfahrungsstrukturen eingeordnet und kann in den Umgang mit eigenen Urteilen einüben und so auf die Ambiguität der Praxis vorbereiten. Im Folgenden wird beispielhaft[5] gezeigt, wie die drei Schritte angewendet werden, und welche Perspektivierungen in Bezug auf das Videobeispiel sich daraus ergeben.[6]

a) In einer ersten responsiven Sichtung und der daran anschließenden *Deskription* fällt die große Lautstärke und die hohe Bewegungsaktivität der Schüler:innen auf. Sie scheinen ständig in Bewegung, teils sind sie bemüht,

---

5   Aus phänomenologischer Perspektive könnten hier noch weitere Punkte diskutiert werden; so z. B. der „Aufforderungscharakter der Dinge" (Wilde 2015). In diesem Beispiel gehörten dazu v. a. die Sportgeräte, die die Schüler:innen zu unterschiedlichsten Nutzungen und Interaktionen herausfordern. Ebenso könnte die Leiblichkeit der Schüler:innen fokussiert werden. Im Folgenden kann aber aus Platzgründen nur ein Aspekt unter vielen beleuchtet werden.
6   Phänomenologische Videoarbeit im Kontext der Professionalisierung gelingt nur als intersubjektive Praxis. Entsprechend wurde das hier angeführte Videobeispiel mit zwei Kolleg:innen diskutiert, um exemplarisch aufzeigen zu können, wie (angehende) Lehrer:innen mit Videobeispielen arbeiten können.

beim Abbau zu helfen, teils entziehen sie sich der Aufgabe und die Bewegungen, das Entfernen von den Matten etc. wirkt dann fast störend und subversiv: Sie sind für den Lehrer ‚nicht greifbar'. Der Lehrer wirkt hilflos, von der Situation überfordert und durch die vielen kleinteiligen Interaktionen, in die er sich begibt, orientierungslos. Gleichzeitig fallen seine Ordnungsversuche auf. Ständig kommandiert er, gibt unterschiedlichste – für die Schüler:innen wahrscheinlich schwer nachvollziehbare – Anweisungen, die meiste Zeit schreiend. Gegen Ende der Sequenz variiert er dieses Schreien – er quietscht und parodiert sich damit selbst.

b) In genauerer Betrachtung einzelner Interaktionen und in einer Sichtung in Slow-Motion stellen sich einige der ersten Eindrücke und Urteile anders dar (*Reduktion*): Nicht alle Schüler:innen sind dauernd in Bewegung, es gibt auch eine Gruppe, die sich nach einiger Zeit auf der großen Sprungmatte sammelt und wartet, bis diese weggeräumt werden darf. Auch sind nicht alle Gespräche, die die Schüler:innen führen, losgelöst von der Aufräum-Aufgabe: Sie diskutieren z. T., wie die Geräte abgebaut werden sollen oder adressieren den Lehrer direkt mit Fragen zu den Geräten, zum weiteren Unterrichtsverlauf etc. Darüber hinaus gerät die Gruppe in den Blick, die über einen relativ langen Zeitraum mit viel Ausdauer (und wenig Erfolg) versucht, die Matten zu stapeln. Der Lehrer zeigt sich in der weiteren Betrachtung v. a. als hektisch und unter Zeitdruck stehend. Er versucht in kurzer Zeit viele Arbeitsprozesse zu koordinieren, auf einzelne Schüler:innen einzugehen (die er dann aber relativ knapp abfertigt) und Solidarität zu stiften, wenn er alle Schüler:innen aufruft, der Mattenwagen-Gruppe zu helfen.

c) Prüft man nun die ersten Urteile sowie die im zweiten Schritt vorgenommene Relativierung und Distanzierung von diesen Urteilen auf darunterliegende Theorien und Konzepte, so gerät – knapp formuliert – dreierlei in den Blick (*Variation* von Perspektiven): Zuerst wird das Schüler:innenverhalten am Maßstab von Folgsamkeit, Mitarbeit und solidarischem Hinwirken auf eine Gruppenaufgabe (hier: der Geräteabbau/-umbau) gemessen (so die Eindrücke der intersubjektiven Auswertung, siehe Fußnote 4). Die ersten Urteile über die Schüler:innen gehen von ‚funktionierenden' Schüler:innen aus, die mitmachen und Ordnungs- und Organisationsphasen, wie die im Video dargestellte, zügig bewältigen, damit danach noch ausreichend Lernzeit vorhanden ist. Dass dieses Bild von Schüler:innen (und Unterrichtsgeschehen) differenzierter gezeichnet werden muss, zeigt das Verhalten der Schüler:innen in der Umbauphase: Sie nehmen diese als Transitionsphase wahr, in der ein ergebnisorientiertes Lehr-Lern-Geschehen für einen Moment ausgesetzt ist und in der folglich Peer-Interaktion, Fragen an den Lehrer oder auch einfach ein kurzes Verschnaufen ihren Platz haben. Dass nicht unmittelbar auf die Ermöglichung der nächsten Lernphase hingearbeitet wird (oder nicht in dem Tempo, das der Lehrer sich wünscht), hat dann vielleicht weniger mit

Subversion und mehr mit dem Zwischenstatus solcher Organisationsphasen zu tun.

Die Urteile über den Lehrer bauen v. a. auf Theorien des reibungslosen Classroom-Managements und der „echten" Lernzeit (vgl. z. B. Helmke 2015, 172 ff.) auf. Vor diesem Hintergrund erscheint der Lehrer desorganisiert. Ebenso sind hier (subjektive) Theorien der Lehrer:innenpersönlichkeit, der Lehrer:innenrolle und der Aufrichtigkeit relevant. Diese begründen die Urteile über den Lehrer als einen der sich nur durch Schreien zu helfen weiß, der nicht ausreichend auf die Kinder eingehen kann und der – dies wird in der kurzen Selbst-Persiflage, als er „Mat-ten-wa-gen!" schreit, deutlich – sich seiner Rolle nicht sicher ist und Witze reißt. Die Explikation dieser den Urteilen zugrunde liegenden Strukturen kann einerseits darüber aufklären, dass Lehrer:innen die Praxis immer schon durch bestimmte ‚Brillen' sehen, andererseits kann dadurch gezielt eine alternative Praxis des Urteilens eingeübt werden (Brinkmann / Rödel 2021).

4 Schlussbemerkungen

Phänomenologisches Denken kann sowohl vom theoretischen Zuschnitt her als auch von der Praxis phänomenologischen Forschens und Wahrnehmens her Theorien der Lehrer:innenprofessionalität produktiv bereichern. Der phänomenologische Fokus auf Erfahrungen und Wahrnehmungen aus der „Perspektive der ersten Person" (Zahavi 2009, S. 132) und der Stellenwert, der damit auch dem subjektiven Erleben eingeräumt wird, bieten Ansatzpunkte für eine lebensweltliche, an der Unterrichtspraxis orientierte Professionalisierungsarbeit, in der Herausforderungen pädagogischen Handelns sensibel wahrgenommen und darauf reflexiv geantwortet werden kann. Mit dem in den Ansätzen von van Manen und Agostini bzw. Bube und Agostini aufgerufenen Motiv der „pathischen" Wahrnehmung werden phänomenologische Grundgedanken mit pädagogischen Handlungskonzepten (Takt, differenzierte und diskriminierungsfreie Wahrnehmung pädagogischer Adressat:innen) zusammengeführt. Damit ist zwar noch nicht garantiert, dass eine phänomenologische Übung des Sehens und Wahrnehmens die Praxis in den genannten Punkten verbessert, wohl aber bietet die Phänomenologie mit ihrem Wahrnehmungskonzept und der Erfahrungstheorie ein begriffliches Instrumentarium, um z. B. den Übergang von der Unterrichtspraxis, in die Lehrer:innen leiblich verstrickt sind und in der sie durch bestehende Erfahrungshorizonte geleitet werden, zum taktvollen bzw. anerkennenden Handeln zu fassen.

Auf der Ebene der Professionalisierung sind es v. a. die phänomenologischen Operationen der genauen Deskription, der Reduktion (also der kritischen Befragung der eigenen Wahrnehmung auf ihre Erfahrungsstruktur) und der Variation von unterschiedlichen Deutungen und Urteilen zur Praxis, die professionalisierende Wirkungen zeitigen können. Der Ansatz von Brinkmann und Rödel, der v. a. die grundlegende Praxis des (impliziten sowie expliziten) Urteilens in den Blick nimmt, kann zeigen, wie durch eine an die phänomenologische Methodik angelehnte Videoarbeit (angehende) Lehrer:innen lernen können, sich von bisherigen Urteilen zu distanzieren und alternative Möglichkeiten des Urteilens zu erproben (Rödel 2022a, S. 255). Es geht also auch hier um einen reflexiven Umgang mit bestehenden sowohl als neuen Erfahrungen, die in ihrer handlungsbestimmenden Funktion für die pädagogische Praxis ernst genommen werden. Phänomenologische Ansätze bleiben dabei aber nicht bei der Reflexion pädagogischer Erfahrung stehen oder betreiben diese allein um der Reflexivität willen. Ziel ist es, eine Form der praktischen Reflexivität herauszubilden, die in die Erfahrung selbst eingelassen ist, somit das „Erfahrenkönnen" (Buck 2019, S. 73) verfeinert und auf den Umgang mit durch Ambiguität geprägte pädagogische Situationen vorbereitet (Brinkmann/Rödel 2021).

Phänomenologie im Kontext der Lehrkräfteprofessionalisierung bedeutet also v. a., anders sehen, wahrnehmen und urteilen zu lernen. Eine weitere Ausdifferenzierung phänomenologischer Ansätze im Feld der Professionstheorie und Professionsforschung und auch tiefer gehende Studien zur inhaltlichen Bestimmung von Professionalität stehen noch aus. Mit der Wahrnehmungstheorie und der Aufschlüsselung von pädagogischem Handeln in seiner Erfahrungsstruktur allerdings findet sich schon ein auch im Abgleich mit anderen Professionalisierungstheorien singulärer Ansatz, um produktiv auf das Ziel hinzuarbeiten, auf das sich (fast) alle Professionalisierungsansätze einigen können: „Professionalität durch Reflexivität" (Reh 2004, S. 363).

Literaturverzeichnis

Agostini, Evi (2019): Leibliche Wahrnehmung zwischen (er-)kenntnisreicher Aisthesis und pädagogischem Ethos am Beispiel der Vignettenforschung. In: Brinkmann, Malte/Türstig, Johannes/Weber-Spanknebel, Martin (Hrsg.): Leib – Leiblichkeit – Embodiment. Pädagogische Perspektiven auf eine Phänomenologie des Leibes. Wiesbaden: Springer VS. S. 301–322, DOI: 10.1007/978-3-658-25517-6_16

Agostini, Evi (2020): Aisthesis – Pathos – Ethos. Zur Heranbildung einer pädagogischen Achtsamkeit und Zuwendung im professionellen Lehrer/-innenhandeln. Erfahrungsorientierte Bildungsforschung Bd. 6. Innsbruck, Wien: StudienVerlag.

Agostini, Evi/Bube, Agnes (2021): Ethos und Wahrnehmung. Zur Heranbildung einer pädagogischen Achtsamkeit und Zuwendung. In: Journal für LehrerInnenbildung 21, H. 3, S. 64–73. DOI: 10.35468/jlb-03-2021-04

Baumert, Jürgen/Kunter, Mareike (2006): Stichwort: Professionelle Kompetenz von Lehrkräften. In: Zeitschrift für Erziehungswissenschaft 9, H. 4, S. 469–520. DOI: 10.1007/s11618-006-0165-2

Brinkmann, Malte (2015): Phänomenologische Methodologie und Empire in der Pädagogik. Ein systematischer Entwurf für die Rekonstruktion pädagogischer Erfahrungen. In: Brinkmann, Malte/Kubac, Richard/Rödel, Severin Sales (Hrsg.): Pädagogische Erfahrung. Theoretische und empirische Perspektiven. Wiesbaden: Springer VS, S. 33–59. DOI: 10.1007/978-3-658-06618-5_3

Brinkmann, Malte (2017): Aufgaben der Schule – systematischer Versuch einer Phänomenologie. In: Reichenbach, Roland/Bühler, Patrick (Hrsg.): Fragmente zu einer pädagogischen Theorie der Schule. Erziehungswissenschaftliche Perspektiven auf eine Leerstelle. Weinheim, Basel: Beltz Juventa, S. 88–110.

Brinkmann, Malte (2019): Einleitung. In: Brinkmann, Malte (Hrsg.): Phänomenologische Erziehungswissenschaft von ihren Anfängen bis heute. Eine Anthologie. Wiesbaden: Springer VS. S. 1–41. DOI: 10.1007/978-3-658-17082-0

Brinkmann, Malte (2021a): Die Wiederkehr des Übens. Praxis und Theorie eines pädagogischen Grundphänomens. Stuttgart: Kohlhammer.

Brinkmann, Malte (2021b): Einklammern, Anhalten, Zurücktreten, um Anderes und Fremdes zu sehen: Zur Praxis der phänomenologischen Epoché in der qualitativen Bildungsforschung. In: Fischer, Diana/Jergus, Kerstin/Puhr, Kirsten/Wrana, Daniel (Hrsg.): Theorie und Empirie. Erkenntnisproduktion zwischen Theoriebildung und empirischen Praxen. Halle-Wittenberg: Martin-Luther-Universität, S. 30–57.

Brinkmann, Malte (2022): Phänomenologische Bildungsforschung. In: Kergel, David/Heidkamp-Kergel, Birte/August, Sven-Niklas (Hrsg.): Handbuch Interdisziplinäre Bildungsforschung. Weinheim, Basel: Beltz Juventa, S. 157–183. DOI: 10.13140/RG.2.2.22576.58885

Brinkmann, Malte/Rödel, Severin Sales (2018): Pädagogisch-phänomenologische Videographie. Zeigen, Aufmerken, Interattentionalität. In: Moritz, Christine/Corsten, Michael (Hrsg.): Handbuch Qualitative Videoanalyse. Wiesbaden: Springer VS, S. 521–548. DOI:10.13140/RG.2.1.4213.0160

Brinkmann, Malte/Rödel, Severin Sales (2020): Pädagogisch-phänomenologische Videographie in der Lehrer:innenbildung. Von normativen Sehgewohnheiten und bildenden Blickwechseln. In: Corsten, Michael/Pierburg, Melanie/Wolff, Dennis/Hauenschild, Katrin/Schmidt-Thieme, Barbara/Schütte, Ulrike/Zourelidis, Sabrina (Hrsg.): Qualitative Videoanalyse in Schule und Unterricht. Weinheim, Basel: Beltz Juventa, S. 301–315. DOI: 10.13140/RG.2.2.34767.53920

Brinkmann, Malte/Rödel, Severin Sales (2021): Ethos im Lehrberuf. Haltung zeigen und Haltung üben. In: Journal für LehrerInnenbildung 21, H. 3, S. 42–62. DOI: 10.25656/01:23550

Buck, Günther (2019): Lernen und Erfahrung. Epagogik. Wiesbaden: Springer VS.

Combe, Arno/Kolbe, Fritz-Ulrich (2008): Lehrerprofessionalität: Wissen, Können, Handeln. In: Helsper, Werner/Böhme, Jeanette (Hrsg.): Handbuch der Schulforschung. Wiesbaden: VS Verlag für Sozialwissenschaften/GWV Fachverlage GmbH Wiesbaden, S. 857–875.

Heidegger, Martin (2006): Sein und Zeit. Tübingen: Niemeyer.

Helmke, Andreas (2015): Unterrichtsqualität und Lehrerprofessionalität. Diagnose, Evaluation und Verbesserung des Unterrichts. 6. Aufl. Seelze-Velber: Kallmeyer.

Helsper, Werner (2007): Eine Antwort auf Jürgen Baumerts und Mareike Kunters Kritik am strukturtheoretischen Professionsansatz. In: Zeitschrift für Erziehungswissenschaft 10, H. 4, S. 567–579. DOI: 10.1007/s11618-007-0064-1

Helsper, Werner (2021): Professionalität und Professionalisierung pädagogischen Handelns: eine Einführung. Stuttgart, Opladen, Toronto: Barbara Budrich, UTB. DOI: 10.36198/9783838554600

Henriksson, Carina (2012): Hermeneutic Phenomenology and Pedagogical Practice. In: Friesen, Norm/Henriksson, Carina/Saevi, Tone (Eds.): Hermeneutic Phenomenology in Education. Method and Practice. Rotterdam: SensePublishers, S. 119–137. DOI: 10.1007/978-94-6091-834-6_7

Idel, Till-Sebastian/Schütz, Anna/Thünemann, Silvia (2021): Professionalität im Handlungsfeld Schule. In: Dinkelaker, Jörg/Hugger, Kai-Uwe/Idel, Till-Sebastian/Thünemann, Silvia (Hrsg.): Professionalität und Professionalisierung in pädagogischen Handlungsfeldern: Schule, Medienpädagogik, Erwachsenenbildung. Stuttgart, Opladen, Toronto: Barbara Budrich, UTB, S. 13–82.

Langeveld, Martinus J. (1968): Die Schule als Weg des Kindes. Versuch einer Anthropologie der Schule. 4. Auflage. Braunschweig: Georg Westermann Verlag.
Merleau-Ponty, Maurice (1966): Phänomenologie der Wahrnehmung. Berlin: de Gruyter.
Meyer-Drawe, Käte (2012a): Diskurse des Lernens. München: Fink.
Meyer-Drawe, Käte (2012b): Zur Erfahrung des Lernens. Eine phänomenologische Skizze. In: Shchyttsova, Tatiana (Hrsg.): In statu nascendi. Geborensein und intergenerative Dimension des menschlichen Miteinanderseins. Nordhausen: Bautz, S. 187–204.
Reh, Sabine (2004): Abschied von der Profession, von Professionalität oder vom Professionellen? Theorien und Forschungen zur Lehrerprofessionalität. In: Zeitschrift für Pädagogik 50, H. 3, S. 358–372. DOI: 10.25656/01:4815
Rödel, Severin Sales (2019): Negative Erfahrungen und Scheitern im schulischen Lernen. Phänomenologische und videographische Perspektiven. Wiesbaden: Springer VS. DOI: 10.1007/978-3-658-23595-6
Rödel, Severin Sales (2022a): Unterrichtsvideos in der Aus- und Weiterbildung von Sportlehrkräften. In: Sportunterricht 71, H. 6, S. 254–259. DOI: DOI 10.30426/SU-2022-06-3
Rödel, Severin Sales (2022b): Scheitern als Tabu der Pädagogik? Vom Verdrängen, Dethematisieren und Durcharbeiten eines ständigen Begleiters. In: Vierteljahrsschrift für wissenschaftliche Pädagogik 98, H. 3, S. 351–370. DOI: 10.30965/25890581-09703055
Rödel, Severin Sales / Schauer, Gabriele / Brinkmann, Malte / Schratz, Michael (2022): Gelungene professionelle Praxis. Pädagogisches Ethos üben im ELBE-Projekt. In: Schauer, Gabriele / Jesacher-Rößler, Livia / Kemethofer, David / Reitinger, Johannes / Weber, Christoph (Hrsg.): Einstiege, Umstiege, Aufstiege. Professionalisierungsforschung in der Lehrer:innenbildung. Münster: Waxmann, S. 161–178. DOI: 10.13140/RG.2.2.32398.64326
Schratz, Michael / Schwarz, Johanna F. / Westfall-Greiter, Tanja (Hrsg.) (2012): Lernen als bildende Erfahrung. Vignetten in der Praxisforschung. Innsbruck: Studien Verlag.
Schütz, Alfred (2016): Der sinnhafte Aufbau der sozialen Welt. Eine Einleitung in die verstehende Soziologie. Berlin: Suhrkamp.
Sipman, Gerbert / Thölke, Jürg / Martens, Rob / McKenney, Susan (2022): Can a Systemic-Phenomenological Teacher Professional Development Program Enhance Awareness of Intuitions and Serve Pedagogical Tact? In: Systemic Practice and Action Research 35, H. 2, S. 153–175. DOI: 10.1007/s11213-021-09562-z
Sünkel, Wolfgang (1996): Phänomenologie des Unterrichts. Grundriss der theoretischen Didaktik. Weinheim, München: Juventa.
Terhart, Ewald (2011): Lehrerberuf und Professionalität: Gewandeltes Begriffsverständnis – neue Herausforderungen. In: Helsper, Werner / Tippelt, Rudolf (Hrsg.): Pädagogische Professionalität 57, Beiheft zur Zeitschrift für Pädagogik. Weinheim, München: Juventa, S. 202–224. DOI: 10.25656/01:7095
van Manen, Max (2007): Phenomenology of Practice. In: Phenomenology & Practice 1, H. 1, S. 11–30.
van Manen, Max (2014): Phenomenology of practice. Meaning-giving methods in phenomenological research and writing. Walnut Creek, CA: Left Coast Press.
Vogel, Peter (2019): Grundbegriffe der Erziehungs- und Bildungswissenschaft. Opladen, Toronto: Barbara Budrich. DOI: 10.36198/9783838552712
Wilde, Denise (2015): Wieso ist das kein Spielzeug? Eine phänomenologische Suche nach Antworten auf Dinge des Lernens. In: Brinkmann, Malte / Kubac, Richard / Rödel, Severin Sales (Hrsg.): Pädagogische Erfahrung. Theoretische und empirische Perspektiven. Wiesbaden: Springer VS, S. 249–266.
Zahavi, Dan (2009): Husserls Phänomenologie. Stuttgart: UTB.

Gemeinsamkeiten – Differenzen – weiterführende Perspektiven.
Ein mehrperspektivischer Blick auf Erfahrung im Kontext von Professionalisierung

Evi Agostini, Agnes Bube, Stefan Meier, Sebastian Ruin

Dieses Buchprojekt versammelt Beiträge einschlägiger Vertreter:innen unterschiedlicher Professionalisierungsansätze in der deutschsprachigen Lehrer:innenbildung und ist dabei derart angelegt, dass ein mehrperspektivischer Blick auf die Thematik der Professionalisierung eröffnet wird. Gemeinsam ist den Beiträgen eine Schwerpunktsetzung auf Erfahrung als bedeutsame Kategorie im Kontext von Profession, Professionalität und Professionalisierung sowie die jeweilige Betrachtung ein und desselben Videobeispiels aus der Schulpraxis (siehe Transkript i. d. B., S. 151ff). Für dieses Vorhaben hatten wir, die Herausgeber:innen dieses Buchs, alle Autor:innen gebeten, „eine Erfahrungsorientierung, damit einhergehende Ansprüche, Erwartungen und Implikationen in den unterschiedlichen Professionalisierungsdiskursen im Rahmen der Lehrer:innenbildung zu beleuchten" (Anschreiben der Herausgeber:innen an die Autor:innen) und sich dabei zudem auf das von der VIBIS-Fallbibliothek der Universität Gießen freundlicherweise bereitgestellte Video „Abbauen, Organisieren, Hochsprung" zu beziehen. In dieser geteilten Pointierung auf Erfahrung und deren exemplarischer Verdeutlichung an demselben schulpraktischen Beispiel bleibt das Projekt in der Anlage ausdrücklich mehrperspektivisch. Im Sinne des Lehrbuchcharakters dieser Publikation wird Mehrperspektivität hierbei als „Prinzip der allgemeinen Didaktik" begriffen (Duncker 2005), das dem bildungstheoretisch begründeten Anliegen zuträglich ist, den eigenen Erfahrungshorizont bewusst durch das Einnehmen von neuen bzw. zuweilen auch anderen oder „fremden" Perspektiven zu erweitern und die Welt potenziell von größerem Abstand aus zu betrachten (ebd., S. 11). Damit zielt dieses Buchprojekt explizit nicht darauf, eindeutig festzustellen, wie Profession, Professionalität und Professionalisierung – bzw. Erfahrung bezogen auf diese Konstrukte – zu begreifen sind. Vielmehr wird angestrebt, durch das Zeigen unterschiedlicher Perspektiven hierauf und das Sichtbarmachen von deren Zusammenhängen ein „größeres und differenzierteres Bild" zu zeichnen und so zu einer selbstbestimmten Urteilsbildung bezüglich dieser wichtigen Konstrukte beizutragen.

Darüber hinaus prägt das Moment der Mehrperspektivität auch die Arbeit im Kreis der Herausgeber:innen dieses Buchs. Zweifellos haben auch wir unterschiedliche professionstheoretische Standpunkte im Hinblick auf die im Buch verhandelten Themen und Fragen. Dies führte bei der Durchsicht der Beiträge sowie bei der Gesamtschau auf das Buch im Rahmen des Erstellens dieses resümierenden Abschlussbeitrags zu vielfältigen und reichhaltigen Diskussionen. In diesen Prozessen kristallisierten sich – durchaus in merklicher Nähe zur Konzeption des Buchprojekts – vier elementare Fragenkomplexe heraus, die sich gewissermaßen als roter Faden durch unsere Diskussionen zogen. Die Identifikation der Fragenkomplexe ist dabei weder zufällig noch objektiv. Sie ergab sich einerseits im elementaren Anliegen des Buchs, den Erfahrungsbegriff im Professionalisierungskontext zu schärfen, aus der gemeinsamen Betrachtung der im Buch verhandelten Zusammenhänge. Zudem kristallisierten sich diese Fragenkomplexe andererseits aus den Perspektiven der vier Herausgeber:innen des Buchs. Eine andere Herausgeber:innenkonstellation hätte vermutlich auch zu (leicht) anderen Fragenkomplexen geführt. Uns erschienen die folgenden Fragen bedeutsam:

1. Welche verschiedenen Erfahrungsansprüche sind den unterschiedlichen Professionalisierungsansätzen immanent und welcher Stellenwert wird dabei unterschiedlichen Erfahrungsformen bzw. -dimensionen für pädagogisches Handeln zugesprochen?
2. Was bedeuten aus der jeweiligen Perspektive Profession und Professionalität, wie wird Professionalisierung begriffen und aus welcher grundlagentheoretischen Perspektive wird dabei argumentiert?
3. Was wird aus der jeweiligen professionstheoretischen „Brille" in dem Videobeispiel (nicht) sichtbar?
4. In welchem Verhältnis werden Theorie und Praxis gesehen und (wie) wird dieses Verhältnis in der Betrachtung des Videobeispiels sichtbar?

Diese Fragen aufgreifend arbeiten wir im Folgenden uns prominent erscheinende Argumentationslinien, Gemeinsamkeiten und Differenzen der vorgestellten professionstheoretischen Ansätze unter Pointierung der Erfahrungskategorie resümierend heraus (Abs. 1–4) und führen diese abschließend zusammen (Abs. 5). Dies schließt auch durchaus kritisch konstruktive Kommentierungen an der einen oder anderen Stelle mit ein, die sich für uns in der Gesamtschau der Beiträge des Buchs und auf Basis unserer je subjektiven Perspektiven ergeben. Auch in dieser Hinsicht ist es uns wichtig hervorzuheben, dass wir hiermit keinen Anspruch auf Allgemeingültigkeit o. Ä. erheben. Vielmehr ist es unser Anliegen, zum Nach- und Weiterdenken anzuregen und zu einem mehrperspektivischen Diskurs beizutragen. In einem ersten Zugriff kann dieses Kapitel damit als Resümee dieses Buchs verstanden und gelesen werden. Des Weiteren ist damit die Hoffnung verknüpft, anhand des exemplarischen Ausschnitts professionstheoretischer Perspektiven ein differenzierte(re)s Verständnis diesbezüglich zu ermöglichen, zu einer kritischen Diskussion der Bedeutung des Erfahrungsbegriffs im Professionalisierungsdiskurs gelangen zu können und so einen produktiven Beitrag zu diesem Diskurs zu leisten. In der Anlage als Zusammenführung und Gegenüberstellung der im Buch dargelegten Perspektiven folgt die Argumentation dabei nicht streng der Chronologie des Buchs. Sie ist aber durchaus derart angelegt, dass in allen Unterkapiteln Bezüge zu allen Beiträgen des Buchs hergestellt werden.

1 Erfahrungsbegriff

In Marcus Syrings Ausführungen zum *kompetenzorientierten Ansatz* spielen Erfahrungen im Rahmen des Aufbaus von Kompetenzen und Expertisen eine wichtige Rolle – sie sind „expliziter Bestandteil von Professionalität" (Syring i. d. B., S. 31). Erfahrungswissen, gewonnen durch Erfahrungslernen, dient der Akkumulation von Fähigkeiten und dem Erwerb von Expertise. Sowohl Ausbildungs- als auch praktische Berufserfahrungen tragen hiernach zur Aneignung berufspraktischer Kompetenzen bei, wobei auch alltagsbasierte, persönliche (Vor-)Erfahrungen diesen Prozess beeinflussen können. Der Aufbau von kognitiven, affektiv-motivationalen und sozialen Kompetenzen geht mit der (praktischen) Auseinandersetzung mit Anforderungssituationen einher, in denen spezifische, kontextbezogene Erfahrungen erworben werden. Kompetenzorientiert betrachtet hilft (systematisierte) Erfahrung bei der Wahrnehmung und Interpretation von pädagogischen Situationen, dient dem Umgang mit Unsicherheit sowie Schwierigkeiten, zeigt sich im Classroom Management, im zunehmend routinierten Expert:innenhandeln und vollzieht sich in Selbstwirksamkeit. Dabei wird Erfahrung aber nicht per se als wirksam begriffen, sondern nur im Zusammenhang mit reflektierter Auseinandersetzung. Erst im „Abgleich dieses Erfahrungswissens mit wissenschaftlichem Wissen" (Syring i. d. B., S. 31) kommt es zur Kompetenzentwicklung bzw. zum Aufbau von Expertise. Die Reflexion von praktischen Erfahrungen anhand von z. B. Fallarbeit im Rahmen der Ausbildung wird als produktiver Bestandteil der Professionalisierung begriffen.

Ob Erfahrungszuwachs auch gleichzeitig mehr Kompetenz bedeutet und inwieweit sich Erfahrungen auch negativ auf die Kompetenzentwicklung auswirken können, wird im Beitrag ebenso als noch nicht geklärt ausgewiesen wie die Frage nach der Operationalisierung und Messbarkeit von Erfahrungen. Nicht weiter expliziert werden zudem manche Aspekte von Erfahrung, die in anderen Beiträgen des Buchs mitunter durchaus bedeutsam sind, wie aktive und passive Dimensionen oder auch bewusste und unbewusste Formen der Erfahrung sowie der genaue Zusammenhang von Wissen (sowie verschiedenen Wissensformen) und Erfahrung bzw. ein Unterschied zwischen Erfahrung und Erfahrungswissen.

Merklich anders gelagert als im kompetenztheoretischen Ansatz – der zwar auch die Bedeutung der Reflexion von Erfahrung hervorhebt – verdeutlichen Sarah Drechsel und Hedda Bennewitz in ihrem Beitrag, dass in einem *praxistheoretisch ausgerichteten Professionalisierungsverständnis* vor allem ein analytischer Habitus als Kennzeichen von Professionalität begriffen wird. Im Zentrum von Professionalisierungsprozessen steht damit eine reflexive Beschäftigung mit implizitem und somit auch erfahrungsbezogenem Wissen, wobei unter Verweis auf Neuweg (2005, S. 220) das „Wechselspiel von Einlassung auf Erfahrung, Reflexion auf Erfahrung und Rückübersetzung in neues Handeln und Erfahren" stark gemacht wird. In diesen Zusammenhängen sei eine Auseinandersetzung „mit den eigenen Erfahrungen" sowie mit „dem eigenen Erleben" gefragt (Drechsel/Bennewitz, i. d. B., S. 73). Auf eine analytisch scharfe Differenzierung zwischen Erleben und Erfahren, wie sie beispielsweise in der phänomenologischen Position zu finden ist, wird hierbei jedoch verzichtet. Eher implizit wird im Text einerseits auf die Erfahrungen als etwas Vorhandenes, gewissermaßen Inkorporiertes und andererseits auf das Erleben als Prozess fokussiert. Dabei werden Erfahrungen in der praxistheoretischen Perspektive ausdrücklich „nicht als Eigenschaft eines Individuums gedacht" (ebd., S. 74), sondern stellen vielmehr ein implizites Handlungswissen dar, das im Tun – in den „doings" und „sayings" – gleichermaßen internalisiert wie hervorgebracht wird und sich in Bezug auf das eigene Erleben konstituiert. Eine praxistheoretisch orientierte Fallarbeit ermögliche es vor diesem Hintergrund zu „[…] ergründen, wie Erfahrung – verstanden als implizites praktisches Handlungswissen – in den Praktiken (den doings und sayings) zum Tragen kommt und worauf sie sich bezieht" (ebd., S. 75). Dies sei insbesondere daher bedeutsam, da sich pädagogisches Handeln ja permanent auf diese inkorporierten Erfahrungsbestände bezieht, dies aber vielfach vorbewusst. Eine reflexive Beschäftigung mit diesen Zusammenhängen im Sinne eines analytischen Habitus ermögliche es daher, sich bewusst zu den vorhandenen Erfahrungsbeständen ins Verhältnis zu setzen und entsprechend auch mehr oder weniger bewusste Entscheidungen bezüglich des eigenen Handelns treffen zu können.

Bedenkenswert erscheint im Hinblick auf diesen letztgenannten Aspekt, dass sich der avisierte reflexive Habitus seinerseits wiederum als praktisches Wissen begreifen lässt, dessen Erwerb sich ebenso im praktischen Vollzug (des Auf-Unterricht-Reflektierens o. Ä.) in Bezug auf kollektive Wahrnehmungs-, Handlungs- und Deutungsmuster vollzieht. Für diese These spricht, dass die Autorinnen die Lehrer:innenbildung unter Verweis auf ein Zitat von Frank Hillebrandt (2015, S. 429) als „eine sich vollziehende Praxis [verstehen; d. V.], in der sich Praktiken aneinanderreihen und eine spezifische Wirklichkeit erzeugen". Folgen wir Pierre Bourdieu, dessen Theorien als grundlegend für die Praxistheorie gesehen werden können, sorgt hierbei der praktische Sinn auf einer vorreflexiven Ebene für situationsangemessenes Handeln (Bourdieu 1987, S. 27). Dieser praktische Sinn wird in ritualisierten Handlungen – wie eben vielfältigen Praktiken der Lehrer:innenbildung – als Strukturübung in Bezug auf millieuspezifische, gesellschaftliche Ansprüche und Normen inkorporiert (Bourdieu 1989, S. 332 ff.). So gesehen ist die im Sinne der Professionalität angestrebte Distanzierung immer nur als eine relative zu begreifen, da der Prozess des Sich-Distanzierens ebenso in mehr oder weniger etablierte „doings" und „sayings" verstrickt ist. Vertiefend erschiene es uns für diese Perspektive daher gewinnbringend, die Unterschiede und die Beziehungen zwischen verallgemeinerbaren Beständen praktischen Wissens und sogenannten „individuellen Erfahrungen" (Drechsel/Bennewitz, i. d. B., S. 77), die zum Erwerb eines analytischen Habitus mit jenen konfrontiert werden sollen (vgl. ebd.), empirisch und theoretisch stärker herauszuarbeiten. So ließe sich ggf. eine Grammatik generieren, die einen noch differenzierteren Blick auf die eigene (Nicht-)Verstrickung in „doings" und „sayings" erlaubte.

Eine derartige Grammatik könnte vermutlich auch eine *genderspezifische Perspektive* bereichern, die mitunter mit ähnlichen Theoriebezügen operiert wie die praxistheoretische Perspektive und dabei insbesondere vor dem Hintergrund *machttheoretischer Professionalisierungsansätze* interessant erscheint. Solch eine Perspektive skizzieren Christa Markom und Veronika Wöhrer in ihrem Beitrag, in dem Erfahrung vor allem „als Bestandteil des Habitus-Konzeptes" (Markom/Wöhrer i. d. B., S. 36) – in Form prägender (Vor-)Erfahrungen sowie impliziten und expliziten Erfahrungswissens – thematisch wird. Die Autorinnen machen deutlich, dass Vorerfahrungen ermächtigend, be- oder ausgrenzend auf den geschlechtlichen Habitus wirken und sich in diesem zeigen. Mit Andreas Krebs beschreiben sie „Erfahrungswissen als das Wissen eines Menschen aus ihren:seinen alltäglichen Erfahrungen und den innenweltlichen Phänomenen […], welche gespeist werden aus Sinneswahrnehmungen, Gefühlen, Gedanken und Bewertungen" (ebd., S. 42).

Es fällt auf, dass auch hier – ähnlich wie in der praxistheoretischen Perspektive – nicht zwischen Erfahrung und Erleben differenziert wird. Beide Dimensionen beeinflussen als inkorporierte Strukturen oder „Erfahrungswelt" (ebd., S. 42) Verhalten und Handeln. Auf Basis dieser wird am Videobeispiel entsprechend exemplarisch aufgezeigt, inwiefern Machtverhältnisse und ein hegemonialer männlicher Habitus der lehrenden Person reproduziert und perpetuiert werden. Für verschiedene Perspektiven auf persönliche Erfahrungen und dadurch bedingte Haltungen und Handlungsmuster wird das Vier-Linsen-Reflexionsmodell Stephen Brookfields herangezogen, das ein autobiographisches und deskriptives Verständnis von Erfahrung definiert. In Hinblick auf das Desiderat der (kritischen) Reflexion von Lernerfahrungen in der Lehrer:innenaus- und -weiterbildung wird dafür plädiert, persönliche Erfahrungen zu teilen und Lernerfahrungen der Schüler:innen wie Lehrpersonen insbesondere auch für einen gendersensiblen Unterricht explizit zu machen.

Bezüglich des *handlungslogisch-strukturtheoretischen Ansatzes* wiederum, in dem die Fallrekonstruktion und konkrete Krisenbearbeitung als Kernanliegen der professionellen Handlungspraxis ausgewiesen werden, liegt es nahe anzunehmen, dass sich der Fokus auf konkrete Erfahrungssituationen richtet, in denen spezifische Handlungsanforderungen auftauchen, die wiederum auch auf Grundlage von Erfahrung bearbeitet werden. Offenbar hat in dieser Perspektive der Erfahrungsbegriff allerdings bislang „theoriesystematisch" (Wernet i. d. B., S. 54) keine Berücksichtigung gefunden. Die für diesen Ansatz grundlegende Annahme der Nichtstandardisierbarkeit professioneller Problembearbeitung setzt jedoch die Notwendigkeit berufspraktischer Erfahrung voraus. Andreas Wernet differenziert diesbezüglich eine „auf geronnener Erfahrung beruhende Handlungsroutine" und eine erfahrungshaltige sowie erfahrungsoffene Praxis der Problembearbeitung (ebd., S. 54). Während die aus der Erfahrung gewonnene Routine, hier im Unterschied zu anderen Professionsansätzen (z. B. der kompetenztheoretischen Perspektive), in Form nur reproduzierender und vorschnell klassifizierender Schemata als hinderlich und sogar deprofessionalisierend begriffen wird, nimmt hingegen die reflektierte erfahrungsbasierte und erfahrungsoffene Problembearbeitung im strukturtheoretischen Ansatz eine zentrale Rolle ein. Erfahrung erhält ebenfalls ausschließlich in Verbindung mit Reflexion, dann aber sehr wohl, eine positive Relevanz für Professionalisierungsprozesse – hier explizit im Sinne einer habitustransformierenden und weniger einer habitusbildenden Praxis.

Welche Bedeutung jedoch Lebens- und Alltagserfahrungen bzw. deren Reflexion neben berufspraktischer Erfahrung einnehmen, wie wissenschaftliches Wissen und Erfahrung(swissen) miteinander im Verhältnis stehen und ob bzw. inwiefern ein Unterschied zwischen Erfahrung machen und Erfahrung haben besteht, bleibt im dargelegten strukturtheoretischen Modell – ähnlich z. B. zur praxistheoretischen Perspektive – noch offen.

Auch in *(berufs-)biographischen Professionsansätzen*, welche auf Berufsbiographien oder aber die gesamte Lebensbiographie von Lehrpersonen fokussieren, ist „Erfahrung [...] zwar grundsätzlich immanent, aber bisher kaum systematisch ausbuchstabiert worden" (Bernshausen/Fabel-Lamla/Piva-Scholz i. d. B., S. 86). Erfahrung wird hier allgemein als „konstitutives Element" (ebd., S. 88) von (Berufs-)Biographie ausgewiesen und schlägt sich beispielsweise in „narrativen Ereignisdarstellungen" (ebd., S. 88) wie Interviews oder Selbsteinschätzungen nieder, weshalb in der (berufs-)biographischen Forschung auch für einen „subjektiven Zugang" (ebd., S. 94) plädiert wird. Anders als beispielsweise in einer praxistheoretischen Perspektive, in der Erfahrung als etwas begriffen wird, das im Handeln in Bezug auf gesellschaftliche Verhältnisse hervorgebracht wird, werden Erfahrungen in berufsbiographischen Zugängen ausdrücklich als „subjektiv" benannt und stehen somit „objektiven" (Entwicklungs-)Anforderungen gegenüber.

Gleichwohl gerät Erfahrung im Spektrum (berufs-)biographischer Ansätze dabei in seiner „Doppeldeutung" (ebd., S. 88) in den Blick: als „Erfahrungen haben bzw. besitzen" und als „Erfahrungen machen" (ebd., S. 88). So werden Erfahrungen – je nach spezifischem (berufs-)biographischen Zugang – mal als „biographische Ressourcen und Dispositionen" (ebd., S. 87) thematisiert, mal als „biographische Arbeit" (ebd., S. 92) und mal als „biographisches Wissen" (ebd., S. 95) bzw. im Sinne eines „Lehrer:innenhabitus, [der] auf herkunft- und ausbildungsbezogenen Sozialisationserfahrungen beruht" (ebd., S. 88). Dabei wird angenommen, dass gesellschaftliche und milieuspezifische Erfahrungen „das berufliche Handeln von Lehrkräften präfigurieren" (ebd., S. 88). Erfahrungen werden in dieser Perspektive als dem Subjekt zu eigenes „Abbild eines systematischen Prozesses des Aufbaus einer biographischen Wissensstruktur, in der die verschiedenen Erfahrungen miteinander verknüpft und in einen Sinnzusammenhang gebracht werden" (ebd., S. 88), angesehen. Durch die fortlaufende Deutung und Verknüpfung von Erfahrungen entsteht – über die Lebenszeit bzw. insbesondere während der Berufszeit – ein biographisches Wissen, das als orientierungs- und handlungsleitend gilt. Der bildungstheoretisch orientierte Ansatz der Biographieforschung konzipiert hingegen den Prozess des Machens von – insbesondere krisenhaften, irritierenden – Erfahrungen als (transformatorischen) Bildungs- und Lernprozess, sodass über bildende Erfahrungen Veränderungen des Welt- und Selbstbezuges möglich erscheinen.

Im Gegensatz zum dargelegten Theoriedesiderat im Hinblick auf den Erfahrungsbegriff in den beiden zuvor diskutierten Positionen versteht sich die *Phänomenologie* ihrerseits als Wissenschaft von den Erfahrungen und begreift Erfahrungen als grundlegend für das menschliche zur bzw. in der Welt sein – „uns [ist] die Welt in Erfahrungen gegeben" (Rödel i. d. B., S. 104). Damit stellen Erfahrungen hier einen fundamentalen Ausgangspunkt jeglicher Praxis bzw. jeglicher Praxen und somit auch jener des Lehrer:innenberufs dar. Erfahrungen können selbst initiiert werden, in einer phänomenologischen Perspektive gerät jedoch vielmehr in den Blick, wie diese den Menschen in einer überraschenden Art und Weise widerfahren. Dies verweist auf einen gewissen Erfahrungshorizont. Erfahrungen treffen auf bereits gemachte Erfahrungen in ihren je spezifischen Bedeutungs-, Verweisungs- und Erwartungshorizonten. Hierfür steht z. B. der „Horizont des Vertrauten" (ebd., S. 107) einer nach etablierten Baunormen gestalteten Treppe, der aufgrund irritierender Erfahrungen in Frage gestellt wird (z. B. durch eine nicht nach Normen gestalteten Treppe). Insofern kann Erfahrung als ein „aktivpassives Geschehen" (ebd., S. 107) verstanden werden, das sich vollzieht zwischen den Erwartungen Einzelner und den dabei aufkommenden Überraschungen der Welt, was mitunter zur Veränderung des Erfahrungshorizonts führen kann. An solchen Stellen wird der starke Zusammenhang zwischen Erfahrung und Lernen deutlich, sodass mit Bezug auf zentrale Positionen der pädagogischen Phänomenologie hier auch von einem Lernen als Erfahrung (vgl. z. B. Meyer-Drawe 2012) ausgegangen wird.

Phänomenologischen Ansätzen ist in ihrer Hinwendung zur Lebenswelt primär daran gelegen, zu beschreiben, wie sich konkrete Phänomene im jeweils bestimmten Wahrnehmungsmodus des „Etwas-als-Etwas" zeigen. Dieses „Sich-Zeigen" ist mitbestimmt durch bisherige Erfahrungen, die gemeinsam geteilt werden und damit prinzipiell nachvollzogen werden können, aber auch von Person zu Person unterschiedlich sein und damit jeweils individuell verschiedene Wahrnehmungen hervorbringen können: „Was sich mir so zeigt, kann sich einer anderen Person in ganz anderer Weise zeigen" (Rödel i. d. B., S. 108). Entsprechend geht es in phänomenologischen Ansätzen zuerst darum, die Erfahrung an und mit Phänomenen (z. B. Unterricht) möglichst genau zu beschreiben, sich auf das Wahrgenommene einzulassen und dieses aus unterschiedlichen Perspektiven bzw. mit verschiedenen theoretischen „Brillen" zu beleuchten, womit wiederholt die jeweilige (subjektive) Aufmerksamkeit auf ein Phänomen (was Sache ist) befragt wird. Die im sogenannten „Sehenlassen" (ebd., S. 6) eingelagerten unterschiedlichen Betrachtungen einer Sache können letztlich neue Sichtweisen auf das Phänomen (z. B. Unterricht) generieren. Da bisher nur vereinzelt Ansätze vorliegen, phänomenologisches Denken für Fragen der Professionalisierung zu verhandeln, beschreitet der Beitrag diesbezüglich in gewisser Weise Neuland – daher „müssen die Überlegungen [...] entwurfshaft bleiben" (ebd., S. 109). Es wird jedoch ausdrücklich angenommen, dass das Einlassen auf eigene Wahrnehmungen und Deutungen von Phänomenen bezüglich Profession sowie auch Professionalisierung bedeutsam ist. Angestrebt wird in dieser Hinsicht eine sogenannte „praktische Reflexivität" (ebd., S. 112), die darauf zielt, die Erfahrungsstruktur pädagogischen Handelns aufzuschlüsseln.

Wird im phänomenologischen Verständnis pädagogisches Handeln als eine erfahrungsgeleitete, diskontinuierliche Praxis verstanden und zielt Professionalisierung vor diesem Hintergrund darauf, erweiterte Sichtweisen für das pädagogische Geschehen und die Beteiligten zu gewinnen (vgl. Agostini & Peterlini 2023, S. 9), stellt bei solch einem Verständnis vor allem auch eine wahrnehmungsoffene Haltung eine zentrale Grundlage für Professionalität dar, die sich schwer mit Ansprüchen kleinschrittiger Operationalisierung vereinbaren lässt. Während sich nicht zuletzt die phänomenologische Vignettenforschung der (Heran- und Her-)Ausbildung einer derart professionellen Haltung widmet, zeichnet sich der von Rödel skizzierte Ansatz durch seinen videobasierten Zugang als spezifische „Übung im Sehen und Wahrnehmen" (Rödel i. d. B., S. 116) aus und nimmt eigens die Ausbildung einer Urteilsfähigkeit als zentrales Professionalisierungsanliegen in den Fokus. Inwieweit das methodische Vorgehen im Dreischritt des Einlassens auf die Wahrnehmung, der Distanznahme vom Vertrauten und im diskursiven Austausch mit anderen eine Einzelstellung innerhalb der phänomenologischen Professionalisierung einnimmt, gilt es noch weiterführend zu klären. Auch bleibt noch etwas offen, wie sich der Ansatz zwischen Offenheit und Engführung bzw. Systematisierung verortet.

2 Profession, Professionalität und Professionalisierung

Während unter Profession der Status der Lehrperson gegenüber anderen Berufen verstanden wird, beschreibt Professionalität aus *kompetenzorientierter Perspektive* den „sachgerechten Vollzug des Lehrer:innenberufs" (Syring i. d. B., S. 19) und Professionalisierung entsprechend „die Entwicklung professioneller Handlungskompetenz" (ebd.). Im Fokus steht folglich das Wissen und Können von Lehrkräften. Aus dem kognitionswissenschaftlich beeinflussten Expertise-Ansatz hervorgegangen, steht auch im Kompetenzmodell am Ende der Entwicklung von Noviz:innen zu Expert:innen der Gewinn von möglichst viel Expertise im Sinne einer qualitätsvollen Ausübung der Berufstätigkeit. Basis hierfür sind die im Rahmen der Ausbildung und Berufspraxis erworbenen Kompetenzen, die sich in versierten und (zunehmend) routinierten Entscheidungen und Handlungsabläufen niederschlagen. Dabei bilden verschiedene, normativ gesetzte bzw. domänenspezifische Wissens- und Anforderungsbereiche den Rahmen, erweitert um affektiv-motivationale, soziale und selbstregulative Dimensionen.

Im Unterschied zum Persönlichkeitsansatz, in dem von relativ stabilen Dispositionen bei Lehrerpersönlichkeiten ausgegangen wird (vgl. z. B. Helsper 2021, S. 76 ff.), fußt professionelles pädagogisches Handeln im kompetenzorientierten Ansatz auf erlernbaren Fähigkeiten. Wie diese konkret definiert sind, bleibt im dargelegten Zugang jedoch weniger ausformuliert oder folgt etwas voraussetzungsvoll einer scheinbar objektiv gegebenen Realität dessen, was Kompetenz bzw. Kompetent-Sein bedeutet. Eine (selbst-)kritische Reflexion solch inhärenter Voraussetzungen bzw. Normative erschiene uns vor diesem Hintergrund durchaus gewinnbringend.

Aus der Perspektive des *handlungslogisch-strukturtheoretischen Ansatzes* wird Profession etwas anders gefasst, nämlich vom Standpunkt der in konkreter Berufspraxis eingeschriebenen Handlungsprobleme, womit der Ansatz dem „Theorieproblem der Bestimmung der Professionen im Sinne einer eindeutigen Merkmalsklasse" (Wernet i. d. B., S. 49 f.) entgeht. Es geht hierbei also in erster Linie um die Thematisierung der pädagogisch-beruflichen Handlungspraxis von Lehrkräften, auch im Sinne ihrer Legitimation bzw. Aufwertung – die Thematisierung wissenschaftlicher Erkenntnis rückt weniger in den Fokus. Eine Aufwertung scheint insofern möglich, als dass die genuin soziologischen Wurzeln dieses Ansatzes mit der dort tradierten Form der Selbstreflexion bzw. -thematisierung ein wissenschaftliches Instrument zur Erforschung eben jener pädagogisch-beruflichen Handlungspraxis offeriert. Mit Blick auf den Professionsbegriff und die diesbezüglich oftmals herangezogene Differenzlinie zwischen professioneller und nicht-professioneller Berufe gehen damit jedoch Probleme einher, da die pädagogisch-berufliche Handlungspraxis von einer „grundlegend widersprüchlichen oder paradoxalen Handlungsanforderung" (ebd., S. 52) durchzogen ist und damit als nicht standardisierbar aufgefasst werden kann.

Folgerichtig ist zur professionellen Bewältigung auch berufliche Expertise notwendig, diese allein reicht jedoch nicht aus, um mit den Widersprüchlichkeiten pädagogischer Praxis umzugehen. Vielmehr vollziehe sich Profession „*jenseits der Expertise*" (ebd., S. 53), was die Nichtstandardisierbarkeit betont und für die der Aspekt der (berufspraktischen) Erfahrung von entscheidender Bedeutung ist. Eingeschlossen werden hierunter sowohl zu Handlungsroutinen geronnene Erfahrungen als auch eine Offenheit gegenüber Erfahrungen in der Praxis selbst. Wobei die auf der Basis berufspraktischer Erfahrung herausgebildeten Routinen nur insofern als angemessen für die Bearbeitung nicht standardisierter widersprüchlicher Probleme pädagogischer Praxis sein können, sofern Reflexionen in konstitutiver Form die „Befragung und Infragestellung von Routinen als konstitutive[n] Bestandteil professionalisierten Handelns" (ebd., S. 55) berücksichtigen. In zentraler Weise zielt solch ein Professionsverständnis auf den Zusammenhang zwischen beruflicher Erfahrung und ihrer Reflexion ab und setzt daher voraus, dass professionell handelnde Akteure ein Bewusstsein der Handlungsproblematik und damit verbundener Standardisierungsrestriktionen aufweisen. Entsprechend wird die „handlungspraktische Erfahrung als Moment eines nicht stillstellbaren Prozesses" (ebd., S. 55) gefasst, das nicht durch routinisierte Abläufe, sondern reflexive Prozesse bestimmt werden kann.

Professionalität im Lehrer:innenberuf liegt dann in der Durchführung schulischen Unterrichts, wofür Lehrkräfte z. B. über ein zu vermittelndes fachspezifisches Wissen oder über Techniken der Unterrichtsgestaltung verfügen sollten. Diese fachliche bzw. didaktische Dimension von Unterricht scheint dem Autor zufolge in hohem Maße der Standardisierung zu unterliegen und damit eher weniger anfällig für Probleme bzw. Widersprüchlichkeiten der Handlungspraxis zu sein. Wenngleich diesbezüglich zugestanden wird, dass solche standardisierten „Normalerwartungen" (ebd., S. 57) historischen Veränderungsprozessen unterliegen, bleibt relativ offen, wer über jeweilige Normalsetzungen entscheidet, welche Bedeutung geronnene Erfahrungen hierfür haben und welches Verständnis von Unterricht bzw. eines Fachs hier zugrunde gelegt wird. Mit Blick auf die angesprochene Standardisierung wird demgegenüber die pädagogische Dimension von Unterricht im Kontext um Professionalität problematisiert, da diese Dimension auf den Umgang mit den „*sozialen* Eigentümlichkeiten und Abweichung[en]" (ebd.) von Kindern und Jugendlichen abziele und daher mit jeweils situativen Widersprüchlichkeiten und Paradoxien ringe. Vor diesem Hintergrund wird (zunehmende) Professionalität am Rückgriff auf (Selbst-)Reflexion erkennbar, wenn sich ein Bewusstsein für solche Probleme pädagogischer Praxis zeigt. Offen bleibt dabei – so der Autor selbst –, ob die „Kraft der pädagogischen Ausbildung im Sinne einer Professionalisierung" (ebd., S. 71) ausreicht, um hierüber Habitustransformation anzubahnen.

Im Gegensatz zu strukturtheoretischen oder kompetenztheoretischen Ansätzen stellt *eine praxistheoretische Perspektivierung* von Profession zwar „keine eigenständige Theorie von Profession dar", wie Drechsel und Bennewitz (i. d. B., S. 76) betonen, setzt aber genau an der oben problematisierten Frage der Habitustransformation an. So wird hier ein Forschungsprogramm geboten, „mit dem Professionen und Professionalisierungsprozesse untersucht werden können" und diese werden dabei ihrerseits „als eine bestimmte etablierte soziale Praxis" begriffen (ebd., S. 76). Begründet wird dieser Zugang insbesondere über die bereits oben thematisierte Annahme, dass Professionalität maßgeblich durch einen analytischen Habitus charakterisiert sei und Professionalisierung entsprechend als „Prozess des Erlangens von Handlungsfähigkeit im pädagogischen Feld" (ebd., S. 77) verstanden wird, also als Fähigkeit, (die eigene) pädagogische Handlungspraxis regelmäßig (selbst-)kritisch zu analysieren und zu evaluieren sowie auf dieser Grundlage unterschiedliche Handlungsoptionen erkennen und Veränderungen im eigenen Handeln vornehmen zu können. Mit Bezug auf Georg Hans Neuweg (2005, S. 220) wird hier insbesondere das bereits thematisierte „Wechselspiel von Einlassung auf Erfahrung, Reflexion auf Erfahrung und Rückübersetzung in neues Handeln und Erfahren" akzentuiert. Dieses Forschungsprogramm kann nun mit Blick auf Professionalisierung in zweierlei Hinsicht als bedeutsam eingeordnet werden. Einerseits kann diese Perspektivierung „als rekonstruktive Kasuistik" (Drechsel/Bennewitz i. d. B., S. 78) auf der Individualebene Professionalisierungsprozesse anregen und sie kann zum anderen „als Forschungswerkzeug" (ebd.) begriffen werden und als solches ihrerseits Professionalisierungsprozesse untersuchen. Eine „Konfrontation mit der Praxis" (ebd., S. 83) ist in diesem Zugang damit auf mehreren Ebenen bedeutsam und kann somit auf vielschichtige Weise dazu beitragen, eine pädagogische, professionelle Haltung aufzubauen.

Der normative Anspruch bezüglich Professionalität richtet sich in diesem Zugang damit merklich auf den Aufbau der umrissenen professionellen Haltung. Damit wird auch deutlich, dass in dieser Perspektivierung – anders als in den beiden zuvor angesprochenen Perspektiven – keine normativen Aussagen darüber getroffen werden, was gutes, angemessenes oder eben auch unangemessenes pädagogisches Handeln kennzeichnen soll, was also den normativen Horizont der akzentuierten Reflexionsprozesse im Hinblick auf pädagogische Praxis ausmacht. Wenngleich sich der Verzicht auf normative Aussagen in dieser Hinsicht als eine attraktive Offenheit hinsichtlich unterschiedlicher Orientierungen und eine Aufforderung zu tiefgehenden Reflexionsprozessen verstehen lässt, so entbehrt er aber zugleich einer (pragmatischen) Orientierungsfunktion bezüglich pädagogischer Praxis, wie sie in anderen Ansätzen (u. a. im kompetenztheoretischen) stärker geboten wird. Dieses Desiderat aufzugreifen, könnte bedeuten, dass pädagogische Praxis in diesem Zugang nicht nur hinsichtlich bestimmter normativer Ansprüche reflektiert wird, sondern, dass diese Ansprüche ihrerseits notwendigerweise zum Gegenstand eben dieser Reflexionsprozesse werden müssen. Ist dies an sich bereits ein hoher Anspruch, so wird es überdies dadurch noch komplexer, dass derartige Reflexionsprozesse ihrerseits zweifellos immer selbst durch eigene normative Vorannahmen (die es ja zu reflektieren gilt) präfiguriert sein dürften.

Im *(berufs-)biographischen Professionsansatz* rückt pädagogische Professionalität wiederum als eine auf die je eigene Biographie bezogene Aufgabe – sowohl aus einer berufs- als auch einer gesamtbiographischen Entwicklungsperspektive – in den Blick. Die „Person des Professionellen als biographische[r] Akteur" (Bernshausen/Fabel-Lamla/Piva-Scholz i. d. B., S. 87) wird dabei als jemand gefasst, welcher Erfahrungskrisen als eine professionelle Herausforderung akzeptiert sowie Erfahrungen aktiv, produktiv und reflexiv verarbeitet bzw. sich aneignet. Professionalisierung wird somit als „berufsbiographisches Entwicklungsproblem" (Terhart 1995, S. 238) sowie im Sinne „individuelle[r] Bildungs-, Entwicklungs- und Lernprozesse" (ebd., S. 94) als (lebens-)lange Entwicklungsaufgabe beschreibbar.

Der Ansatz folgt dabei der Prämisse, dass sich „Professionalisierungsverläufe individuell im Rahmen biographischer Prozesse entwickeln und sie sich auf der Grundlage (berufs-)biographischer Erfahrungen vollziehen" (vgl. Bastian/Helsper 2000, S. 176). An Bedeutung erlangen deshalb – in besonderer Weise, aber nicht ausschließlich – krisenhafte Erfahrungen in der Lebens- bzw. Berufspraxis sowie deren reflexive, sinnhafte Bearbeitung. Im Hinblick auf eine gelingende Professionalisierung im Sinne einer veränderten Selbst- und Weltsicht sowie der Eröffnung von neuen Handlungsmustern müssen deshalb Möglichkeiten für eine kritische Selbstreflexion des eigenen Lern-, Bildungs- und Sozialisationsprozesses auf Grundlage von Erfahrung gegeben sein. Deshalb wird bei (angehenden) Lehrpersonen der Aufbau „selbstbezüglich-biographischen Wissens" (Combe/Kolbe 2008) angezielt, das es ermöglichen soll, die eigenen biographischen Anteile am professionellen Handeln zu reflektieren. Zweifellos kann dies eine wichtige und gute Grundlage für die Bearbeitung berufsbiographischer Entwicklungsaufgaben darstellen. Ob deren Bearbeitung in der Folge auch zu angemessenen Veränderungen (in der Welt- und Selbstsicht und bezüglich etwaiger neuer Handlungsmuster) für die beteiligten Akteur:innen führt, bleibt an dieser Stelle jedoch noch weitgehend offen.

Reflexion steht auch in einer *genderspezifischen bzw. machttheoretisch-fundierten* Perspektive im Zentrum, wobei hier in Anlehnung an Werner Helsper (2021) die in pädagogischen Kontexten eingelagerten Machtpositionen in den Blick geraten. Gewissermaßen impliziert dies über den machttheoretisch inhärenten Anspruch einer Überwindung struktureller Ungleichheiten und eines Vermeidens von Diskriminierung hinaus auch eine andere normative Aufladung als z. B. im berufsbiographischen Ansatz. Unter Rekurs auf Michael Schratz, Angelika Paseka und Ilse Schrittesser (2011, S. 26 f.) heben Markom und Wöhrer in ihrem Beitrag bezüglich der Profession bzw. Professionalität von Lehrkräften entsprechend hervor, dass sich kompetente Lehrpersonen von ihrem eigenen Tun distanzieren (können) und erst dadurch fähig werden, über ihren eigenen Unterricht urteilen zu können. Entsprechend setzen die beiden Autorinnen die Reflexions- und Diskursfähigkeit zentral, um angemessen im Sinne der Profession agieren zu können. Damit rückt das Erkennen, Auseinandersetzen und machtkritische Reflektieren bzw. ein machtsensibler Umgang mit sozialer Differenz in den Fokus, welchem möglicherweise selbst kaum Relevanz im eigenen professionellen Handeln zugeschrieben wird.

Explizit gehen die Autorinnen entlang des Videobeispiels dabei Fragen der Inszenierung hegemonialer Männlichkeit nach und weisen hinsichtlich einer machtsensiblen Professionalisierung Reflexionsübungen zu z. B. eigenen Vorannahmen oder Verhaltensweisen bezüglich Geschlecht, aber auch weiterer Aspekte sozialer Differenz als bedeutsam aus. Mit Blick auf diese Reflexionspraxis erweitern sie das Reflexionsmodell von Brookfield (2017) um genderspezifische Fragen, um diesbezüglich prägende Vorerfahrungen bearbeiten zu können. Dabei wird versucht, sich durch vier vorgeschlagene Linsen machttheoretisch bedeutsamer (implizit oder explizit bewusster) Grundannahmen des eigenen Handelns gewahr zu werden, um auf dieser Grundlage sensibler diesbezüglich zu unterrichten. Wenngleich die vier Linsen „mehrfache Perspektivenwechsel" (Markom/Wöhrer i. d. B., S. 46) berücksichtigen, bleibt offen, wann welche Perspektiven abgeglichen werden sollen und welche eher nicht. Zudem stellt sich mit Blick auf Macht und Privilegierung die Frage, ob bzw. inwiefern im Rahmen von Lehrer:innenbildung – wie von den Autorinnen vorgeschlagen – mit einer „ernsthaften" Bereitschaft zu einer diesbezüglichen Auseinandersetzung zu rechnen ist oder ob Studierende hier nicht schlicht erkennen, was ihr „Studierendenjob" ist, und dann letztlich eher Machtsensibilität zur Aufführung bringen, ungeachtet ihrer eigenen Haltungen und Überzeugungen. Gleichwohl scheint der Ansatzpunkt, implizites Erfahrungswissen aufzugreifen und für professionelles Lehrer:innenhandeln in Anschlag zu bringen, vielversprechend. Wie bereits von Markom und Wöhrer angemerkt, könnte es zukünftig auch fruchtbringend sein, sowohl weitere Aspekte sozialer Differenz aufzugreifen als auch deren intersektionale Verflechtungen mitzudenken.

Gegenüber allen in diesem Band versammelten professionalisierungsbezogenen Ansätzen scheint es vom Standpunkt *phänomenologischer Theorie* besonders herausfordernd zu sein, Fragen nach pädagogischer Profession, Professionalität oder auch Professionalisierung zu beantworten, da sowohl eine entsprechende professionsgebundene „Handlungstheorie" (Rödel i. d. B., S. 104) als auch „eine dezidiert phänomenologische Einordnung pädagogischer Berufe und Handlungsfelder" (ebd., S. 104) fehlen – wie der Autor festhält. Wenngleich aus Sicht der Herausgeber:innen hier anzumerken wäre, dass erste Ansätze einer phänomenologischen und damit erfahrungsorientierten Bestimmung des professionellen Lehrer:innenhandelns durchaus vorliegen (u. a. Agostini 2020), kann es wohl als Konsens angesehen werden, dass in diesem Bereich noch etliche

Fragen (weiterführend) geklärt werden müssen bzw. erst ansatzweise bearbeitet wurden: Diesem Vorhaben nimmt sich der Beitrag an und schlägt vor, pädagogisches Handeln in Anlehnung an Käte Meyer-Drawe (2012) erfahrungstheoretisch zu bestimmen. Dabei ist zum einen Erfahrungswissen aus früheren Erfahrungen relevant und zum anderen das erfahrungsbasierte Handeln selbst, in dem einem Bekanntes und auch Überraschendes widerfahren kann. Sowohl Erfahrungswissen als auch erfahrungsbasiertes Handeln werden als Kernbereiche ausgewiesen, die auch Bezüge zu den anderen professionalisierungstheoretischen Standpunkten aufweisen. Beispielsweise werden diese in zentraler Weise auch im kompetenztheoretischen Ansatz aufgegriffen, wobei dort weniger von relevantem Erfahrungswissen aus bisherigen Erfahrungen als von im Rahmen der Ausbildung erlernten Fähigkeiten ausgegangen wird. Während im kompetenzorientierten Ansatz Professionalität vor allem als zunehmender Gewinn von Handlungskompetenz begriffen wird, zeichnet sich die phänomenologische Perspektive durch eine reflexive Haltung aus, durch die das gewohnheitsmäßig „sichere" Handeln und der stete Zuwachs an Wissen und Können immer wieder auch in Frage gestellt werden.

Hierneben wird als weiterer Kernbereich der Professionalität ein Reflexionswissen benannt, das sowohl die Beurteilung bzw. Reflexion eigenen Handelns als auch der Profession selbst umfasst. Im Sinne einer professionellen Weiterentwicklung soll hierdurch „eine Form der praktischen Reflexivität" (Rödel i. d. B., S. 119) angebahnt werden, um sich der eigenen Erfahrungen und deren Bedeutung bzw. Bedeutsamkeit für die pädagogische Praxis gewahr zu werden. Diesbezüglich wird eine spezifische Art des Sehens, Wahrnehmens und Urteilens bzw. Offenheit hierfür vorgeschlagen, um „sich von bisherigen Urteilen zu distanzieren und alternative Möglichkeiten des Urteilens zu erproben" (ebd.). Dabei wird angenommen, dass mit der übenden Variation unterschiedlichen Deutens und Urteilens nachhaltige professionalisierende Effekte einhergehen. Wenngleich angesprochen wird, dass die Offenheit im Sehen, Wahrnehmen, Sich-Distanzieren und (Um-)Deuten den Grundstein legt für neue „Urteilsprozesse im Sinne pädagogischer Normativität" (ebd., S. 113), verbleibt eher im Impliziten, wann, warum und wie Einzelne Umdeutungen nicht nur als angeraten wahrnehmen, sondern tatsächlich auch vollziehen. Interessant wäre es in solchen Zusammenhängen ebenso der Frage nachzugehen, wie sich die beschriebene Offenheit zu den oftmals wirkmächtigen früheren Erfahrungen verhält, fällt es doch oftmals leicht, „das Erwartete zu bemerken, aber das Neue, Widersprechende zu übersehen" (Beckers 2013, S. 188).

3 Zum Video-Beispiel

Phänomenologische Ansätze zu Profession, Professionalität und Professionalisierung im Lehrer:innenberuf fokussieren zunächst die Beschreibung alltäglicher Erfahrungen, um deren Einbettung in jeweilige Kontexte (besser) aufschlüsseln zu können. In besonderer Weise relevant sind daher Beschreibungen der „Wahrnehmung von Situationen, Personen, Interaktionen aber auch konkrete[n] Erfahrungen wie etwa das Lernen und Lehren" (Rödel i. d. B., S. 106 f.). Entsprechend wird mit dem im Beitrag genutzten videographischen Ansatz von Malte Brinkmann und Severin Sales Rödel (2020) die Bedeutung und Bedeutsamkeit von Erfahrungen und Wahrnehmungen aus der „Perspektive der ersten Person" (Zahavi 2009, S. 132) für Professionalisierungsarbeit herausgehoben mit dem Ziel der kritischen Befragung der eigenen Wahrnehmung auf ihre Erfahrungsstruktur sowie Variation unterschiedlicher Deutungen und Urteile hierzu. Diesbezüglich wird ein Dreischritt aus Deskription, Reduktion und Variation von Perspektiven auf das Videobeispiel vorgeschlagen, um ein In-Distanz-Treten zu z. B. „biographischen Erfahrungen der eigenen Schulzeit und daher rührenden Vorannahmen über die Praxis" (Rödel i. d. B., S. 116) zu ermöglichen, wobei diese Distanzierung gleichsam als Vorbedingung von Reflexivität sowie als Zugriffsmöglichkeit auf solche Erfahrungen gilt. Dabei fällt dem Autor im Rahmen der ersten deskriptiven Sichtung des Beispiels die hohe Bewegungsaktivität der Schüler:innen, gepaart mit hoher Lautstärke, auf. Die von der Lehrkraft gestellte Aufgabe, die Matten zu verräumen, „wirkt dann fast störend und subversiv" (ebd., S. 116). Mehrfache, lautstarke Versuche der Lehrkraft das Geschehen zu ordnen scheinen zu scheitern und gipfeln darin, dass diese quietscht und sich damit selbst parodiert. In einer zweiten Sichtung relativieren sich diese ersten Eindrücke (Reduktion) teilweise insofern, als dass nicht alle Schüler:innen permanent in Bewegung zu sein scheinen. Einige führen Gespräche über die Aufräum-Aufgabe, andere mühen sich wenig erfolgreich an dieser Aufgabe ab, wobei die Lehrkraft hektisch versucht die verschiedenen Szenarien zu organisieren – so der Autor. Werden nun diese Eindrücke in einem dritten Schritt variiert, treten verschiedene Sichtweisen auf Schüler:innenverhalten hervor. Zunächst rückt ein Verständnis von „‚funktionierenden' Schüler:innen […], die ‚mitmachen'" (ebd.) und Organisationsphasen rasch bewältigen in den Mittelpunkt, sodass genügend Lernzeit zur Verfügung ist. Davon ausgehend zeigt ein differenzierterer Blick des Autors auf das Schüler:innenverhalten, dass die Umbauphase als Transitionsphase wahrgenommen wird, in der ein ergebnisorientiertes Lehr-Lern-Geschehen temporär ausgesetzt ist bzw. die zunächst angenommene Subversion hier möglicherweise weniger zum Tragen kommt als die Bedeutung dieses Zwischenstatus der Umbauphase. Durch diesen an das Video angelegten Dreischritt, der auf die Explikation von Urteilen abzielt, könne somit einerseits darüber aufgeklärt werden, dass Lehrer:innen die Praxis immer schon durch bestimmte „Brillen" sehen, andererseits kann dadurch gezielt eine alternative Praxis des Urteilens eingeübt werden. Dass anschließend verschiedene Urteile über Lehrkräfte und deren Tätigkeit entlang bestimmter Theorien herangezogen werden – im Beitrag z. B. des reibungslosen Classroom-Managements –, unterstreicht die Relevanz der Auswahl dieser Theorien bzw. ihres Zum-Tragen-Kommens im Rahmen des vorgeschlagenen Dreischritts. Insbesondere mit Blick auf den Schritt der Variation von Perspektiven wäre es hinsichtlich Profession(alisierung) bedeutsam, möglichst unterschiedliche Perspektiven an Beispiele anzulegen. Wobei es zu klären gelte, was/wer den Horizont hierfür vorgibt, wenn diese nicht dem eigenen Erfahrungshorizont entspringen.

Merklich anders als in der spezifischen phänomenologischen Perspektive Rödels liegt der Fokus der Analyse des Videobeispiels im *kompetenzorientierten Beitrag* auf Classroom-Management, einem bewusst in den Mittelpunkt gerückten Aspekt von Unterricht, der für das professionelle Handeln von Lehrkräften als zentral begriffen wird. Ganz dem Ansatz entsprechend, wird damit spezifisch das Wissen und Können der Lehrperson in den Blick genommen und, im vorliegenden „Videofall", (ebd., S. 27) dessen fehlende Expertise, die Schüler:innen „zum sachgerechten Abbau der Sportgeräte zu bewegen bzw. diesen zu kontrollieren" (ebd., S. 29). Gemäß dem Verständnis von Professionalisierung als Entwicklungsprozess von Noviz:innen zu Expert:innen wird hier das Fehlen systematisierten Erfahrungswissens in Form von Routinen und Automatismen sowie das mangelnde Vermögen, auf alternative Interpretationen und Handlungsmöglichkeiten in der Situation zurückzugreifen, herausgestellt. Gleichzeitig wird die produktive Verarbeitung dieser Praxiserfahrung als förderlich für die Kompetenzentwicklung begriffen. Es fällt auf, dass mit der Ausrichtung auf die mangelnde Kompetenz der Lehrperson auch die Aktivitäten der Schüler:innen als nicht reibungslos, sondern als im „Leerlauf" – geprägt von Nicht-Wissen, was jenseits des Geschehens um den Mattenwagen noch zu tun ist – wahrgenommen werden.

In der *praxistheoretischen* Betrachtung des Videobeispiels rücken wiederum zunächst Artefakte wie die Turnmatten und das Papier, das die Lehrkraft in der Hand hält, sowie die Körper und deren Bewegung in der Sporthalle in den Fokus. Dabei werden insbesondere drei Praktiken beobachtbar: Die durch viele Schüler:innen aufgeführte Praktik des Sich-Beteiligt-Zeigens am Abbau (die in der Interpretation als eine verinnerlichte Erfahrung der Lernenden ausgelegt wird), die ähnlich gelagerte Praktik des Interesse-Zeigens sowie die durch den Praktikanten in der Rolle der Lehrkraft aufgeführte Praktik des Geschehen-Kontrollierens, die sich insbesondere in einer „Kasernenhof"-Tonlage (Drechsel/ Bennewitz i. d. B., S. 81) äußere. Augenfällig scheint in dieser Interpretation des Geschehens nun die Nicht-Passung der jeweiligen Praktiken zueinander – in Bezugnahme auf den kompetenztheoretischen Zugang ließe sich dies möglicherweise als ein Nicht-Wissen der Lehrperson um die Unterschiedlichkeiten der Logiken der jeweiligen Praktiken auffassen, über die es aufzuklären gälte. Während die Schüler:innen offenbar mehr oder weniger unbeirrt durch das Verhalten der Lehrkraft auf internalisierte Praktiken, wie die genannten zurückgreifen, versucht die Lehrkraft offenbar mit wenig Erfolg, die Kontrolle des Geschehens zu erlangen, da dies offenbar die – so die Interpretation der Autorinnen – unreflektierte und internalisierte Vorannahme der an ihn herangetragenen Erwartung ist. Bedenkt man nun allerdings, dass der Praktikant im Videobeispiel vermutlich weniger auf praktisches Wissen im eigenen Tun zurückgreifen kann als die Schüler:innen (er war ja bislang noch kaum Lehrer), wird fraglich, inwieweit es sich bei ihm tatsächlich um praktisches Wissen handelt bzw. nicht vielleicht auch um eine aus praktischem Wissen heraus konstruierte Annahme o. Ä. Dies genauer zu ergründen verspräche mit Blick auf Professionalisierung erkenntnisbringend zu sein.

Diese zuletzt gestellte Frage erscheint auch bzw. gerade in berufsbiographischer Hinsicht relevant. Die Autorinnen des Beitrages zum *(berufs-)biographischen Professionsansatz* geben jedoch einschränkend zu bedenken, dass „[...] sich die videographierte Sportunterrichtsszene, auf welche Bezug genommen werden soll, nur bedingt [eignet], um die Spezifik des (berufs-)biographischen Professionalisierungsansatzes aufzuzeigen und herauszuarbeiten, wie Erfahrung hier zum Tragen kommt" (Bernshausen/Fabel-Lamla/Piva-Scholz i. d. B., S. 94). Die Bedeutung und das Fehlen dieser subjektiven Perspektive im Video wird am Beispiel anschaulich deutlich gemacht. Nichtsdestotrotz eröffnet die Brille des (berufs-)biographischen Ansatzes im Videobeispiel Reflexionsräume auf a) ein spezifisch eigenes Verständnis von sich als Sportlehrperson in Form eines (berufs-)biographischen Wissens, welches je persönliche Wahrnehmungs-, Denk- und Handlungsmuster (z. B. Erwartungshaltungen, Handlungsroutinen, bedeutsame Themen, soziale Beziehungsstrukturen ...) im Sinne eines Erfahrung-Habens umfasst und auf welche in Lehr-Lern-Situationen (habitualisiert) zurückgegriffen werden kann (z. B. Kommando-Ton, Wächter ...). Des Weiteren werden b) in Form eines „Ermöglichungsraum[s]" (ebd., S. 95) Entwicklungsaufgaben und Anforderungsbereiche in den berufspraktischen Studien (z. B. anerkennende Klassenführung, geregelter Ablauf des Abbaus ...) sichtbar gemacht, welche insbesondere ein Erfahrung-Machen mit einschließen und in einer möglichen Krisenerfahrung einen Reflexions- und Bearbeitungsrahmen und damit ein Potenzial für die Lernentwicklung und Professionalisierung bieten. So könnte also – um die am Ende des vorigen Absatzes aufgeworfene Frage nach praktischem Wissen des Berufspraktikanten bzgl. des Lehrer-Seins noch einmal aufzugreifen – hier die Erfahrung der Nicht-Passung der Praktiken (seiner und jener der Schüler:innen) derart krisenhaft sein, dass sich hieraus Potenziale für die Professionalisierung ergeben.

Nochmals anders gelagert gerät in der *genderspezifischen bzw. machttheoretisch-fundierten* Perspektive auf das Videobeispiel (anhand eines genuin sozialkonstruktivistischen Ansatzes von Geschlecht) ein als männlich gelesener Lehramtsstudent in seiner Praktikumsphase am Ende einer Sportstunde in den deutenden Blick. Hierbei bezieht sich die „Interpretation [...] in erster Linie auf die lehrende Person und deren männlichen Habitus sowie die daraus folgenden Implikationen für das Setting" (Markom/Wöhrer i. d. B., S. 37). Als maßgeblich dafür, was „im Klassenraum möglich und ‚normal' ist" (ebd.) werden die Handlungen der Lehrperson im Video gesetzt, innerhalb derer sich die Schüler:innen verhalten können. Spezifisch am Beispiel diskutiert werden die „eher eindimensional" (ebd.) ausgeprägte Kommunikation der angehenden Lehrkraft sowie die damit einhergehenden Leerstellen und Widersprüche in der Kommunikation. In der interpretativen Lektüre des Beispiels hat dies zur Folge, dass sich die Schüler:innen in einer generell als chaotisch wahrgenommenen Situation in der Antwort darauf selbst organisieren bzw. parallel zu den Anweisungen der Lehrperson agieren. Der Lehrer selbst wird insbesondere durch die Art seiner Kommunikation (laut, sendend, im Befehlston, ungenau, flapsig ...) als autoritär und kritisierend wahrgenommen, sodass sich die Zuordnung zur Kategorie „Mann" immer wieder aufs Neue reproduziert und die Person deshalb grundsätzlich als „Repräsentant hegemonialer Männlichkeit" (ebd., S. 41) beschrieben werden kann, welche nach Ansicht der Autorinnen nicht unbedingt zum eher „weiblich" dominierten Feld Schule passt. In der weiterführenden Deutung des Beispiels wird angenommen, dass, sofern dieses Erfahrungswissen nicht explizit reflektiert werde, dies auch zu einer Reifizierung eines männlichen Habitus in der Praxis sowie zu (ungewollter) Verunsicherung auf Seiten der Schüler:innen (und wahrscheinlich auch der als weiblich gelesenen Kolleginnen) führen könne. Nicht spezifisch ins Feld geführt wird am Beispiel hingegen die Möglichkeit, dass diese eher ungewollte Verunsicherung oder Irritation auch bereits – ohne spezifische Reflexionsübungen in der Klasse bzw. der hochschulischen Lehrer:innenbildung – bei den Schüler:innen erste Reflexionsprozesse eigener Geschlechterverhältnisse auslösen könnte.

Der *handlungslogisch-strukturtheoretische* Blick auf das Videobeispiel wiederum, bei dem des Autors „eigenwillige Interpretation der Oevermann'schen Professionalisierungstheorie" (Wernet i. d. B., S. 49, Fußnote 2) einfließt, setzt bei der unterrichtlichen Gesamthandlung an. Der Abbau einer Hochsprunganlage wird dabei nicht als „eine unterrichtende Praxis im engeren Sinn" (ebd., S. 58) deklariert und weiterführend gedeutet. Für die Interpretation des Handelns der Lehrperson heißt das, dass „hier weder die fachliche noch die didaktische Expertise aufgerufen ist" (ebd.), sondern eine „genuin und dominant pädagogische [...] Handlungspraxis" (ebd.). Dies hat für die weiterführende professionstheoretische Deutung des Beispiels Folgen. So wird die sichtbare berufliche Praxis im Video als jene gelesen, die „prinzipiell mit den Bordmitteln alltagsweltlicher sozialer Fähigkeiten und lebenspraktischer, berufsunspezifischer Erfahrungen zu bewältigen ist" (ebd., S. 59) und keine „expertisierte Praxis" (ebd., S. 58) darstellt. Weiterführend wird „das Problem der Laienhaftigkeit pädagogischen Handelns" (ebd., S. 59) in den Mittelpunkt der Analyse gerückt, welche in einer ersten, intuitiven Fallstrukturhypothese als etwas gedeutet wird, was keine „gegenüber dem Laienhandeln distinktive Praxis zu sein" (ebd.) scheint. Damit führt sich die in Frage stehende Lehrkraft nach Wernets Ansicht weder „professionell noch pädagogisch noch lehrerhaft" (ebd., S. 60) auf. Als besonderes Argument dafür wird in einer ersten Sequenzanalyse der Mangel an Disziplinierung und somit eine – wie auch der Titel des Beitrages verrät – undisziplinierte Disziplinierung genannt, wobei die eingeforderte Ordnung (die Matten auf dem Mattenwagen richtig zu stapeln) und damit diese Konventionen ebenso in den Blick geraten. Dabei wird die Ordnungskonvention jedoch nicht als intrinsische und ethische dem Lehrer zugeschrieben, sondern „eine Orientierung an der Vermittlung von Anpassungsnotwendigkeiten" (ebd., S. 68) im Sinne einer „Anpassungsethik" (ebd.) konstatiert. Während der Kontext des Videos (dass es sich beim Lehrer um einen angehenden Lehrer handelt) nicht in den Blick gerät, werden das Handeln und Verhalten der Lehrperson als sozialisatorische Habitusbildung gedeutet, welcher die „Vermutung der Unwahrscheinlichkeit einer Transformation" (ebd., S. 70) inhärent ist. Demzufolge kann abschließend auch festgehalten werden, dass in dieser strukturtheoretischen Sichtweise auf das Beispiel stärker das Beständige, Alte und weniger das Transformative, Neue sichtbar wird.

4 Theorie-Praxis-Verhältnis

Im *kompetenzorientierten Ansatz* zeigt sich das Theorie-Praxis-Verhältnis in der Berücksichtigung von Theorie als theoretisch-wissenschaftlichem Wissen und Reflexion sowie von Praxis in Form von Erfahrung(swissen) und situativem Handlungsvermögen („„Performanzpotenzial", Syring i. d. B., S. 21). Der Erwerb von Kompetenzen erfolgt auf Basis von „Wissensgrundlagen" (ebd., S. 25), die sich nicht nur aus theoretischer, sondern auch aus praktischer Auseinandersetzung generieren. So wie die Auseinandersetzung mit Theorie Reflexionsvermögen und Wissenszuwachs erbringt, führt das „Erfahrungmachen" (ebd.) gleichsam zu praktischem Erfahrungswissen. Dabei sind sowohl die theoretischen wie die praktischen Phasen in der Ausbildung relevant als auch das durch die Berufserfahrung weiterentwickelte Wissen und Können. Festzuhalten ist, dass das Erfahrungswissen aber nur im „ständige[n] Abgleich" (ebd., S. 31) mit wissenschaftlichem Wissen zur Kompetenzentwicklung beiträgt. Expertise wird erlangt, wenn Wissen, z. B. mittels Reflexion, erfolgreich in praktisches Handeln (Können) umgesetzt wurde. Hierfür ist auch die Fallarbeit förderlich. Im Beispiel zeigt sich aus kompetenzorientierter Perspektive eine praktische Anforderungssituation, die von der Lehrperson wahrgenommen und auf Grundlage ihres Wissens interpretiert wird und demgemäß zu entsprechenden – in diesem Fall als unzureichend interpretierten – Handlungsentscheidungen führt. Die Erfahrung mangelnder Selbstwirksamkeit durch das einseitig ermahnende, wenig zielführende Vorgehen der Lehrperson bietet aber auch die Basis für die reflektierte Einsicht, künftig anders vorgehen zu müssen.

Ungeklärt bleibt in der dargelegten kompetenztheoretischen Perspektive jedoch die Frage, inwieweit Theorie und Praxis als getrennte Bereiche angesehen werden oder vielmehr als (ineinander) verbundene Einheit wirken – wie es im Buch etwa bezüglich des phänomenologischen Zugangs (Rödel i. d. B.) oder, anders gelagert, auch z. B. aus praxistheoretischer (Drechsel/Bennewitz i. d. B.) oder machtkritischer (Markom/Wöhrer i. d. B.) Perspektive entfaltet wird. Für eine Auslegung als Einheit spräche, dass sich die für den Kompetenzerwerb relevanten „Wissensgrundlagen" gerade nicht ausschließlich theoretisch aneignen lassen, sondern eben auch aus praktischer Auseinandersetzung mit Handlungsproblemen hervorgehen. Somit lässt sich durchaus annehmen, dass aus praktischen Erfahrungszusammenhängen gewonnenes, kognitiv nicht zugängliches „Wissen" ebenso handlungsrelevant ist. Das komplexe Zusammenspiel von Handlungspraxis und unterschiedlichen Wissensformen in diesem Sinne dezidierter herauszuarbeiten, verspräche unserer Auffassung nach bereichernd für die kompetenztheoretische Perspektive zu sein.

Etwas anders gelagert wird im *(berufs-)biographischen Professionsansatz* die Relation von Praxis und Theorie bestimmbar: einerseits als eine Relation von forschungsbasiertem wissenschaftlichem Wissen und (berufs-)biographischem praktischem Wissen (in Form eigener biographischer Erfahrungen und habitualisierter Orientierungen) (Bernshausen/Fabel-Lamla/Piva-Scholz i. d. B., S. 98) sowie andererseits als Verhältnis von Reflexion und Erwerb bzw. Vollzug von persönlichen Erfahrungen und Handlungsmustern. Praxis gerät dabei sowohl als umfassende Lebenspraxis in den Blick als auch als spezifische Berufspraxis, welche auch Praktika miteinschließt. In einer wissenschaftlichen Perspektive ist hierbei mit Theorie sowohl wissenschaftliches Wissen als auch die theoretisch geleitete Reflexion praktischer Handlungssituationen gemeint.

In der Sicht auf das Videobeispiel wird aus dieser Perspektive auf einen kontinuierlichen (Lebens-)Praxisbezug und dessen theoretisch-reflexive Aufarbeitung fokussiert, die – bezüglich der Vorbereitung auf die Berufspraxis – in diesem Ansatz vornehmlich als eine (Selbst-)Reflexion in Form von Studien bzw. von Fallkonstruktionen oder kasuistischer Fallarbeit begriffen wird. Als Bindeglied zwischen Theorie und Praxis gelten dabei die persönlichen (berufs-)biographischen, teilweise habitualisierten Erfahrungen und Orientierungen. Die Subjekte (z. B. Lehramtsstudierende) stellen in der Interpretation des Beispiels eigene Zusammenhänge her und legen Bedeutungen fest. Die (selbst-)reflexive Beschäftigung mit den Beispielen ist dabei demnach auf die subjektiven Zugänge der Lesenden angewiesen. Letztlich geht es um die Analyse „fallspezifisch aufgeschichtete[r] biographische[r] Erfahrungen und deren Auswirkungen" (ebd., S. 93). Das Potenzial wird dabei insbesondere in der Eröffnung „identitäts- und orientierungsstiftende[r] Sinnbezüge" (ebd., S. 94) und der „Herausbildung und

Entwicklung professioneller Deutungs- und Handlungsmuster" (ebd., S. 91) gesehen. Wodurch sich professionelle Deutungs- und Handlungsmuster von weniger oder nicht-professionellen unterscheiden (zu dieser Frage vgl. z. B. dezidiert den Beitrag von Wernet i. d. B.), wird hierbei allerdings nur zu Teilen beantwortet. Zwar wird der Anspruch formuliert, die eigenen biographischen Anteile am professionellen Handeln zu reflektieren und dies ist mit der – u. E. durchaus begründeten – Hoffnung verbunden, eine veränderte Selbst- und Weltsicht und damit zusammenhängend die Eröffnung von neuen Handlungsmustern anzubahnen, dabei bleibt jedoch offen, ob jede derart bewirkte Veränderung der Welt- und Selbstsicht dann bereits als Ausdruck von Professionalität gesehen werden muss, oder ob es nicht vielmehr eines normativen – beispielsweise bildungstheoretischen – Horizonts bedarf, um wünschenswerte Veränderungen von weniger wünschenswerten differenzieren zu können.

Dieser Frage der Normativität entziehen sich die *praxistheoretischen Zugänge* zur Professionalisierung von Lehrkräften gewissermaßen, wenn hier das Verhältnis von Theorie und Praxis gar nicht explizit in den Blick genommen, sondern ein Bezug zwischen Praxis und Theorie hergestellt wird, indem die Zugänge „eine sozialwissenschaftliche Theorie der untersuchten Praxis bieten" (Drechsel/Bennewitz i. d. B., S. 77) So stellen Drechsel und Bennewitz in ihrem Beitrag die Perspektive einer Theorie sozialer Praktiken vor und rücken hierbei vor allem „das implizite praktische Wissen" (ebd., S. 74) ins Zentrum. Der Blick wird damit auf die soziale Praxis und ihre Hervorbringung gelenkt. Es werden die implizite Logik bzw. der soziale Sinn von Praktiken erforscht, und zwar durch eine „Kombination von exakter ethnografischer Beschreibung [...] und einer indirekten Rekonstruktion von praktischen Wissensbeständen [...]" (ebd., S. 74 f.). So geht es in diesem Ansatz darum, soziale Praktiken im Feld der Schule sichtbar zu machen, diese im Hinblick auf ihre Funktionen und Wirkweisen zu analysieren und auf diese Weise zu einer Professionalisierung – verstanden als Anbahnung eines analytischen Habitus; s. o.) – beizutragen. Ähnlich wie im berufsbiographischen Ansatz wird dabei ein besonderes Augenmerk auf die Kasuistik, also die Arbeit an Fällen, gelegt, wie es mit anderer Perspektivierung auch im handlungslogisch-strukturtheoretischen Ansatz erfolgt. Hierüber soll im praxistheoretischen Zugang nicht zuletzt implizites Wissen, das tendenziell deprofessionalisierend zum Handeln „wider besseren Wissens" (Kuckeland 2020) beitrage, aufgedeckt werden. Professionalisierung bedeutet vor diesem Hintergrund, „eingeschliffene Bahnen der Wahrnehmung und Erklärung zu verlassen und den Alltag von Lehrerinnen- und Lehrerbildung jenseits von didaktischen, pädagogisch-normativen oder professionstheoretischen Zuschreibungen zu untersuchen" (Bennewitz 2020, S. 192). Die bereits oben aufgeworfene Frage, ob es hierbei aber nicht auch einer normativen Orientierung bzw. insbesondere der Klärung einer solchen bedarf, bleibt damit hier ebenfalls offen.

In einiger Nähe zur Praxistheorie formulieren Markom und Wöhrer den Anspruch einer *machtkritischen* Reflexions- und Diskursfähigkeit von Lehrkräften im Kontext von Professionalisierung. In diesem Zusammenhang steht für sie vor allem die potenziell produktive Beziehung von theoretischem Wissen und konkreten Handlungsweisen von (angehenden) Lehrkräften im Fokus. Dabei greifen die Autorinnen insbesondere auf „Theorien zur sozialen Konstruktion von Geschlecht und zu hegemonialer Männlichkeit" (Markom/Wöhrer i. d. B., S. 36) zurück, um den allgemein für die Lehrer:innenprofessionalisierung diskutierten Anspruch einer Reflexions- und Diskursfähigkeit (Schratz/Paseka/Schrittesser 2011, S. 26 ff.) im Hinblick auf Geschlechterkonstruktionen einzulösen. Mithilfe dieses theoretischen Zugangs könne klar werden, „warum wir uns dieser geschlechtsspezifischen Handlungsweisen so wenig bewusst sind, sie aber dennoch beständig reproduzieren" (Markom/Wöhrer i. d. B., S. 38).

Konsequenterweise ist der Blick der Autorinnen auf das Videobeispiel auch durch den Versuch charakterisiert, die Handlungsweisen, die im Video sichtbar werden, vor dem Hintergrund von Geschlechtertheorien und Männlichkeitskonstruktionen zu interpretieren und Erfahrungsorientierungen herauszuarbeiten, um „reflexive Linsen für die soziale Praxis von Lehrpersonen zu empfehlen" (ebd., S. 38). Mit diesem Blick wird die postulierte Verwobenheit von Theorie und Praxis augenscheinlich. Denn wenn Geschlecht etwas ist, das permanent in sozialen Zusammenhängen hergestellt bzw. reproduziert wird, und sich unser Wissen über Geschlecht dabei maßgeblich aus subjektiv gefärbtem Erfahrungswissen sowie implizitem (oft eben nicht explizit zugänglichem) Wissen speist und dies wieder die Grundlage einer erneuten Herstellung von Geschlecht darstellt, dann können wir uns dem gewissermaßen nie entziehen. Ein Wissen über Geschlecht ist dann immer eines, das in unmittelbarem Bezug zu sozialen Praktiken erwächst. Wie die Autorinnen nun am Beispiel hegemonialer Männlichkeit mit Blick auf das Video verdeutlichen, durchzieht ein solches – vielfach implizites – Wissen verkörperte Praktiken und kann dabei auch als Ausdruck sozialer Werte und Ideologien gelesen werden, die über derart inkorporiertes Wissen mitunter vorbewusst bis in die Praxis wirken. Um diese Zusammenhänge „bewusst und bearbeitbar zu machen" (ebd., S. 43), erscheinen den Autorinnen die bereits erwähnten Reflexionsübungen im Zuge der Lehrer:innenbildung ertragreich. Ein – wenn auch eher implizit artikulierter – normativer Anspruch ergibt sich hierbei aus der machtkritischen Perspektive insofern, als dass die Überwindung struktureller Ungleichheiten und ein Vermeiden von Diskriminierung als Orientierungsfolie und grundlegende Haltung stark gemacht werden.

Im *handlungslogisch-strukturtheoretischen Ansatz* hingegen rückt mit der Problemstruktur professionellen Handelns die Berufspraxis von Lehrkräften ins Zentrum des Interesses, womit vor allem die „in die professionelle Berufspraxis eingeschriebenen Handlungsprobleme" (Wernet i. d. B., S. 49) besondere Beachtung erfahren. Dabei erscheint dem Autor der eigene, der Genese nach soziologische Ansatz nicht zuletzt auch deshalb „attraktiv für die Erziehungswissenschaft" (ebd., S. 51), da es mit ihm möglich werde, das disziplinär (in der Erziehungswissenschaft) tradierte Moment der Selbstreflexion und Selbstthematisierung wissenschaftlich fundiert, „auf höherem Niveau" zu betreiben (ebd.). In einer wissenschaftlichen – sowohl theoretischen als auch empirischen – Hinwendung auf Handlungsprobleme von Lehrkräften werden dann ausgewählte Fragen behandelt, wie jene nach dem Unterschied von professioneller und nichtprofessioneller Handlungspraxis oder nach Gemeinsamkeiten professionellen Handelns in unterschiedlichen Domänen. Im Kern geht es hierbei demnach um eine wissenschaftliche Beschäftigung mit der alltäglichen Handlungspraxis von Lehrkräften, um zu theoretischen Bestimmungen von Professionalität zu gelangen und das eigene disziplinäre Handeln – nicht zuletzt wohl auch im Hinblick auf die Professionalisierung von Lehrkräften – vor diesem Hintergrund (selbst-)kritisch zu reflektieren.

Die Betrachtung des Videobeispiels richtet sich mit dieser Perspektive entsprechend auf die Handlungspraxis im beobachteten schulischen Setting und zielt nicht zuletzt auf eine Einordnung des Handelns der Lehrperson mit Bezug auf die beobachtete (Nicht-)Professionalität. Hierzu differenziert der Autor grundlegend in eine fachdidaktische und eine pädagogische Dimension des Unterrichts, wobei er das für die Berufspraxis von Lehrkräften „konstitutive Moment der Nichtstandardisierbarkeit" (ebd., S. 57) eindeutig in der pädagogischen Dimension verortet – dies geschieht allerdings ohne weiter zu spezifizieren, welche Verständnisse von Fachdidaktik und Pädagogik hierbei zugrunde gelegt werden. Damit scheint die fachdidaktische Ebene des Unterrichts in unserer Wahrnehmung tendenziell auf die sachorientierte Vermittlung im Sinne materialer Bildung reduziert zu werden, womit die vielfältigen Bezüge, die in der Sportdidaktik beispielsweise in den stets veränderlichen Beziehungen zwischen Ich, Leib und Welt (u. a. Grupe 1984) in der Beschäftigung mit einer Sache (die durchaus auch der Abbau einer Hochsprunganlage sein kann) zum Thema werden, eher ausgeblendet werden. Folgt man dessen ungeachtet der Interpretation Wernets, so wird sichtbar, dass die Schüler:innen „an der Handlungspraxis des gemeinsamen Abbaus, so wie sie hier vollzogen wird, nichts lernen", sondern lediglich den Abbau möglichst reibungslos durchführen sollen, womit „wir Zeuge einer überraschend unpädagogischen Praxis" werden (Wernet i. d. B., S. 59 f.). Die so zu erkennende Nicht-Professionalität der Lehrkraft liegt in dieser Lesart dann eindeutig in dessen offenbar wenig angemessen bzw. zielführend adressierten pädagogischen Dimension des Unterrichts. Der Gewinn dieser Theoriekonzeption liegt nach Wernet nun darin, dass sie, wie am Beispiel verdeutlicht, „das Problem der Frage der Differenz zwischen einer professionellen und einer laienhaften pädagogischen Handlungspraxis auf den Plan" ruft (ebd., S. 68). Die Bestimmung dessen, was dabei als (nicht-)professionell angesehen wird, erfolgt in diesem Ansatz über die Analyse der in die Berufspraxis eingeschriebenen Handlungsprobleme.

Vom *phänomenologischen Standpunkt* Rödels aus wird die Relation von Theorie und Praxis demgegenüber bestimmbar von Erfahrungen aus der „Perspektive der ersten Person" (Zahavi 2009, S. 132), womit dem subjektiven Erleben und lebensweltlichen Erfahrungen eine zentrale Bedeutung für Professionalisierungsarbeit zugeschrieben wird. In gewisser Weise ähnlich zum (berufs-)biographischen Ansatz wird Praxis damit umfassend gefasst, als (inter-)subjektiv relevante Erfahrungshorizonte, wobei auch hier sowohl wissenschaftliches Wissen wie auch die Reflexion von Erfahrungen auf Theorie verweisen.

Entlang des vorgestellten Dreischritts steht im Videobeispiel primär die grundlegende Praxis des Urteilens im Fokus – ausgehend von jeweils eigenen Verstrickungen in Unterricht bzw. in pädagogisches Handeln. Damit sind unterschiedliche Weltsichten stets der Ausgangspunkt phänomenologischer Theorie-Praxis-Relationierungen. Sich im Video zeigende Dinge liegen also nicht per se vor, vielmehr spielt das Antwortgeschehen auf das, was sich zeigt, eine zentrale Rolle, wenn ein:e Schüler:in als eifrig, störend oder besserwisserisch wahrgenommen wird. Mit Blick auf das Video liegt damit professionalisierungsbezogenes Potenzial in der Verbindung aus Theorie- und Praxiserfahrung bzw. deren Reflexion. Es geht also im vorgestellten Ansatz um einen reflexiven Umgang mit bestehenden (Warum nehme ich im Beispiel eine:n Schüler:in wie wahr?) sowie auch neuen Erfahrungen (Warum könnte ich eine:n Schüler:in wie anders wahrnehmen?), die alternative Urteilsmöglichkeiten anbahnen können. Dabei ist es das Ziel, „eine Form der praktischen Reflexivität herauszubilden" (Rödel i. d. B., S. 119) – so bezeichnet es der Autor –, um anders sehen, wahrnehmen und urteilen zu lernen. Wenngleich der Anspruch formuliert wird, den „reflexiven Umgang mit bestehenden [...] neuen Erfahrungen [...] in ihrer handlungsbestimmenden Funktion für die pädagogische Praxis ernst" (ebd.) zu nehmen, stellt sich die Frage, worin sich geeignetere von weniger geeigneten Urteilen in pädagogischen Kontexten unterscheiden bzw. warum wie viele und welche alternative Urteilsmöglichkeiten berücksichtigt werden sollten. Durchaus ist davon auszugehen, dass für solche Alternativen eine Art (theoretischer) Gradmesser hilfreich sein könnte, um diese mit Blick auf die Profession, Professionalität und Professionalisierung als zielführend zu erachten bzw. wahrnehmen zu können. Diesbezüglich erschiene auch das Heranziehen eines normativen – beispielsweise bildungstheoretischen – Horizonts bedenkenswert, ähnlich wie es bereits zum (berufs-)biographischen Professionsansatz ins Feld geführt wurde.

5 Welche Auffälligkeiten werden im mehrperspektivischen Blick auf Erfahrung im Kontext von Professionalisierung (nicht) sichtbar? Versuch eines Resümees

Der vorliegende resümierende Abschlussbeitrag verfolgt das Anliegen, ausgehend von den im Buch versammelten Beiträgen, zentrale Diskussionslinien bezüglich Erfahrung als bedeutsamer Kategorie im Kontext von Profession, Professionalität und Professionalisierung aufzugreifen und vertiefend zu diskutieren. Wie bereits einleitend betont, kristallisierten sich in der Beitragsdurchsicht sowie in der Gesamtschau auf das Buch von unseren Standpunkten vier elementare Fragenkomplexe heraus, die unsere Diskussionen diesbezüglich gewissermaßen begleiteten und so den Rahmen dieses Abschlussbeitrags darstellen. Damit kommt keine umfassende, sondern eine spezifische, aus der gemeinsamen Betrachtung der im Buch verhandelten Zusammenhänge, gewissermaßen geleitete „Brille" auf Erfahrung als bedeutsame Kategorie im Kontext von Profession, Professionalität und Professionalisierung zustande. Aus dieser eingenommenen Perspektive werden nun wiederum einzelne Aspekte besonders augenfällig, die quer zu den vier Fragenkomplexen liegen bzw. über einzelne Beiträge hinausweisen. Diese Aspekte scheinen uns hinsichtlich der Erfahrungskategorie relevant. Dies sowohl, um ein differenzierte(re)s Verständnis diesbezüglich zu ermöglichen und zu einer kritischen Diskussion der Bedeutung des Erfahrungsbegriffs im Professionalisierungsdiskurs gelangen zu können als auch für zukünftige Forschung in diesem Feld, um so einen produktiven Beitrag zu diesem Diskurs leisten zu können.

Auffällig ist, dass nahezu in allen vorgestellten professionstheoretischen Ansätzen auf *Reflexion* als zentrales Moment verwiesen wird, um vorbewusste Wissensformen, Erfahrungshintergründe, wirkmächtige Machtverhältnisse etc. sichtbar zu machen. Das Moment des In-Distanz-Tretens scheint hierbei das einende Band der jeweils unterschiedlichen Zugänge auf Profession, Professionalität und Professionalisierung zu sein. Wenngleich hiermit bisweilen auf Unterschiedliches abgezielt wird (mal werden strukturelle Handlungsprobleme, mal der individuelle Kompetenzerwerb, mal die eigene Verstrickung in Machtstrukturen etc. thematisiert), kommt doch deutlich zum Vorschein, dass Reflexion von zentraler Bedeutung ist, denn „[...] wo, wenn nicht in der Universität, sollte ein wissenschaftlich reflexiver Habitus sonst angebahnt werden können?" (Meister/Hericks 2020, S. 316). Gleichermaßen wird hiermit greifbar, dass dieses Vorhaben komplex und anspruchsvoll ist. Eine zuweilen in den Beiträgen durchscheinende implizit transportierte Hoffnung, über Reflexion würden beispielsweise Habitustransformationen angebahnt, gilt es kritisch im Auge zu behalten. Dies wird beispielsweise besonders deutlich, wenn man die Komplexität der eigenen Verstrickung bedenkt, der man ggf. entkommen möchte

– u. a. bezüglich gesellschaftlicher Machtverhältnisse (z. B. Geschlechterkonstruktionen im Unterricht) oder der Verwobenheit von Theorie und Praxis (u. a. wenn Wissen mittels Reflexion erfolgreich in praktisches Handeln umgesetzt werden könne). Sich in eine reflexiv distanzierte Position zu begeben bzw. sich in einer solchen wiederzufinden, setzt nicht zuletzt eine gewisse Offenheit für weitere Realitätsperspektiven voraus (Ruin/Meier 2022), bei der möglicherweise eigene Privilegien ins Wanken geraten. Ertragreich wäre es diesbezüglich – unabhängig vom jeweiligen professionstheoretischen Ansatz – dezidierter auszuloten, auf welche Weise bis ggf. wofür reflexive Prozesse (nicht) geeignet sind, entsprechende Veränderungen anzubahnen oder zu Bestätigung zu gelangen.

Wird nun in vielen Beiträgen Reflexion und damit verbunden ein Perspektivenwechsel bzw. die Einnahme unterschiedlicher Perspektiven betont, stellt sich sogleich die Frage, ob diesbezüglich nicht ein normativer Horizont notwendig ist, der rahmt, unter welchen Prämissen dieser jeweils angelegt wird und wie dieser ausgestaltet sein soll. Hierzu bleiben einige Ansätze recht zurückhaltend, was es professionell Handelnden bzw. jenen, die es werden wollen, in bestimmten Perspektiven und Erwartungshaltungen schwer machen dürfte, jene mit reflexiven Prozessen verwobenen Aspekte zu navigieren bzw. sinnvoll einzuordnen. Z. B. wann ist warum ein anders Wahrnehmen wie (nicht) einzuordnen oder wann gilt ferner was warum (nicht) als Unterricht? Solche Grundsatzfragen treten mit Blick auf ein In-Distanz-Treten häufig zutage, was die Notwendigkeit eines normativ konturierten beispielsweise bildungstheoretischen Bezugshorizonts unterstreicht. Dadurch, dass ein in der fokussierten Profession (Lehrkraft) liegendes Kernanliegen wie z. B. Unterricht vor dem Hintergrund gesellschaftlicher, politischer oder auch kultureller Entwicklungen immer wieder neu zu verhandeln ist – verwiesen sei hier exemplarisch auf Diversität bzw. Digitalisierung –, scheint es bedeutsam, diesbezüglich eine grundlegende Orientierung zu offerieren, die zugleich derart offen ist, dass solche Neujustierungen möglich sind. Damit wird nicht zuletzt deutlich, dass es ebenso notwendig ist, die je herangezogenen normativen Horizonte stets auch in ihrer jeweiligen Perspektivität wahrzunehmen und hinsichtlich ihrer möglichen Alternativen zu befragen.

Auch ist in diesen Zusammenhängen von Bedeutung, ob der Erfahrungsbezug stärker auf das Subjekt (und dessen Veränderung) gerichtet ist oder ob eher Gegebenheiten, Strukturen und Anforderungen des Feldes zum Gegenstand von (intersubjektiven) Erfahrungen werden (sollen). Kurz gesprochen: Erfahre ich mich oder erfahre ich das Feld? In den Beiträgen des Buchs scheinen solche Aspekte in unterschiedlichen Facetten und mitunter durchaus miteinander verwoben auf. Diese Bezüge zwischen Subjekt und Feld dezidiert zu markieren, kann in der Gesamtschau dieses Buchs als eine Stärke der praxistheoretischen Zugänge gesehen werden. Ob es aber bei diesen Prämissen eine Größe gibt, die in Professionalisierungsprozessen eine (normative) Orientierungsfunktion in der je eigenen Verstrickung in gesellschaftliche Zusammenhänge bieten kann – also mit welcher Brille ich mich letztlich in meiner eigenen Verstrickung reflektiere – und wie bzw. ob es möglich sowie überhaupt notwendig ist, eine solche Größe zu bestimmen, scheinen uns relevante Fragen zu sein, die sich hier stellen.

Zudem rückt mit Blick auf die Kategorie der Erfahrung in vielen Beiträgen das Alte, Gewordene und damit das eigene Gewordensein in den Mittelpunkt, bei welchen Erfahrungen stets eine zentrale Rolle zugeschrieben werden. Häufig scheint dieses Gewordensein gegenüber von Potenzialen und Veränderungen positioniert zu sein und damit (zumindest implizit) die Figur des Entweder-oder adressiert zu werden. Diesbezüglich ließe sich fragen, inwiefern hinsichtlich Erfahrung stärker die Bestände gemachter Erfahrung in den Blick geraten oder stärker der Prozess des Erfahrens. Aus bildungstheoretischer Perspektive schiene z. B. mit Hans-Georg Gadamer (1990) stets beides gleichermaßen bedeutsam und zudem die Relationalität beider – vorhandener Erfahrungen und prozessualer Aspekte des Erfahrens – zueinander relevant, die er in der Figur der (freiwilligen) Zumutung (einer Herausforderung) als Auslöser eines Erfahrungsprozesses (und ggf. Bildungsprozesses) und der anschließenden Einordnung in ein neues Geworden-Sein stilisiert (ebd.). Und auch etwas anders lässt sich die unauflösliche Verwobenheit der Bezüglichkeit von Erfahrungen-Haben und Erfahrungen-Machen auf eindringliche Weise mit einem Zitat Daniel Krochmalniks auf den Punkt bringen:

> Die Erfahrungen, die wir haben, sprechen gegen die Erfahrungen, die wir machen, und die Erfahrungen, die wir machen, sprechen gegen die Erfahrungen, die wir haben. Und doch können wir Erfahrungen nur machen, weil wir Erfahrungen haben, und die Erfahrungen, die wir haben, bestehen aus Erfahrungen, die wir gemacht haben. (Krochmalnik 2000, S. 95)

In diesen Zusammenhängen stellt sich ebenso wiederholt die Frage danach, ob bzw. inwiefern Erfahrungen gemacht werden oder ob sie (oder bestimmte und welche eher bzw. eher nicht) gesucht werden oder einem diese widerfahren. Hinsichtlich der Erfahrungskategorie scheint ein Befassen mit den Aspekten Aktivität und Passivität daher vielversprechend zu sein. Nicht zuletzt mit Blick auf die im Kontext um Reflexion angesprochene Hoffnung von Habitustransformationen, der in den Ansätzen unisono Bedeutsamkeit hinsichtlich Professionalisierung zugesprochen wird, wäre differenzierte Forschung zu den Aspekten Aktivität und Passivität gewinnbringend. Diesbezüglich liefert der phänomenologische Ansatz eine besondere Differenziertheit, indem er auf Vollzüge verweist, die zwischen dem bloß aktiven Tun oder Machen der Erfahrung und dem nur passiven Erleiden der Erfahrung liegen und möglicherweise auch für weitere Ansätze bereichernd sein könnten – bzw. ebenso in der Aufmerksamkeitslenkung auf eine vorreflexive Ebene, die sich nicht restlos durch das Bewusstsein vereinnahmen oder weiterführend systematisieren lässt. Bezüglich der aufgeworfenen Aspekte Aktivität und Passivität springt dabei insbesondere der Fokus auf (inter-)subjektiv bedeutsame Erfahrungen und Wahrnehmungen ins Auge. Es gilt, eigene Verstrickungen in z. B. Unterrichtspraxis und das Leiten bestehender Erfahrungshorizonte diesbezüglich zu fassen und mit Blick auf Professionalität aufzuarbeiten.

Über die einzelnen Beiträge hinweg ist darüber hinaus augenfällig, dass ein Zusammenspiel von Handlungspraxis und unterschiedlichen Wissensformen angenommen wird, dessen Komplexität zumeist kaum dezidiert geklärt scheint. Damit bleibt zunächst offen, wie handlungs- bzw. erfahrungsbasierte Perspektiven aus Profession, Professionalität und Professionalisierung zusammenkommen. Sollen Perspektivenwechsel angebahnt werden, um Professionalisierungsprozesse zu begünstigen, müsste die subjektive Bedeutung und damit verbundene Relevanz eigens mitgebrachter Erfahrung zu z. B. Unterricht zum Thema und durch weitere De- und Rekonstruktionsprozesse (im Rahmen von Reflexion) greifbar und ggf. erweitert werden. Damit gilt gleichermaßen für (angehende) Lehrkräfte wie auch universitär Lehrende – letztlich kann dies auch als (Zwischen-)Fazit der von den verschiedenen Standpunkten der Herausgeber:innen getragenen gemeinsamen Betrachtung der im Buch verhandelten Zusammenhänge gelesen werden –, dass wir uns „weiterhin mit fremden und eigenen Weltzugängen, fachlichen Perspektiven, Überzeugungen, Grenzen, blinden Flecken und Potenzialen in interdisziplinären Kooperationen auseinandersetzen sollten. Wir würden uns damit selbst an jenen Professionalisierungsansprüchen orientieren, mit denen wir auch (angehende) Lehrpersonen konfrontieren" (Meister/Hericks 2020, S. 316).

Literaturverzeichnis

Agostini, Evi (2020): Aisthesis – Pathos – Ethos. Zur Heranbildung einer pädagogischen Achtsamkeit und Zuwendung im professionellen Lehrer/-innenhandeln. Erfahrungsorientierte Bildungsforschung Bd. 6. Innsbruck, Wien: StudienVerlag.

Agostini, Evi/Peterlini, Hans Karl/Donlic, Jasmin/Kumpusch, Verena/Lehner, Daniela/Sandner, Isabella (Hrsg.) (2023): Die Vignette als Übung der Wahrnehmung. Zur Professionalisierung pädagogischen Handelns/The vignette as an exercise in perception. On the professionalisation of educational practice. Leverkusen-Opladen: Barbara Budrich. https://shop.budrich.de/wp-content/uploads/2022/04/9783847418245.pdf

Bastian, Johannes/Helsper, Werner (2000): Professionalisierung im Lehrerberuf – Bilanzierung und Perspektiven. In: Bastian, Johannes/Helsper, Werner/Reh, Sabine/Schelle, Carla (Hrsg.): Professionalisierung im Lehrerberuf. Von der Kritik der Lehrerrolle zur pädagogischen Professionalität. Opladen: Leske + Budrich, S. 167–192.

Beckers, Edgar (2013): Prinzipien eines erziehenden Sportunterrichts. In: Aschebrock, Heinz/Stibbe, Günter (Hrsg.): Didaktische Konzepte für den Schulsport. Aachen: Meyer & Meyer, S. 178–196.

Bennewitz, Hedda (2020): Praxistheoretische Perspektiven auf die Lehrerinnen- und Lehrerbildung. In: Cramer, Colin/König, Johannes/Rothland, Martin/Blömeke, Sigrid (Hrsg.): Handbuch Lehrerinnen- und Lehrerbildung. Bad Heilbrunn: Klinkhardt, S. 188–195.

Bourdieu, Pierre (1987): Sozialer Sinn. Kritik der theoretischen Vernunft. Frankfurt a. M.: Suhrkamp.

Bourdieu, Pierre (1989): Die feinen Unterschiede. Kritik der gesellschaftlichen Urteilskraft. Frankfurt a. M.: Suhrkamp.

Combe, Arno / Kolbe, Fritz-Ulrich (2008): Lehrerprofessionalität. Wissen, Können, Handeln. In: Helsper, Werner / Böhme, Jeanette (Hrsg.): Handbuch der Schulforschung. 2. Auflage. Wiesbaden: VS Verlag, S. 857–875. https://doi.org/10.1007/978-3-531-91095-6_35

Duncker, Ludwig (2005): Professionalität des Zeigens. Mehrperspektivität als Prinzip der allgemeinen Didaktik. In: Duncker, Ludwig / Sander, Wolfgang / Surkamp, Carola (Hrsg.), Perspektivenvielfalt im Unterricht. Stuttgart: Kohlhammer, S. 9–20.

Gadamer, Hans-Georg (1990): Wahrheit und Methode. Tübingen: Mohr.

Grupe, Ommo (1984): Grundlagen der Sportpädagogik: Körperlichkeit, Bewegung und Erfahrung im Sport. Schorndorf: Hofmann.

Helsper, Werner (2021): Professionalität und Professionalisierung pädagogischen Handelns. Eine Einführung. UTB-Band. Opladen: Barbara Budrich.

Hillebrandt, Frank (2015): Praxistheorie und Schulkultur. Identifikation und Analyse schulischer Praktiken. In: Böhme, Jeanette / Hummrich, Merle / Kramer, Rolf-Torsten (Hrsg.): Schulkultur. Theoriebildung im Diskurs. Wiesbaden: Springer, S. 429–444. https://doi.org/10.1007/978-3-658-03537-2_19

Krochmalnik, Daniel (2000): Das Mirakel von Giwon. Wissenschaft und Wunder im jüdischen Denken von Maimonides bis Spinoza. In: Hampe, Michael / Lotter, Maria-Sibylla (Hrsg.): Die Erfahrungen, die wir machen, sprechen gegen die Erfahrungen, die wir haben. Über Formen der Erfahrung in den Wissenschaften. Berlin: Duncke & Humblot, S. 95–125.

Kuckeland, Heidi (2020): Handeln wider besseres Wissen im Körperpflegeunterricht. Pflegedidaktisches Professionswissen und Professionshandeln von Lehrenden in der Pflegeausbildung. Münster: Waxmann. https://doi.org/10.1024/1861-6186/a000615

Meister, Nina / Hericks, Uwe (2020): Fachliche Weltsichten – Reflexionen zur Lehrerbildung. In: Meister, Nina / Hericks, Uwe / Kreyer, Rolf / Laging, Ralf (Hrsg.): Zur Sache. Die Rolle des Faches in der universitären Lehrerbildung. Wiesbaden: Springer VS, S. 311–317.

Meyer-Drawe, Käte (2012): Zur Erfahrung des Lernens. Eine phänomenologische Skizze. In: Shchyttsova, Tatiana (Hrsg.): In statu nascendi. Geborensein und intergenerative Dimension des menschlichen Miteinanderseins. Nordhausen: Bautz, S. 187–204.

Neuweg, Georg Hans (2005): Emergenzbedingungen pädagogischer Könnerschaft. In: Heid, Helmut / Harteis, Christian (Hrsg.): Verwertbarkeit. Ein Qualitätskriterium (erziehungs-)wissenschaftlichen Wissens? Wiesbaden: Springer VS, S. 205–228. https://doi.org/10.1007/978-3-663-07736-7_10

Ruin, Sebastian / Meier, Stefan (2022): Die handlungspraktische Aufladung pädagogischer Theorie. Eine sportpädagogische Perspektive auf die Verflechtung von Theorie und Praxis. In: Veber, Marcel / Gollub, Patrcik / Odipo, Teresa / Greiten, Silvia (Hrsg.): Umgang mit Heterogenität – Chancen und Herausforderungen für schulpraktische Professionalisierung. Münster: Waxmann, S. 74–91.

Schratz, Michael / Paseka, Angelika / Schrittesser, Ilse, (Hrsg.) (2011): Pädagogische Professionalität: quer denken – umdenken – neu denken. Impulse für den Lehrberuf. Wien: facultas.

Terhart, Ewald (1995): Lehrerprofessionalität: In: Rolff, Hans-Günter (Hrsg.): Zukunftsfelder von Schulforschung. Weinheim: Deutscher Studien Verlag, S. 225–266.

Zahavi, Dan (2009): Husserls Phänomenologie. Stuttgart: UTB.

Transkript[1] des Videos „Abbauen, Organisieren, Hochsprung"

Beschreibung der Szenerie

Das Video ist mit einer Kamera aufgenommen, es gibt keine Schnitte und der Bildausschnitt schwenkt im Verlauf des Videos immer wieder etwas in seitlicher Richtung, vermutlich um einen je als wichtig erachteten Handlungsstrang zu fokussieren. Die Kamera filmt dabei von einer Seite in eine Sporthalle hinein, wobei nicht der gesamte Hallenraum im Bild sichtbar wird (der Raum links neben sowie hinter der Kamera bleibt während des gesamten Videos außerhalb des Bildes). Auf der linken Bildseite ist ein heruntergelassener Trennvorhang sichtbar (es handelt sich offenbar um eine Mehrfachturnhalle), am hinteren Bildrand sieht man eine Hallenwand mit einem Basketballkorb und darunter einem Handballtor. Auf der rechten Seite befindet sich eine Hallenwand mit Türen, Sprossenwänden und davor einer Langbank sowie – was erst gegen Ende der Sequenz sichtbar wird – einem geschlossenen Tor zum Geräteraum. Der Hallenboden ist aus Kunststoff und mit den für Schulsporthallen typischen bunten Linien versehen.

In der Mitte der Halle liegt eine große Weichbodenmatte, um die herum vier Metallstangen aufgestellt sind. Zwischen den hinteren beiden Stangen ist quer eine Hochsprunglatte aufgelegt, zwischen den vorderen beiden Stangen ist eine Schnur gespannt. Neben der Weichbodenmatte liegen auf beiden Seiten kleine Kästen, auf denen etwas schief Turnmatten liegen. Aus Kameraperspektive etwas weiter links und vor der Matte sind einige orangene und gelbe Hütchen auf dem Boden ausgelegt.

Transkript der Episode

Zu Beginn des Videos sieht man eine männliche Lehrkraft (Hintergrundinformation: Es handelt sich um einen Lehramtsstudenten in einer Praktikumsphase) auf der, von den Betrachtenden aus gesehen, linken Seite der Weichbodenmatte, mit einem Papier in der Hand. Er wendet sich an Schüler:innen (Hintergrundinformation: Es handelt sich um Schüler:innen einer Lerngruppe in der Sekundarstufe I), die sich in der Halle verteilt bewegen; ein Schüler steht gerade von der Weichbodenmatte auf. Während die Lehrkraft spricht, läuft sie hinter die Weichboden-

---

[1] Vereinfachtes Transkript nach Dresing, Thorsten / Pehl, Thorsten (2018): Praxisbuch Interview, Transkription & Analyse. Anleitungen und Regelsysteme für qualitativ Forschende. 8. Auflage. Marburg: Eigenverlag.

matte zu deren – aus Kameraperspektive – rechten hinteren Ecke, die Schüler:innen versammeln sich nach und nach um die Matte.

> L: O. K., kommt mal zusammen. Kommt mal hier zusammen. Weil, wir haben nicht ewig Zeit. Kommt mal her. Kommt mal alle her. SO. Wir bauen jetzt in umgekehrter Reihenfolge wieder ab. Wie eben.

Die Lehrkraft zeigt jeweils auf die Dinge, die sie nun benennt, während einzelne Schüler:innen bereits anfangen die querliegende Stange abzubauen (Abb. 7).

Abb. 7

> L: Das heißt zuerst die Schnüre, dann die Matten, dann die Kästen und dann die Stangen, dann die große Matte. [...]

Die Lehrkraft wendet sich Schüler:innen links neben sich zu, die gerade die Latte von den Stangen gehoben haben:

> L: Die Latte gibst du mir.

Die Lehrkraft bringt die Latte zur, im Bildausschnitt, hinteren Hallenwand und legt sie dort ab, währenddessen beginnen die Schüler:innen in mehreren kleinen

Gruppen die Schnüre und Stangen abzubauen sowie auf der, aus Kameraperspektive, rechten Seite der Weichbodenmatte die Turnmatten von den Kästen zu ziehen und auf den Boden zu legen.

> S. u. L. (alle durcheinander): (unv.)

Die Lehrkraft läuft wieder zur rechten hinteren Ecke der Weichbodenmatte zurück und richtet sich mit etwas erhobener Stimme an die abbauenden Schüler:innen:

> L: Vorsicht (unv.). Holt den Mattenwagen. Zuerst die Matten und die Stangen (scheinbar genervt, lauter). ZUERST DIE MATTEN. MATTEN. Die Kästen können wir danach. Zuerst die Matten.

Zwei Schülerinnen haben die vordere Stange hochgehoben und halten sie schräg in die Luft. Die eine Schülerin, die das obere Ende hält, lässt die Stange los und wendet sich ab, woraufhin das obere Ende der Stange herabsinkt und nach rechts schwingt, nicht weit entfernt vom Kopf der Lehrkraft (Abb. 8).

Abb. 8

Die Lehrkraft reagiert hierauf:

> L: Vorsicht, Vorsicht, Vorsicht.

Die Lehrkraft greift in den Stangenabbau ein, lenkt das obere Ende der Stange etwas in die Höhe und überlässt die Stange dann der einen Schülerin, die sie ein paar Schritte in Richtung der Hallenwand mit dem Geräteraum trägt, dann aber verharrt sie und ist folgend nicht mehr im Bildausschnitt zu sehen. In unmittelbarer Umgebung dieser Szene sind zudem einige Schüler:innen, die zum Teil eine Matte und einen Kasten wegtragen sowie teilweise einfach nur herumlaufen. Ein Schüler sammelt im Vordergrund des Bildausschnitts die herumliegenden Hütchen ein. Zeitgleich holt im Hintergrund eine erwachsene Person die an der hinteren Hallenwand platzierte Latte und trägt sie in Richtung der Seite mit dem Geräteraum, greift ansonsten aber nicht in das Geschehen ein. Die Lehrkraft richtet sich (nun etwas bestimmter) an die Schüler:innen, die verschiedene Materialien quer durcheinander in Richtung Geräteraum tragen sowie vermutlich an weitere Schüler:innen, die rechts vom Bildausschnitt nicht mehr zu sehen sind.

L: Zuerst mal die Matten wegbringen. Erst die Matten. Holt mal den Mattenwagen. […]

Die Lehrkraft läuft nun vor die Weichbodenmatte. Eine Schülerin hebt – aus Kameraperspektive – rechts vorne an der Weichbodenmatte ein Ende eines Kastens hoch, woraufhin eine zweite Schülerin zur Hilfe eilt und das andere Ende aufhebt. Der Lehrer dreht sich zu ihnen um.

L: Matten.

Eine der Schülerinnen mit dem Kasten richtet sich an die Lehrkraft:

S: Wo kommen die hin, die Kästen?

Die Lehrkraft zeigt in Richtung Geräteraum:

L: Die kommen da rein.

S: Nein, die kommen da rüber.

L: Die tu ich gleich rüber.

S: O. K.

Von links kommt ein Schüler ins Bild gelaufen, der ein weiteres Kastenelement trägt und sich damit der Lehrkraft von hinten nähert. Der Lehrer bemerkt den Schüler mit dem Kasten hinter sich und wendet sich an ihn, wobei er erneut mit dem Arm zum Geräteraum zeigt (Abb. 9).

L: Stellt die hier rein, ich tu die dann rüber.

Abb. 9

Die beiden Mädchen mit dem Kasten in den Händen bleiben stehen und eine der beiden wendet sich erneut an die Lehrkraft, die sich ihnen wieder zuwendet:

S: Wie heißen Sie?

L: Hm? (unv.)

Während der Episode mit den Kästen stehen, aus Kameraperspektive, rechts neben der zuvor beschriebenen Szenerie drei Mädchen, die miteinander sprechen. Diese wenden sich nun dem Lehrer zu, der seinerseits auf sie zugeht.

S: Voll dumm.

L: Was ist voll dumm?

S: Die Ständer sind so dumm. Die Latte ist hier, aber da oben ist so 'nen Ding, dann kann man nicht hier hoch (unv.)

L: Aja.

S: Das ist voll blöd.

Währenddessen tragen die beiden Mädchen den Kasten in Richtung Geräteraum, im Bildausschnitt taucht zweimal kurz ein weiterer Junge mit einem Kasten auf, der diesen ebenfalls in Richtung des im Videobild nicht sichtbaren Geräteraums trägt. Die Lehrkraft wendet sich von der Gruppe mit den drei Mädchen ab und läuft in Richtung der Weichbodenmatte. Zeitgleich kommt vom rechten Bildrand her ein Schüler ins Bild gelaufen, der wiederholt in die Hände klatscht. Die Lehrkraft erhebt erneut die Stimme, während viele Schülerinnen ohne erkennbare Ordnung eine Stange und Matten in verschiedene Richtungen tragen und einige – aus Kameraperspektive – hinter der Weichbodenmatte stehen und schauen (Abb. 10).

Abb. 10

L: So jetzt die Ständ/da ist doch noch 'ne Matte. Moment. Erst die Matten weg.

Vom rechten unteren Bildrand kommt ein Schüler mit einem Kasten in der Hand ins Bild gelaufen und geht zu der Lehrkraft hin. Diese sieht den Schüler, wendet sich ihm zu und zeigt erneut in Richtung Geräteraum:

L: Tu die rein, tu die da rein.

S: Ja, aber die haben wir doch von da hinten. (Abb. 11)

Abb. 11

L: Die hol ich, die hol ich gleich rüber.

Der Schüler dreht sich um und läuft erneut in Richtung Geräteraum. Währenddessen kommt ebenfalls von rechts ein Junge mit einem Mattenwagen ins Bild gefahren, auf dem fünf Matten etwas durcheinander gestapelt liegen. Andere Schüler:innen kommen von links mit Matten ins Bild gelaufen und machen sich daran, die Matten auf den Wagen zu packen. Die Lehrkraft fordert sie auf:

L: Los. [...]

Im Hintergrund des Bildausschnitts schieben einige Schüler:innen die Weichbodenmatte von hinten an die Lehrkraft heran. Die Lehrkraft wendet sich diesen zu:

L: STOP. Sind die Matten weg?

Die Lehrkraft zeigt zum Mattenwagen in der vorderen Bildmitte und wendet sich dann unmittelbar auch an die Schüler:innen, die dort die Matten aufladen, kommt auf sie zu und blickt prüfend auf den Mattenwagen (Abb. 12).

L: Was ist denn das für ein Gestapel hier. Macht das mal richtig.

Abb. 12

S: Sollen wir die Zettel mal (unv.) machen?

L: Los. Häh?

S: (unv.)

L: Nimmt die Zettel (unv.)

S: THERESA

L: Los. Was iss'n das hier? Macht das mal ordentlich. Den kann man so nicht reinfahren.

Die Schüler:innen beim Mattenwagen machen sich daran die Matten etwas ordentlicher zu stapeln, während die Lehrkraft sich an die Schüler:innen wendet, die hinter und auf der Weichbodenmatte warten und dabei mit dem mittlerweile zusammengerollten Papier in seiner Hand auf den Mattenwagen zeigt:

L: [...]. LOS HELFT MAL HIERHER. Macht mal den Mattenwagen ordentlich. Vorher wird hier nicht weggeschoben. LOS. LOS. (genervt) Hallo. Guckt mal. Ihr vier hier runter. Helft mal jetzt hier. Los. Los. Helfen. Geht mal helfen. Guckt mal den Mattenwagen an, den kann man so nicht wegschieben.

Langsam erheben sie einige Schüler:innen und ein Schüler geht von der Weichbodenmatte zum Mattenwagen, um zu helfen. Vom rechten unteren Bildrand kommt auch eine Schülerin, die nach einem kurzen Blick auf den Mattenwagen wieder aus dem Bild läuft:

L: Hallo. (schreit) SCHLUSS HIER.

Jemand (unklar, ob dies ein:e Schüler:in oder die Lehrkraft ist) ruft mit recht quäkig-piepsiger Stimme: MATTENWAGEN.

L: Aber flott. [...].

Jetzt beginnen auch andere Schüler:innen von der Weichbodenmatte zum Mattenwagen zu gehen. Die Matten liegen mittlerweile etwas ordentlicher auf dem Wagen. Die Lehrkraft wendet sich an die Schüler:innen am Mattenwagen und zeigt in Richtung Geräteraum:

L: SO. Mattenwagen weg.

Die Lehrkraft klärt kurz etwas mit einem/einer Schüler:in, die durch Schüler:innen im Vordergrund des Bildes verdeckt ist, an der Weichbodenmatte.

S: (unv.).

L: Warten.

Die Lehrkraft dreht sich nun wieder dem Mattenwagen zu und läuft an diesem vorbei in Richtung des nicht sichtbaren Geräteraums, während die meisten Schüler:innen vom Mattenwagen weg zur Weichbodenmatte hinlaufen.

L: Mattenwagen wieder reinfahren.

Zwei Schüler, die mittlerweile allein am Mattenwagen sind, drehen diesen um 180 Grad, die Lehrperson dreht sich wieder zur Weichbodenmatte und wendet sich mit erhobenem Zeigefinger an die Schüler:innen dort.

L: (schreit) WARTEN. Wartet mal. Genau. Wir machen das jetzt hier.

Die Lehrkraft dreht sich wieder um und läuft erneut in Richtung des Geräteraums, während die beiden Jungen den Mattenwagen in dieselbe Richtung schieben. Die Kamera schwenkt nun mit nach rechts und es wird das geschlossene Tor des Geräteraums sichtbar sowie links daneben drei auf einer Bank sitzende Personen und ein Junge, der bei zwei aufgestellten Stangen steht (Abb. 13).

Abb. 13

Die beiden Jungen mit dem Mattenwagen schieben diesen aus dem rechten Bildrand, die Lehrkraft bleibt vor dem Tor stehen und wendet sich zurück:

    L: Kommt mal zwei her, kommt nochmal drei her. Hilfst du mir mal!

Die Lehrkraft macht sich mit zwei Schüler:innen am Tor zu schaffen, um dies zu öffnen, dreht sich dann aber wieder um und zeigt mit dem Zeigefinger in Richtung der Weichbodenmatte:

    L: (schreit) STOPP!

Ein Schüler am Tor fragt die Lehrkraft, die sich diesem nun wieder zuwendet:

    S: Wie macht man das hier?
    L: Dreh mal und (unv.) und drücken.

Die Lehrkraft und die zwei Schüler:innen beginnen das Tor zu öffnen.
    Ende des Videos

Die Autor:innen

Evi Agostini, Professorin für Lehrer:innenbildung und Schulforschung, Zentrum für Lehrer*innenbildung und Fakultät für Philosophie und Bildungswissenschaft, Universität Wien, Arbeits- und Forschungsschwerpunkte: (Phänomenologische) Lern- und Lehrtheorien, Ästhetische Bildung, Responsive Unterrichts- und Schulentwicklung, Pädagogische Ethik

Hedda Bennewitz, Professorin für Erziehungswissenschaft mit dem Schwerpunkt Schulpädagogik der Sekundarstufe I, Institut für Erziehungswissenschaft, Universität Kassel, Arbeits- und Forschungsschwerpunkte: Schulpädagogik, Schüler:innenforschung, Ethnografie

Janina Bernshausen, Dr. [in], Institut für Erziehungswissenschaft, Abteilung Angewandte Erziehungswissenschaft, Universität Hildesheim, Arbeits- und Forschungsschwerpunkte: Lehrer:innenbiographieforschung, Pädagogische Beziehungen und Lehrer:innenprofessionalität, Anerkennung und Verletzung in pädagogischen Beziehungen

Agnes Bube, Dr. [in], Akademische Rätin am Institut für Grundschulpädagogik, Fachbereich Bildungswissenschaften, Universität Koblenz. Bis 2023 wissenschaftliche Mitarbeiterin am Institut für Gestaltungspraxis und Kunstwissenschaft, Leibniz Universität Hannover. Arbeits- und Forschungsschwerpunkte: Ästhetische Bildung, wahrnehmungs- und erfahrungsorientierte Kunstvermittlung, pädagogische Professionalisierung, (phänomenologische) Lern- und Lehrtheorien

Sarah Drechsel, M. Ed., Fakultät Erziehungswissenschaften, TU Dresden, Arbeits- und Forschungsschwerpunkte: Professions- und Professionalisierungsforschung zum Lehrer:innenberuf, Qualitative Sozialforschung, Subjektivierungsanalysen, Praxistheoretische Forschungsperspektive, Frauen- und Geschlechterforschung, Berufswahlprozesse im Bereich MINT

Melanie Fabel-Lamla, Professorin, Institut für Erziehungswissenschaft, Abteilung Angewandte Erziehungswissenschaft, Universität Hildesheim, Arbeits- und Forschungsschwerpunkte: Lehrer:innenbiographieforschung, Professionalisierungsforschung, Multiprofessionelle Zusammenarbeit in Schulen, Lehrer:innenbildungsforschung

Christa Markom, Dr.ⁱⁿ, Sozial- und Kulturanthropologin, PostDoc, Institut für Bildungswissenschaft, Universität Wien, Arbeits- und Forschungsschwerpunkte: Bildungsanthropologie und ungleichheitsgenerierende Faktoren in der österreichischen Gesellschaft

Stefan Meier, Professor für Bewegungs- und Sportdidaktik, Zentrum für Sportwissenschaft und Universitätssport und Zentrum für Lehrer*innenbildung, Universität Wien, Arbeits- und Forschungsschwerpunkte: Erziehung und Bildung im Kontext von Bewegung und Sport, Diversität und Inklusion im Feld Bewegung und Sport, Professionsforschung

Franziska Piva-Scholz, M. Ed., Institut für Erziehungswissenschaft, Abteilung Angewandte Erziehungswissenschaft, Universität Hildesheim, Arbeits- und Forschungsschwerpunkte: Lehrer:innenbiographieforschung, Professionalisierungsforschung, Medienbiographieforschung, Biographische Leistungskonstruktion, digitale Jugendkulturen, Identitätstheorien

Severin Sales Rödel, Dr. , Institut für Erziehungswissenschaften, Humboldt-Universität zu Berlin, Arbeits- und Forschungsschwerpunkte: Allgemeine Erziehungswissenschaft, Pädagogische Lerntheorien, Phänomenologische Erziehungswissenschaft, Pädagogisches Ethos, Pädagogische Professionalität, Rechtsextremismus und Pädagogik

Sebastian Ruin, Professor für Bewegungs- und Sportpädagogik, Institut für Bewegungswissenschaften, Sport und Gesundheit, Karl-Franzens-Universität Graz, Arbeits- und Forschungsschwerpunkte: Bildung und Professionalisierung im Kontext von Bewegung, Spiel und Sport, Körper und Körperlichkeit in pädagogischen Zusammenhängen, Diversität in Sport und Sportunterricht

Marcus Syring, Professor, Institut für Erziehungswissenschaft, Abteilung Schulpädagogik, Eberhard Karls Universität Tübingen, Arbeits- und Forschungsschwerpunkte: Herstellung von und Umgang mit Heterogenität (am Gymnasium), Lehrer:innenprofessionalität und -professionalisierung, Kasuistische Lehrer:innenbildung, Classroom-Management

Andreas Wernet, Professor für Schulpädagogik mit dem Schwerpunkt Schul- und Professionsforschung, Institut für Erziehungswissenschaft, Leibniz Universität Hannover, Arbeits- und Forschungsschwerpunkte: Schul-, Unterrichts- und Professionsforschung, familiale und schulische Sozialisation, Schüler:innenbiographien und soziale Ungleichheit, Methode und Methodologie der Objektiven Hermeneutik

Veronika Wöhrer, Professorin für Bildung und Ungleichheit, Institut für Bildungswissenschaft, Universität Wien. Arbeits- und Forschungsschwerpunkte: Bildungssoziologie, Gender Studies, qualitative und partizipative Studien zu Bildungswegen und Übergängen

Nkechi Madubuko
Praxishandbuch Empowerment
Rassismuserfahrungen von Kindern
und Jugendlichen begegnen
2021, 228 Seiten, broschiert
ISBN: 978-3-7799-6478-0
Auch als E-BOOK erhältlich

Rassismuserfahrungen von Kindern und Jugendlichen verlangen nach einer Antwort der pädagogischen Professionen und der Sozialen Arbeit. Aus der Betroffenenperspektive heraus analysiert die Autorin, welche Haltung, Reflexion und welches Wissen als Fachkraft unabdingbar ist, um Rassismus zu erkennen und Empowerment mitzudenken. Empowerment-orientierte Handlungskompetenz, Umgang mit Unterschieden, Wirkungen von Rassismuserfahrungen und wie Diskriminierung zu begegnen ist, wird praxisnah vorgestellt und mit Beispielen zur Umsetzung verknüpft.
Das Besondere: Erstmals stellen Empowerment-Trainer_innen im Buch ihre Methoden in geschützten Räumen (Safer Spaces) vor.

www.beltz.de
Beltz Juventa · Werderstraße 10 · 69469 Weinheim

Eva Maria Waibel
Haltung gibt Halt
Mehr Gelassenheit in der Erziehung
2022, 232 Seiten, broschiert
ISBN: 978-3-7799-7018-7
Auch als E-BOOK erhältlich

Auf der Grundlage ihrer langen Erfahrung als Mutter, Großmutter, Lehrerin, Psychotherapeutin und Dozentin für Pädagogik entfaltet die Autorin Themen wie Menschsein und Selbstbestimmung, Werte und Haltung, Gelassenheit und Offenheit. Sie lenkt unseren Blick auf eine an der Person und deren Sinn orientierte Pädagogik. Dabei geht es um den Blick hinter die Kulissen und tiefes Verstehen, um Augenhöhe und Anfragen, um Grenzsetzung und Abgrenzung. Es geht um Erziehung im Dialog.
In diesem Buch finden Sie dazu vertiefendes Hintergrundwissen und praktische Hinweise, aber auch eine „Landkarte" mit elementaren Wegweisern.

www.beltz.de
Beltz Juventa · Werderstraße 10 · 69469 Weinheim

Botho Priebe | Irmgard Plattner | Ulrich Heinemann (Hrsg.)
Lehrkräftefortbildung: Zur Qualität von bildungspolitischer Steuerung
Befunde – Beispiele – Vorschläge
2022, 316 Seiten, broschiert
ISBN: 978-3-7799-6802-3
Auch als E-BOOK erhältlich

Die Corona-Pandemie hat es noch einmal drastisch verdeutlicht. Unsere Schulen brauchen politische und administrative Steuerung auf der Höhe der Zeit. Das gilt im Besonderen für die Lehrkräftefortbildung, um deren Wirksamkeit „vor Ort", in Schule und Unterricht zu gewährleisten. Nicht nur Schulen, sondern auch die verantwortliche Bildungspolitik und ihre Administration müssen sich endlich der Qualitätsfrage nach ihrer wirksamen Steuerung stellen und diese evaluieren lassen. Das vorliegende Buch geht differenziert, begründet und auf der Grundlage von Beispielen aus dem In- und Ausland auf diese Forderung ein.

www.beltz.de
Beltz Juventa · Werderstraße 10 · 69469 Weinheim